河南省高等学校哲学社会科学研究应用研究重大项目编号2019-YYZD-05

中国制造业
技术创新和产业升级演变

China's Manufacturing Technology
Innovation and Industry Evolution

李新功 著

中国经济出版社
CHINA ECONOMIC PUBLISHING HOUSE
·北 京·

图书在版编目（CIP）数据

中国制造业技术创新和产业升级演变/李新功著.
—北京：中国经济出版社，2018.10
ISBN 978-7-5136-5163-9
Ⅰ.①中… Ⅱ.①李… Ⅲ.①制造工业—技术革新—研究—中国
②制造工业—工业发展—研究—中国 Ⅳ.①F426.4

中国版本图书馆 CIP 数据核字（2018）第 075381 号

组稿编辑 崔姜薇
责任编辑 张 博
责任印制 马小宾
封面设计 任燕飞装帧设计工作室

出版发行 中国经济出版社
印 刷 者 北京柏力行彩印有限公司
经 销 者 各地新华书店
开 本 710mm×1000mm 1/16
印 张 15.25
字 数 234 千字
版 次 2018 年 10 月第 1 版
印 次 2018 年 10 月第 1 次
定 价 58.00 元
广告经营许可证 京西工商广字第 8179 号

中国经济出版社 **网址** www.economyph.com **社址** 北京市西城区百万庄北街 3 号 **邮编** 100037

前言

PREFACE

中国制造业技术创新和产业升级是在国际制造业中心逐渐由美国向中国转移过程中不断演变的。20世纪80年代，中国实施改革开放和出口导向发展模式，大量引进制造业，形成制造业产品出口换汇规模，期望以开放中国市场为前提，换取制造业先进技术流入。近40年的出口导向发展，形成了中国巨额美元外汇储备。中国制造业产品出口遍及世界各地。中国已经成为世界制造业中心。但是，中国制造业技术创新能力仍比较低下，长期对美国技术的依赖，铸就了美国对中国制造业技术的“俘获”。中国制造业难以站到世界制造业前列，更谈不上成为世界制造业强国。相反，中国制造业技术创新和产业升级已经遇到瓶颈，难以突破。

回顾世界经济发展历史，英国和美国都先后经历过由制造业中心国家向制造业强国的演变。在18世纪早期，英国就已经成为世界制造业中心，纺织品、加工制造等产品出口到世界各地。到了18世纪中期，英国已经成为世界制造业强国，制造业技术含量属于当时世界最高。英国也因此成为世界上的“日不落帝国”。18世纪末期，随着英国制造业逐渐向美国、德国等国家转移，美国逐渐成为世界制造业中心。美国的电子产品、航空制造等成为世界之最，跃升为世界制造业强国，一直称霸世界几十年。

深入研究英国和美国成为世界制造业强国的背景，我们发现：英国成为世界制造业中心之时，恰是英国的主权货币——英镑成为世界贸易结算的主导货币。英国也几乎同时成为世界金融中心。美国在18世纪末期逐渐承接英国的制造业转移，之后便替代英国的制造业中心地位，演变成为世界制造业中心。也正是在这个时期，美元作为美国的主权货币也演变成为世界国际货币基金组织规定的国际贸易结算货币。美国也在此时期成为当今世界制造业强国，同时，也是世界最发达的金融帝国。

20世纪50年代出现的，以美国为首的发达国家产业结构调整所导致的制造业转移，适逢中国80年代开始的改革开放，自然就形成了世界制造业向中国进行转移的现象。中国也因此有机会能够成为世界制造业中心。目前，中国有220多种不同类别的制造业总产量名列世界第一，制造业产品销售到美国、欧洲等世界主要市场。但是，中国制造业产品大都是一般制造业产品，处于产品价值链的低端，而且，制造业技术创新和产业升级相对于庞大的贸易体量极为不相称。英国和美国的发展历史告诉我们，制造业中心必须与世界金融中心相统一，才能使制造业中心国家演变成为制造业强国。

当今以美元为主导的国际货币体系，决定了以美国为首的制造业转移的非平等性。美国是出于调整本国制造业产业结构的考虑，有计划、按步骤地转移低端制造业，而中国则是要实现出口换取美元作为外汇储备，以稳定经济发展。这就必然形成中国对美国制造业出口的长期失衡。中国对美国形成了巨额贸易顺差，而美国对中国则是长期贸易逆差，两国维持这样的贸易失衡关系数十年。中美之间之所以能长期维持这种失衡关系，是因为中国巨额贸易顺差换来的美元外汇储备，必须输入到美国进行投资。也就是说，中国以低微的美元利息收入向美国输出所积累的外汇资金。美国企业则以低息使用中国资金，然后，再到中国进行直接投资，获取更多的直接投资利益。同时，美国还不断扩大制造业在中国进行深度投资，形成更大规模、更多数量中国制造业产品出口，诱使中国制造业无暇顾及技术创新和产业升级的长期利益。

更为甚者，美国利用美元汇率政策，在中国拥有越来越多的美元外汇储备时，有意形成弱势美元，造成中国大量外汇储备贬值；在中国外汇储备减损到一定程度时，转而实行强势美元政策，造成美元升值趋势，强化美元的国际主导货币地位。这不仅导致了中国主权财富价值波动，而且，对中国制造业技术创新投入产生了不良影响，直接影响到中国制造业技术创新和产业升级进程。

本书重点研究了国际货币体系对中国制造业技术创新和产业升级影响，特别是美元汇率波动对中国制造业技术创新和产业升级的影响，根据中国实际，提出了国际制造业中心转移过程中，中国制造业技术创新和产业升级演变的政策建议。首先，要多途径实现人民币国际化，尤其是利用

"一带一路"国际政策带动人民币国际化，打破美元主导的国际贸易结算体系，为制造业致力于技术创新提供稳定的金融平台；其次，改革人民币汇率制度，通过人民币汇率市场化，摆脱美元汇率变动对中国主权财富减损，同时，在人民币逐渐升值的过程中，倒逼低端制造业技术创新能力提升和产业升级；再次，利用制造业技术创新带动产业升级，即加大"装备制造业"技术创新力度，通过上下游产业技术扩散带动产业结构升级；最后，鼓励制造业对外直接投资促进制造业技术创新。中国要有选择地进行对外直接投资，在与强势制造业竞争中获取先进技术，增长自主技术创新能力。

目录
CONTENTS

第一章 引 言

制造业技术创新是国家产业振兴的基础、经济发展实力的缩影，代表着一个国家的经济发展水平和发展前景，是这个国家经济持续走强的重要标志。世界经济强国的发展历程，就是制造业技术不断创新并且逐渐成为世界制造业强国的过程。制造业强国是主宰国际分工和产业转移的核心国家，决定着制造业转移的速度并影响着制造业承接国家的技术创新和产业升级路径。考察世界经济历史的演变，近代产生的世界经济强国无一不是制造业强国，而且，伴随其经济强国演变的过程，它们能够保持不断创新，并且能够及时将制造业技术创新成果转化为世界市场的贸易产品。从曾经称霸全球、号称“日不落帝国”的英国，到第二次世界大战之后，成为世界新霸主的美国，包括现代一些资本主义国家的经济繁荣，都是制造业带动了国家整体技术提升，从而强大了整个国家的经济和军事实力，最终演变成为当今世界上的发达国家。

纵观世界近代经济发展的历史，制造业技术的每一次创新都标志着一个旧时代的消失和另一个新时代的涌现。人类社会迄今所发生的，能够改变人类生存方式的重大技术突破都是起源于制造业。18 世纪 60 年代，英国发生了第一次工业革命，彻底改变了人类生存的方式，用机器动力替代了人力，大幅度提升了人类改造自然和征服自然的能力。这次以“珍妮纺纱机”和蒸汽机的诞生为标志的英国工业革命，宣告了人类历史上完全依靠体力劳动时代的结束，为后来的人类能够极大地解放生产力，以机器生产代替人类生产劳动奠定了基石，也为人类能够更高效率地生产所需日常生活用品，更大规模扩大生产能力提供了技术保障。英国的这次工业革命让人类看到了自身可以利用自然动力改造世界的美丽曙光。从此，英国也成为世界第一出口贸易大国，主宰了世界上近半数的制造业贸易往来。18世纪中叶，英国在全球展开了产业竞争，从最初的纺织工业开始，并由纺织工业带动相关轻工业共同发展，产生了更多的制造业终端生产的新机器设备，在生产过程中广泛应用，并带动了矿业、冶金和交通运输等行业领域内的技术创新，极大地提高了整体生产效率，大量出口贸易产品能够在世界范围内获得超额利润。到了19世纪中叶，英国工业化进程进一步深化，由一个以手工业为主的国家，跃升为以机器生产为主的工业化国家，并产生了配套的现代工业制度，形成了现代企业管理的基本雏形。英国工业生产过程中分工制度的确立，形成了最早的现代专业化生产模式，构建了现代企业管理制度，不断提升制造业生产效率。1850年英国生产煤炭和钢铁的产量都占到了全世界生产总量的一半以上，世界上难以计数的优质制造业产品源源不断地从英国输出到世界各地。到19世纪末叶，英国通过稳定的海上霸权实力，侵占了超过英国本土面积150倍之大的殖民地国家，通过强制性贸易成为众多殖民地国家的宗主国，处于世界核心地位，成为世界上第一个制造业强国，继而变成了世界霸主国家。不仅如此，英国在成为世界制造业强国的同时，由于贸易规模的不断扩大，也获得了世界贸易结算中的英镑货币使用权，由此主宰了世界金融市场成为世界金融强国。自此，世界各国的贸易往来普遍使用英镑结算，伦敦也成为世界的金融中心。

英国工业革命发展到成熟期，制造业开始向世界各国转移。美国、德国和法国都曾经是英国制造业转移的承接国。19世纪70年代，正是英国依赖蒸汽机技术和纺织工业发展，带动经济发展到巅峰之际。制造业技术也正在悄悄发生着第二次革命。这次是以“电磁效应”理论的产生为契机，出现了“电流磁效应”和“电磁感应”技术，世界上诞生了直流发电机。这次技术革命的起源点是美国，当然欧洲也是这次技术革命的策源地。第二次工业革命的标志性技术是新型动力的产生和在“电磁效应”理论基础上形成的一系列生活产品的发明和生产。随着电流技术的开发与应用，电灯、电话、电报等众多与人们生活息息相关的电气产品应运而生，成为人们的生活必需品；与此同时，适用于大型运输设备的动力机器也应运而生，例如，汽车、火车和大型船舶等运输设备，像雨后春笋般不断涌现。这在很大程度上方便了人类的出行问题。人类改变了只能靠海航通行，只能使用蒸汽动力营运的形式，开始采用电力运输，进一步改变了人类的交通方式。通信工具也为人类交流和联系搭建了快捷桥梁，成为人们生活依赖的重要工具。第二次工业革命是由蒸汽机技术时代向电气化技术时代的过渡，使得美国和德国制造业产品迅速占领全球市场。美国和德国制造业产品逐渐替代了英国制造业产品，成为世界市场的新宠。因此，美国和德国也逐渐演变成了世界制造业中心。美国和德国制造业的强盛，全面替代了英国的世界制造业强国地位。美元开始在国际贸易结算中被世界各国接受并使用，逐渐成为国际通用货币。美国的纽约也逐渐演变成为与伦敦齐名的世界金融中心。美国制造业乘胜进取，不断拓展技术创新领域。20 世纪 50 年代，以美国为首的世界制造业技术创新又有了新突破。这次是以电子计算机技术、生物工程技术和空间技术等发明和应用为主要标志，涉及一系列领域内的技术革命，例如，新材料、新能源、信息技术、生物技术等，这次技术革命不仅范围宽泛，而且技术层次更为高端，将人类从以往的现实社会直接带到了更为深奥的虚拟世界。美国空间技术的研制与应用，为制造业技术创新提供了丰厚的基础，尽管空间技术的开发没有直接应用到人类日常生产活动之中，但空间技术本身带来了人类观念和思维的根本变化，引起了人类对浩瀚星空的遐想，也激发制造业对空间应用技术的挑战。从这些意义来看，空间技术对人类未来的生产和生活的改变是巨大而难以估量的。美国的信息技术让人类感受到了虚拟世界的生产方式，让人们之间的沟通和交流产生了一种新的模式，甚至已经改变了社会生产方式。这些技术的应用揭示了社会未来发展的前景，也造就了美国制造业强国的地位。美国从 20 世纪 50 年代至今，一直主宰着世界制造业发展趋势，不仅是世界制造业强国，也是世界金融和军事强国。

从英国制造业强国到美国成为制造业强国的演变过程来看，每一次制造业技术创新的出现都极大地推动了人类社会的生产和生活的重大变革。人类社会不断由受物质世界支配的“必然王国”，朝着人类能够有效支配物质世界的“自由王国”迈进。人类生产力在必然和“自由王国”的转换中不断获得解放，不仅极大地丰富了人们生活所需的物质产品，而且也丰富了人类的生活精神产品。由此可见，世界经济演变发展的历程，可以归结为制造业技术创新过程。每一次制造业技术创新都会出现一批国家，借此契机获得迅速发展，甚至由落后国家跃升为先进国家。英国和美国都是由于制造业技术创新实现了“弯道超车”，从而成为世界制造业强国，并先后成为世界霸主国家的典型。

研究英国与美国在世界制造业中的崛起，还可以看出另外一种现象：英国和美国在逐渐演变成为世界制造业强国的同时，两个国家的主权货币也逐渐演变成了世界贸易结算货币，甚至通过国际货币基金组织，以“规定”的形式确立货币制度，要求世界各国执行。也就是说，两国的制造业技术创新的兴起与本国货币成为世界货币是相互配合一致的，例如，英国出现第一次工业革命时，不仅世界贸易总量是当时的世界第一，而且，英国的货币——英镑也是当时世界贸易结算的主要信用货币，伦敦还因此成为世界金融中心。

美国在第二次工业革命中，制造业得到了超常发展，成为对外贸易大国，与此同时，美元也作为世界贸易结算中的国际货币，特别是第二次世界大战之后，美国通过“布雷顿森林体系”使得美元等同于黄金，获得了“国际软黄金”的称号。在国际货币基金组织的规定下，美元成为世界经济发展史上，第一个经国际组织认定的世界货币，成为国际货币体系中的主导货币，并通过国际货币基金组织，以国际规则的形式，确立了美元在各国外汇储备中的核心地位。美元成为国际货币体系中主导货币与美国制造业强国地位的形成相互支撑，铸就了美国能够成为世界上继英国之后的新的霸权国家。美国通过美元汇率的变化，不断调整世界经济格局变化，先是支持亚洲国家和地区的经济振兴，后又通过制造业转移手段，控制东南亚的发展中国家，形成了以美国为首的世界经济发达经济圈和以中国、东南亚各国为附属的发展中国家经济圈。美国长期占据世界经济发达经济圈中的核心位置，在政治、经济和军事等领域称霸世界数十年。相比之下，德国、日本以及法国等也是经济发达国家，但是，这些发达国家的货币都没有像美元那样，成为国际货币体系下的主导货币。这些国家的货币在世界贸易结算中的使用量，及作为国际储备货币的功能都比美元要弱。更为重要的是，这些国家都没能实现像美国那样，通过国际货币基金组织确认自己的货币成为国际通用货币。因此，德国、日本和法国等几个经济发达国家，都没能成为超过美国的制造业强国。这主要表现在它们在制造业关键技术创新领域，没有成为在世界上拔得头筹的国家。虽然这些国家的一些制造业也属于世界前列，也抓住了一部分技术变迁的机遇，例如，在采矿、机器制造和家电生产方面取得了明显优势，尤其是德国和日本在化学工业和汽车工业等领域也取得了骄人的成绩，形成了各自完备的工业生产体系，但是，这些国家的制造业与当时的英国和现代的美国相比，还难以起到称霸全球的作用。

20 世纪 70 年代以来，由于制造业技术创新不断涌现，以美国为主要代表的跨国公司，利用本国企业的垄断优势以及制造业转型升级的特殊节点，形成面向全球的对外投资的趋势。恰逢其时，中国正在进行改革开放，中美之间互取所需。中国吸引了大量美国制造业投资。对中国来说，这是一场深刻的社会和经济领域的革命。改革开放以来，中国把握和利用了发达国家制造业转型升级的契机，很好地利用了国内计划经济时代积累的人口和资源红利，取得了制造业举世瞩目的成就。中国改革开放近 40 年的发展，已经建成了"门类齐全、独立完整的现代工业体系和国民经济体系"。中国也由一个农业大国逐步演变成为制造业大国。据统计，中国在 2010 年制造业总产值占全世界总产值比例达到 19.8%，已经超过了美国制造业占全球制造业比重 19.4% 的比例。中国在纺织、汽车、钢铁、水泥等，将近 220 多个类别产品的总产量占到世界第一。这些类别的数量总计，已经超过了世界制造业产品的一半。中国可以称之为世界制造业大国（史占中，2013）。然而，与中国制造业大国地位不相称的是：近 40 年的改革开放带来的经济增长，主要靠长期"高投入、高消耗"的粗放式生产，依赖制造业行业增长的长期不平衡以及地区经济增长不平衡而维持。更有甚者，中国制造业核心技术长期受制于人，良好的资源环境遭受到严重破坏，而制造业增加值率相对较低。数据显示，发达国家的制造业增加值率一般都在 35% 左右，例如，美国和日本等国家的制造业增加值率达到了 40% 以上，而中国制造业增加值率仅为 26.5%。中国制造业产品的增加值率只有日本的 4.37%、美国的 4.38%、德国的 5.56%。中国的服务业虽然占国内生产总值的比重达到了 40%，但仍然比世界平均水平低了约 30

个百分点。另外，中国物质资源呈现出过度消耗和低效利用的趋势，单位国内生产总值消耗能源是世界平均水平的2.78倍（徐光辉，2012）。中国长期形成的出口导向型发展模式，已经造成了制造业技术创新和产业升级的路径依赖，即在承接制造业转移以激励国内制造业经济增长的同时，出现了丧失生产效率和技术创新发展路径的锁定现象。主要表现在：中国长期承接美国制造业转移并形成了一定的制造业规模报酬，从而在一定程度上降低了制造业单位生产成本，并通过"学习效应"和"协同效应"，定格于制造业规模报酬的预期效应，习惯于承接美国低技术先入为主的安排。因此，中国承接制造业转移技术，成为扩大国内制造业生产规模的主要手段，而且不断被固化成制造业循环发展的模式，使得本国制造业难以开展自主创新，也使制造业产业升级陷入困境（Arthur，1989；David，1985）。

解决中国制造业发展的困境，必须综合分析国际制造业中心转移的背景。世界经济历史上曾经出现过三次制造业产业转移现象，每一次制造业转移都是在制造业技术创新崭露头角，制造业新业态喷薄欲出，传统制造业在技术先进国家基本保持平衡；同时，劳动力和环境保护成本逐渐上升的时期。也就是说，世界制造业中心转移往往为承接国家的制造业技术创新和产业升级带来了多种机遇。例如，18世纪末开始，到19世纪上半期基本结束的第一次制造业转移，是世界制造业不断在英国发展，然后，逐渐从英国向欧洲大陆和美国转移过程。英国工业制造业蒸汽动力的创新和应用，使制造业生产效率得到很大提升。到19世纪70年代，英国已经控制了世界制造业生产量的一半左右，同时，英国的海运也得到了更好地发展，19世纪70年代已经有1/4的国际贸易被英国控制，这使得英国制造业能够走出"不列颠群岛"到欧洲其他国家和美国进行直接投资生产，而且，英国的制造业转移也解决了"不列颠群岛"劳动人口不能满足制造业生产需要的问题。因为，当时英国成为世界制造业工厂的时期，人口只占世界人口的2%。第一次制造业转移为美国制造业发展创造了机遇。继英国之后，美国很快成为世界制造业大国，贸易出口数量逐渐超过英国。第二次制造业转移从20世纪50年代开始到60年代结束，是由美国向日本和联邦德国转移。20世纪50年代恰好是第三次科技革命时期，美国开始调整国内产业结构，将钢铁和纺织等传统产业向日本和联邦德国转移，而美国则集中精力发展集成电路、精密机械、汽车等制造业，大量传统制造业技术被转移到日本和联邦德国。1950—1959 年，仅日本就引进传统制造业生产技术 2332 件。1955 年日本又进行了一次扩大更新设备，使得引进的制造业生产设备超过了当时的欧洲国家。日本和德国也成为承接第二次制造业产业转移大国。第三次产业转移从 20 世纪 70 年代后期开始，一直延续至今。美国和日本是制造业转移的主要国家，东亚和中国成为承接制造业转移者。这次制造业转移是美国互联网技术萌发并逐渐走向成熟发展的时期，以美国和日本为首的互联网制造业产品蓬勃而出，电子和电器制造业产品如雨后春笋般出现。基于电子和电器生产产品的更新换代迅速，美国和日本的制造业单位成本不断上升。此时，中国庞大的劳动力队伍，成了美国和日本等发达国家电子和电器产品的转移基地（Arthur，1994）。

中国制造业的发展是在以美国为首的发达国家制造业转型升级的过程中实现的，而且，长期以加工贸易的形式维持发展。更为重要的是，国际制造业转移与国际货币体系不匹配，造成了中国承接制造业转移过程中的技术陷阱和产业升级的困扰。由于国际贸易结算主要以美元为主，中国必须要保持人民币兑美元汇率的稳定，从而可以有利于制造业产品的出口换汇，维持国际收支经常项目的顺差，以此维持美国和日本等发达国家制造业不断向中国转移所需要的换汇需求。中国承接制造业转移越多，制造业产品出口量就越多，美元外汇积累也越多，能够继续承接发达国家制造业转移数量也就越多。最终导致制造业技术创新和产业升级受美元约束越来越深重。美元作为国际货币体系的主导货币造成了中国和美国之间长期贸易失衡。美国政府为了遏制中国制造业技术创新和产业升级，不断要求人民币升值，减少制造业产品对美国出口，使得中国制造业产品的收益率不断降低，严重损害制造业研发投资。事实上，人民币的不断升值也在不断减少中国国内对制造业产品的消费量。人民币升值对国内需求产生巨大压力，进口消费会逐渐增加，而国内消费逐渐减少。国内制造业的“收入效应”和“财富效应”也会由于“相对价格效应”而抵消，使得经常项目效果不明朗，制造业技术创新投入受到严重抑制。同时，由于美元具有非领土性权力本位制，美联储和美国政府具有任意印制美元和发行美国国债的权力欲，而没有必要承担保证美元币值稳定，以维护世界金融系统稳定运行的责任。中国大量的外汇储备约束了人民币汇率的自由浮动，担心辛苦积累起来的美元外汇储备暴跌造成财富损失。人民币长期与美元保持稳定汇率，使得中国制造业创新和产业升级变得更加复杂。当今美元作为国际货币体系中的主要贸易结算货币，中国制造业产品的生产和出口必然受到美元货币的左右。一方面，中国的出口是以国家和企业创汇为目的，多年来积累了大量的美元外汇储备，形成了自己的债权负担，难以自拔。另一方面，中国出口创汇的财富价值又承受着美元汇率波动的风险，带来了国家和企业财富效应的贬损。

世界经济发展的现实使我们必须关注货币因素给中国制造业带来的影响，特别是21世纪以来，新能源、新材料、生物技术和信息技术创新和利用成为世界各国下一轮经济发展必须抢夺的制高点。美国著名趋势学家杰里米·里夫金和保罗·麦基里等学者，都提出了“第三次工业革命”的论断。世界正在面临“智能制造、绿色能源和数字服务”等生产革命的来临。世界产业的变革正在孕育之中。如果中国尚不能从制造业出口换取美元外汇储备的旧框框中跳出来，仍然依靠美国技术来扩展国内制造业规模，就难以在世界新的产业周期变化中占有自己的地位，也必将丧失未来世界经济发展的话语权（［美］罗伯特·斯基德尔、斯基维杰·乔希著，温爱莲译，2011）。为此，本书试图探讨如何利用中国改革开放40年奠定的制造业大国基础，从国家主权货币与国际货币体系视角研究中国制造业技术创新和产业升级演变的基本路径。

第二章　研究背景

制造业技术创新和产业升级关系到一个国家国民经济整体质量的提升，是世界经济发展过程中各国努力实现的重要目标。制造业技术创新和产业升级又是一个国家的系统工程，受政府、企业和社会文化等国内多种因素的影响，同时，一个国家的制造业技术创新和产业升级也与国际制造业技术创新和产业升级的环境密切相关，即一个国家的制造业技术创新和产业升级受到该国对外贸易规模和数量以及对外贸易结算所使用的货币体系等方面的制约（Prakash Kannan，2007）。目前，国内外有不少学者和专家研究了制造业技术创新和产业升级问题，多数是从企业的主体视角研究制造业技术创新和产业升级，大致可分为从企业技术创新动力源泉着手研究制造业技术创新动力问题；从企业知识积累和技术学习以及企业的研发投资状况等领域研究制造业技术创新和产业升级问题，见表2-1。

表2-1　主要文献梳理一览

主要研究内容分类	主要观点与不足	主要代表学者
资源投入，技术创新和产业升级研究	国内物质要素投入价格扭曲导致过度依赖出口，抑制技术创新和产业升级；但没有涉及政府干预下的货币价格扭曲影响	熊彼特，马克思，西蒙·库兹涅茨，Hsieh，Peter，Loren，吴树青、张培刚，史晋川，高帆、张杰、周晓艳、石奇、赵文军、于津平等
产品需求带动技术创新和产业升级研究	靠海外需求拉动形成出口顺差并不一定产生创新，还可能陷入陷阱。需要思考汇率形成顺差，又在低端产品出口难以促进技术创新的情况	Romer，Keller，刘志彪，金培，陈勇兵，李燕，周世民，王展祥，王秋石，李国民等

续表

主要研究内容分类	主要观点与不足	主要代表学者
金融、贸易带动技术创新和产业升级研究	金融改善促进贸易发展并利于技术创新和升级，但没有考虑国际货币体系下金融改善和贸易的规则	Antras，Caballero，曹东勃，宋宪萍，夏斌，杨珍增，陈道富等
知识产权保护促进技术创新和产业升级研究	一定的产权保护是激励企业创新。但中国是承接制造业转移，企业依赖性强，产权保护不符合实际	Diallo，Barrou，庄子银，Jaffe，Branstetter，Saggi 等
价值链转移下技术创新和产业升级研究	初加工是要素禀赋决定的低端价值链转移，但为何 30 多年后价值链攀升仍困难	刘志彪，陈爱贞，高煜，曹大勇，刘友金，胡黎明，刘贵鹏等
技术创新和产业升级协同研究	技术创新带动产业升级，产业升级对技术创新有反作用。中国出现升级迹象，并不是技术带动	刘志彪，洪银兴，李杨，李子奈，潘文卿，刘强，王立军，张伯伟，朱春礼，龚刚，高坚，李炳念等

还有一部分学者将制造业技术创新和产业升级问题的研究延伸到企业与政府之间的关系合理性，通过研究政府与企业之间的关系，再解释制造业技术创新动力问题；也有学者从资源价格的角度研究制造业技术创新和产业升级问题，认为资源价格是决定制造业技术创新的基础性要素，一旦资源价格被扭曲就必然会导致制造业企业过度使用资源投入，而不会积极开展技术创新活动，长期下去会造成制造业企业的技术创新惰性依赖，而且资源价格市场扭曲的程度越大，制造业技术创新障碍就越大；当然，还有从制造业产品市场的需求、金融发展和产品价值链管理角度等，研究制造业技术创新和产业升级问题，对此，本书认真梳理了现有研究文献并归为如下方面。

（一）资源要素投入与技术创新和产业升级

关于资源要素变化与制造业技术创新的研究是较为经典的研究领域，熊彼特最早提出的技术创新就是指企业生产函数中要素变化所导致的产出数量的改变。马克思在分析社会两大部类生产过程中也提到了资源投入必须要保证两大部类进行平衡生产的理论，即包含技术品质的生产资料的生产和技术品质要求相对较低，以一般消费为目的，两种不同生产类别之间的投入和发展的平衡问题。由于第一部类的生产属于生产资料的生产，其生产的产品要进入再生产领域；第二部类的生产属于是生产消费产品的生产，其生产出的产品直接被社会进行消费使用。这两种不同类型的制造业生产过程分别属于对方的要素投入。第一部类生产是第二部类生产的生产资料要素，而第二部类产品的销售，则为第一部类维持持续生产提供了资本要素。这两个类别的生产过程必须要统一协调，构成社会经济运行的合理比例，贯穿整个社会生产的全过程，只有这样循环进行，社会上两个部类生产资源才能被充分利用，如果整个社会生产过程不能按比例循环，就会造成社会生产资源的浪费，社会化生产过程就会被中断。马克思提出的两个部类生产活动，代表了整体社会再生产过程。维持社会再生产活动持续进行的关键要素是合理的比例关系。不仅如此，马克思进一步提出了两个部类之间以及每个部类内部资源投入也会影响到技术进步，从而影响到整体资本有机构成变化的问题。马克思认为随着科学技术进步，机械设备的技术更新速度将不断加快，机器设备的更新速度超过了能够保证具有劳动能力人口的充分就业的极限。这在社会总资本一定的情况下，如果投资在由机器、原料等构成的不变资本要素中不断增长，投资在劳动力可变资本要素中将不断减少，就会出现机器代替劳动的现象（吴树青，2002）。由此可以得出，制造业技术创新是要素投入的变数之一，而且，各类要素投入要保证相对平衡关系，才能为技术创新创造良好条件，如果出现长期社会生产失衡，则对制造业技术创新和产业升级不具有积极作用。库茨涅茨在《各国的经济增长》中提出了国际要素流动促成相关国家产业结构升级理论，认为国际贸易就是国际资源要素的流动，不仅能够反映贸易双方产品相对生产优势的变动，而且反映了贸易双方进出口结构的变动，从而进一步影响到国家产业结构的改变。他认为国际贸易要素流动对一国产业结构影响是遵循一定规律的。首先是发达国家的技术变革减少了运输及通信费用，因此，扩展了国际贸易的范围，而发达国家能够充分利用国际贸易相对优势，加快自身生产结构的改变。其次，随着技术进步高速发展，发达国家的人均产值以及生产效率不断增高，从而能够深入技术的变革，由此可以产生新的产业或者是出现更高端的技术产品。最后，新产业和高技术会通过国际要素流动输出到发展中国家，但这种国际要素流动的贡献与该国的经济规模成反比例关系，即国家经济规模越小，国家要素输出越大，特别是在较小的发达国家，由于它的国际贸易是经济增长的关键，必将带动本国与要素输入国产品技术水平的提高（西蒙·库茨涅茨，2005）。西蒙·库茨涅茨认为发展中国家的技术创新和产业升级应该由相互贸易往来的发达国家带动。贸易带来要素流动，同时也产生技术要素的国际之间输出。其实，这是学者的理论假设，发达国家的垄断经营是不可能让自己发明的先进技术输出到发展中国家的。中国几十年的改革开放最初的愿望也是以市场换技术，其结果是中国让出市场，但是，发达国家的技术却没有转移过来，这就是我们一直努力提倡自主创新的紧迫性所在。张培刚在研究中国的制造业技术创新中明确指出国家制造业升级是资源分配的平衡和效率问题，由于制造业是国民经济的骨干产业，制造业升级是中国产业升级的重要推动力量。制造业升级具有特定的内涵，主要包括以下两个基本内容。第一，制造业升级就是制造业结构由低技术水准、低附加值向高技术水准、高附加值演变的过程。第二，制造业升级是企业生产过程中的相关要素投入促成的，制造业的内外部环境条件决定了企业的投入和产出变量（张培刚，张建华，罗勇，2007）。中国的制造业是长期出口导向型企业，多数企业是由外资冲着廉价劳动力和弱环境保护政策而投资生产的，而且，主要为发达国家加工生产一些日常生活用品。其低技术附加值生产现状难以改变。同时，国家大量的贸易顺差积累起来的巨额美元外汇，时常饱受美元汇率政策改变的煎熬。中国制造业技术创新和产业升级更是受到内外部环境条件的影响。高帆在研究制造业技术创新时，主要从企业是技术创新主体角度进行分析，认为企业家在制造业技术创新过程中肩负着重任。因为要素投入需要企业家进行市场把握和判断，那么，企业家的学识和经验便成为企业要素投入的决定因素。企业家对市场的判断并进行合理决策的重要依据，是企业自身利润的最大化。然而，中国改革开放采取的是“渐进式”推进，政府对市场的干预非常普遍，尤其是在制造业对外出口发展模式中，政府长期维持出口导向发展模式，一定程度上造成了国内资源市场无效。主要表现在：国内制造业产品市场和要素资源市场非同步发展。国内要素市场的变革远远落后于产品市场变革，造成国家土地资源、资本资源和劳动资源等生产要素价格偏离合理价格区间。这就造成了资源要素价格被低估的现象。该现象诱导了企业家过度使用有形资源要素，而不愿意努力开展技术创新。长期以来，中国制造业形成了低价位使用要素资源并由此规定产品价格的“合理性”，企业也渐渐丧失了依靠企业技术创新获得合理利润的能力。当前，中国制造业企业自主创新能力难以承载产业升级。高帆检验了这一结论（高帆，2008）。他对企业潜在技术创新资源、企业技术创新活动指标以及技术创新产出能力等具体指标进行了验证，同时，还从需求的角度考察生产要素定价机制对企业技术创新的负面传导效应。结果显示，企业技术创新的根本在于企业家对新技术使用的孜孜以求精神。如果企业具有不断创新的意愿，其他创新过程中的资金、设备和人才的问题就都可以迎刃而解。关键问题是在中国要素市场被严重扭曲的情况下，企业家不可能首先产生对技术创新孜孜求取的意识，相反，企业家会首先想到依赖资源、土地等要素，维持自己的生产利润。在研究中国要素市场被扭曲，造成制造业技术创新滞后中，张杰、周晓艳、李勇等人，利用2007—2011年的工业企业样本，研究了中国要素市场扭曲与企业研发投入之间的关系，发现了要素市场扭曲对企业的研发投入产生了不良的影响路径。实证结果显示，在不同制造业类别中，凡是要素市场扭曲严重的领域，该类企业研发投入就相对较少，同时，在不同领域内要素市场扭曲对企业研发投入影响的程度存在明显差距。这主要是由于要素市场扭曲带来了政府“寻租”行为，从而抑制了企业的技术创新投入。同时，研究还发现地方政府在要素市场内的干预也造成了本土企业和外资企业一样减少对研发资金的投入（张杰、周晓艳、李勇，2011）。这充分说明政府干预要素市场政策已经带来了非常不利于制造业技术创新的影响。当然，政府对市场的干预不仅表现为直接的物质性的投入要素的价格扭曲，也有金融市场中的货币价格扭曲等，造成的影响也值得我们深思。罗德明、李晔、史晋川等，在探讨资源配置与全要素生产率的关系时，分析了各种要素扭曲政策所导致资源错配的机制和途径，通过构建异质性随机均衡模型，测算政策扭曲造成要素错配，从而导致企业效率减损量的变化，发现国有企业是要素市场扭曲的最大受益者。国有企业通过获得政府税收和利润等方面的补贴，在要素市场扭曲的过程中，也能够长期在生产效率低下的情况下维持并生存下来，相反，非国有企业在要素资源扭曲过程中却受到了严重的创新抑制。大量非国有企业应有的技术创新活力难以激发出来，导致了中国企业整体技术创新动力不足（罗德明、李晔、史晋川，2012)。如果深入思考出口企业的要素资源配置的错配问题，如出口补贴以及出口退税等政府行为，其中的创新抑制因素非常值得深入探讨。围绕要素投入研究企业技术创新效率的还有Hsieh和Peter等，他们认为中国资源配置错位是企业生产效率低下，并导致企业技术创新滞后的重要原因（Hsieh and Peter，2009；Loren and Zhang，2009）。石奇也认为中国在改革开放近40年的发展过程中，从产业的形成到经济增长完全是基于要素供给条件变化，当国内要素供给能够维持企业生产运营时，经济增长主要靠要素投入的增加来维持，许多新的产业兴起也是依赖所需资源的供给状况，而中国并不是资源富饶的国家，在不断发展过程中资源要素投入的局限性越来越明显，这就制约了中国经济的增长和发展。长期以来，中国受资源要素的约束，粗放式发展模式的危害不断显现出来，能源和资源供应出现了紧张局面，环境污染问题严重，诸多企业难以从资源能源类型中转型升级。中国未来的发展必须摆脱企业发展主要依靠资源要素的供给成本；企业技术创新成本必然成为产业升级的基础成本（石奇，2010）。赵文军、于津平等从中国全要素生产率对经济增长作用研究企业技术创新问题，使用2000—2010年的工业经济增长数据，利用拉格朗日生产函数，测算出制造业不同行业投入要素生产率对经济增长的贡献，发现总体上中国工业经济增长中的外延和粗放生产的特征趋于强化。整体上看，工业产品出口增长没有改变中国的经济增长方式，而工业产品的进口对中国经济增长的方式有所改变；在对制造业的不同行业分析中，由于资源和劳动密集型制造业生产过程中进口一定的外国技术设备，这些资源和劳动密集型制造业技术含量有上升趋势（赵文军、于津平，2012），但上升的速度远没有达到潜在的应该达到的程度。

学者在要素投入视角分析制造业技术创新和产业升级时，主要限定在物资投入要素的增加或减少方面，对金融市场中货币价格的要素对制造业技术创新和产业升级的影响没有深入探讨，在研究中国政府干预要素市场造成国内资源要素价格扭曲时，也没有深入研究外国政府对货币价格要素的干预和影响以及对中国制造业出口产品的影响，从而波及制造业技术创新和产业升级问题。

（二）产品需求带动技术创新和产业升级

在制造业产品需求带动技术创新和产业升级研究中，以 Romer 为代表的新增长理论认为国际贸易能够产生技术扩散效应。因为制造业产品出口过程中附加的技术知识会随着产品出口输出到进口国家，由产品出口带动生产技术转移是存在的。因此，国家之间的产品出口能够带动出口国家技术进步（Romer，1986）。该研究隐含的一个基本假设就是开展互相贸易的两国之间，应该在技术方面具有一定的等势性。如果是发达国家和发展中国家之间，就不存在技术和经济发展程度的等势性，出口国家所出口的产品技术含量远低于进口国家，即一些普通的通用技术的扩散只能加速出口国家贸易条件恶化。Keller 等学者在 Romer 提出的国际贸易导致技术扩散的理论基础上进行了验证工作，发现出口贸易对一国的技术进步存在正向关系，并探索了产品出口促进企业技术创新的基本途径，认为出口产品市场扩大，海外需求增加带来了贸易企业的丰厚利润。企业进行研发投资的规模扩大，技术创新能力提高（Keller，2001）。刘志彪在研究中国制造业产品需求与产业升级关系时，选择了中国制造业的国际代工生产角度，提出了制造业国际代工生产也是中国制造业技术创新和产业升级的禀赋选择。20 世纪 90 年代以来，中国主要是代替发达国家和地区企业进行加工生产，解决了改革开放初期中国就业和外汇积累问题。这是由中国制造业技术能力和生产水平决定的。代加工虽然造成了中国制造业加工能力低端的固化，但是，以满足外需为主的来料加工生产也锻炼了中国制造业的企业组织能力，同时也获得了一些附加值较低的生产技术，更为重要的是中国充分使用了国内的相关生产要素，发挥了中国的比较优势，符合国家贸易一般原则。毋庸置疑，这种代加工过程对中国制造业的技术创新和产业升级具有重要积淀作用，也对中国制造业技术创新的自然吸附能力是重要的契合（刘志彪，2005）。陈勇兵、李燕、周世民等，认为中国制造业产品出口时期与企业技术创新存在密切关系。中国制造业产品之所以能够长期保持出口增长，根本原因不是中国劳动力成本低下的问题，而是因为中国制造业的生产效率相对较高的原因。在此基础上，中国制造业所选择的出口类型以及针对的出口市场选择都是正确的。因为，中国最初的出口贸易是在东部沿海地区，当时的制造业产品能够在国外市场有好的销路，主要是因为东部地区生产技术提高较快，相应的生产效率也提高较快的缘故。由此，在东部沿海地区形成了一定的良性循环机制，承接制造业转移的层次相对较高，其产品在国际市场具有竞争能力，从而对这些地区的制造业技术和产业升级存在一定的促进作用。这说明中国制造业技术创新和产业升级模式在很大程度上是要靠产品的海外需求市场扩大并能够带动企业研发投入形成的（陈勇兵、李燕、周世民，2012）。王展祥、王秋石、李国民，认为中国制造业在20世纪80年代能够迅速发展，取决于国际贸易制度的适宜性和发达国家需求市场的开放性的契合。20世纪70—80年代，发达国家之间出现了国际贸易相对自由的环境。以美国为代表的发达国家的工业化过程基本完成，正在朝着后工业化阶段转变，大量的工业制造业企业和产品需要对外转移，各国之间的贸易壁垒也大幅消减，促进了世界贸易自由宽松环境的形成。发达国家主导的全球化浪潮加快了世界各国产品贸易和产业转移。恰逢此时，中国正在进行举世瞩目的改革开放，适应了发达国家产品和产业转移的步伐。由于美国需要向后工业化社会过渡，以劳动密集型制造业为主的经济结构需要朝资本密集型和信息化生产方向转变，同时，美国发展第三产业的基础也日趋成熟。这使得20世纪的世界自由贸易现象比较突出，增加了发展中国家的低层次制造业产品的国际市场的流动性。美国政府为了推动制造业转型升级，积极出口金融资源和以税收优惠的形式补贴美国企业，使得美国制造业高估美元价值，促进美国制造业在海外开展直接生产转而运回本国消费。这在一定程度上对发展中国家的企业技术起到了推动作用（王展祥、王秋石、李国民，2010）。金碚则认为中国的工业化道路是“压缩式”模仿发展的模式。中国制造业依赖国外需求存在技术创新和产业升级困境。中国实施改革开放政策，发展工业化过程主要是模仿了亚洲发展中国家和地区发展的基本路径，以出口导向为主增加财富积累，提升企业技术创新能力。为此，中国政府高度重视制造业产品的出口和积累外汇储备，强调国内GDP增长。这样就使中国在整个工业化过程始终保持着国内储蓄和外汇储备都非常富裕的现象。中国过高的国内储蓄导致了政府投资比例不断增加，加上政府社会保障措施没有能力及时跟上，企业产品出现了国内过剩现象。制造业企业为了寻求生存出路就不能不依靠国外消费市场的消费，于是，拓展发达国家消费市场成了中国制造业技术创新和产业升级的唯一希望；另外，中国过高的外汇储备势必会将外汇投资到美国债券市场，帮助了美国企业融资，并以直接投资的形式重新投入中国进行制造业生产。中国在不断承接发达国家制造业转移投资的同时，却面对着美国等发达国家国内产品市场消费乏力景象。中国制造业面对发达国家消费乏力的市场，只能采取降低销售价格委屈求卖。这种过分依赖国外消费市场的局面，不仅抑制了发达国家先进制造业技术向中国制造业技术扩散和转移，而且使中国制造业的自主创新能力极大贬损。对此，金碚认为中国长期沿袭其他国家的工业发展模式必然会造成以下结果：首先在制造业生产环节布局方面，中国要被迫接受发达国家主导的国际分工原则，造成中国工业化发展过程中并没有出现“双缺口”现象，既不存在国内储蓄缺口，也不存在外汇储备的缺口，导致中国制造业最终产品大量过剩。其次是中国制造业技术创新存在虚浮现象。跨国公司对中国制造业投资是在其人力资本和技术资本皆具有垄断优势的背景下展开的。跨国公司为了降低生产经营成本，一般采取生产本土化和高端制造业产品加工外包。这在外表上表现出生产外包过程存在着技术领域转移，但这并不是真正具有竞争能力的核心技术转移。从本质上看，中国靠跨国公司技术转移，发展自主创新能力很难形成自己的技术体系。中国在被动接受发达国家国际分工原则和依赖发达国家技术转移生产的情况下，要正确认识制造业传统产业的转型升级问题，现阶段也只能是在充分利用国际生产环节和设备、技能的转移过程中，不断强化中国的制造业企业技术创新能力（金碚，2012）。

外部需求是制造业技术创新和产业升级的带动因素之一，对此，国内外学者的观点比较一致，也有学者将国外对本国制造业产品的需求比作拉动技术创新和产业升级的“三驾马车”之一，即国内需求、外部需求和政府研发投入。但对外部需求受到贸易国家货币汇率的影响的分析却比较少见。汇率制度决定着一国制造业产品的出口数量，因此，中国与美国之间的长期贸易失衡形成的中国大量顺差就不一定是中国制造业技术创新和产业升级的必要条件，或许是对制造业技术创新和产业升级的抑制因素。

（三）金融、贸易带动制造业技术创新和产业升级

关于金融发展和国际贸易带动制造业技术创新和产业升级问题研究，国内外学者涉足比较广泛，主要从金融市场改善、国际贸易条件转换以及两者之间的关系等方面研究对制造业技术创新和产业升级的影响。杨珍增、陆建明研究金融与贸易发展带动制造业技术创新和产业升级问题时，认为金融体系的完善与国际贸易繁荣之间存在着一定的必然联系，主要表现在：第一，在国际分工大背景下，一国的金融市场改善和发展可以影响该国在国际分工中的地位以及所承接的国际分工的基本模式，进而影响到两国之间的国际贸易平衡问题。第二，两国金融发展水平的差异是导致两国之间相互能够开展国际贸易的基础，但这种贸易是建立在两国的制造业水平分工基础之上的。如果两国金融发展的差异超过特定的临界值，那么两国间的水平国际分工就会转变为垂直国际分工。这必然会导致两国产业贸易失衡。这种由于金融发展差异所导致的垂直生产分工体系，造成了两国之间在创新环节和生产环节上的分工。第三，如果两国制造业产品的贸易出现失衡，就会使贸易双方国家制造业技术创新陷入困境。在金融发展程度差异下，两国产生的国际贸易差异，必然会导致两国的技术创新和产业升级能力的差异，尽管其中的生产专业化也能在一定程度上提升两国的企业产品的质量和技术（杨珍增、陆建明，2011）。Antras P. 和 Caballero R. J. 也认为金融发展水平决定了一国在世界贸易中的产品格局。因为金融发展可以通过提高国家的资本禀赋和促进企业的技术进步来影响该国的比较优势。金融发展的水平越高，该国的贸易结构中具有较强依赖外部金融发展的产品就会得到快速增加，而这些依靠外国金融资本扩大生产的产品一般都是技术附加值比较高的产品。这样的产品生产对一个国家的技术能力提升具有重要意义（Antras P. 和 Caballero R. J，2009）。曹东勃、秦茗等人，提出了技术创新和金融创新的耦合理论，认为技术创新不是孤立的，与金融创新存在着密切关系。一般是金融创新在先，技术创新随后。金融创新与技术创新会存在一定时期的重叠，即两者之间的相互耦合期。一个国家的金融创新比较活跃时期，制造业技术创新就充满活力。因为，金融创新拓展了企业生产和销售的利润空间，从而为企业技术创新奠定了

物质基础。反过来，企业技术创新还可以推动金融进一步深入创新，两者在发展过程中可以协调共存。金融创新和企业技术创新可以长期形成固定的发展模式。一旦技术创新和金融创新出现了非平衡发展，尤其是金融创新超前于企业技术创新就会出现社会生产平衡过程的危机，接着就会爆发新的技术创新，并在新的均衡点实现又一次耦合（曹东勃、秦茗，2009）。宋宪萍研究了发达国家的技术转移与金融发展之间的关系，认为在后金融危机时代，发展中国家承接发达国家的技术转移受到两方面制约。一是从技术的自然性分析，发达国家技术转移是符合技术产品经营成本法则的。后金融危机时代的发达国家急于寻找发展中国家来实现自己的技术价值；二是从技术的社会属性看，要求技术转移一定要在现实中，为相应的社会集团实现一定的生产关系利益，即社会组织集团不仅考虑利润，还要考虑社会关系利益。因此，尽管美国在2008年金融危机后，一些企业技术濒于卖出的境地，但美国集团社会关系利益不可能轻易让企业的重要技术流出国外。中国指望发达国家转移先进技术是不可能的，只有靠自主创新才能提升自己的技术能力，靠转变生产方式实现制造业产业升级（宋宪萍，2010）。夏斌、陈道富研究了中国“十二五”期间的金融发展问题，认为中国经济发展将长期受到美元霸权地位的约束。世界经济也会在未来的若干年内更加遭受美元动荡的影响，从而变得更具不确定性。这将直接影响到中国的对外贸易，使得中国经济发展充满了多种变数。由于中国在改革开放初期重点发展实体经济的时候，对金融领域改革和发展缺乏足够的重视，金融创新能力远落后于发达经济体，对中国制造业技术创新和产业升级能力起到了明显的约束作用。这就要求中国在世界经济秩序和国际货币体系处于大变革时期，在世界经济发展中出现的不确定性因素增加且又复杂的情况下，利用中国制造业30多年外汇积累的主权财富基金，实现企业技术创新快速突破（夏斌、陈道富，2011）。曾国平等学者利用中国1952—2005年的时间序列数据进行了实证分析，解释了中国金融发展与产业结构演变的基本规律，提出了中国金融发展与产业结构变迁的基本理论，认为中国金融长期畸形发展是一种非常态模式。这种模式直接导致了中国产业结构扭曲。中国金融发展状况整体作用于产业结构的演变过程，主要表现在第三产业受金融发展的影响最为直接，但是，仅仅从产值结构方面看，第一产业受金融发展影响较为显著。中国金融资本导向效应更为明显，金融深化能够增加资本的流动性，减少金融投资的交易成本。这不仅可以提高金融资源的配置效率及其回报率，还可以更好地带动实体经济发展，从而促进产业部门升级（曾国平、王燕飞，2007）。范方志，张立军等学者探讨了中国金融结构转变与实体经济产业结构升级之间的关系，认为中国经济结构调整不只是产业结构的升级和优化，更包括金融结构转换和提升服务能力（范方志、张立军，2003）。张小蒂提出了企业家借贷便利性，对制造业技术创新和产业升级影响问题，认为金融发展和产业集聚是企业家精神显现的外在约束条件。企业家能够便利开展金融市场的借贷活动，就可以很好地落实企业家的决策行为，技术研发成本就能相应降低，技术创新活动就会得到及时开展。因为，企业家是市场运作的精灵，在生产过程中，当劳动力在原有部门获得一定的知识经验积累，劳动能力得到提高后，企业家的总生产收益一定会超过原有的预期收益，此时，企业家往往具有选择建立新企业的意识冲动，从而获得更高的生产收益。这样就在某些区域形成了一些与原来生产环节相关的产业并最终形成产业的集聚。金融在新产业孕育和新的生产集聚形成中起着借贷和投资的重要作用。金融的发展和完善将成为新产业形成和集聚的重要桥梁和纽带。金融市场的发育状况直接影响了企业家能够发挥作用的显性程度和新产业演变集聚的速度。他们研究的基本结论是，金融市场效率越高的地区，企业家的显现密度就相对较高，企业家队伍规模相对较大，产业集聚的规模和效果也会相对明显，进一步分析其中的路径是：金融效率的改善可以降低企业融资成本，也使得企业创新失败的损失相对减少，这样就使得企业家精神能够普遍而更加充分地张扬，同时，那些具有企业家潜质的创新人才，从事创新尝试的积极性增强，从而可以培育出更多的新业态。企业家成立新企业的意愿就会从隐性转变为显性（张小蒂、王永齐，2010）。刘梅生在研究资本要素禀赋与人力资本要素禀赋相互配合促进产业升级问题时，提出了金融发展可以改善一国的资本要素禀赋，从而可以提高人力资本要素层次，进而能够带动产业结构由劳动密集型向资本密集型与技术密集型产业升级的结论。其中的作用路径是，资本市场的不断发展，可以改善一国的资本要素禀赋，使得外资能够不断进入本国资本市场，继而就可以改变一个国家的对外贸易结构，也对该国未来的外国直接投资产生明显的影响作用，从而对该国的产业升级造成影响（刘梅生，2009）。

金融和贸易对制造业技术创新和产业升级的影响不可小觑，学者从实证分析和理论推演等方面研究了金融改善对制造业技术创新融资环境的影响，分析了国际贸易结构和金融发展程度之间的关系问题，然而，金融市场改善和国际贸易结构的变化，在当今以美元为主导货币的国际货币体系下，不能仅凭本国的一厢情愿就能够实现。在后布雷顿国际货币体系时期，或者说牙买加国际货币体系后，世界单极主导的国际贸易结算体系，极大地限制了中国人民币在世界金融市场中的作用，对中国制造业技术创新融资以及产业集聚升级都产生了不利影响。

（四）知识产权促进技术创新和产业升级

企业知识积累是技术创新的关键环节。有知识积累才有知识产权的产生。保护知识产权是确立社会公平、公正对待技术创新的法律和道德规范。不少社会学者和管理学研究人员对知识产权保护的研究成果十分丰富。Diallo 和 Barrou 研究了中国台湾地区知识产权保护与自主创新之间的关系问题。中国台湾曾在 1986 年和 1994 年两次对知识产权制度进行改革，加强了知识产权的保护工作。在此期间，中国台湾制造业技术创新的活跃指数也是相对比较高的。Diallo 和 Barrou 选取了 1985—1995 年的历史数据进行实证分析，发现 1985—1995 年，中国台湾地区的专利指数由 1.26 上升到 3.17，在短短的 10 年增加了 152%，与此相伴随的是，中国台湾地区的出口贸易数量也大幅增加，从 1985 年的 170 亿美元，增长到 1996 年的 1284 亿美元。中国台湾地区 2006 年的出口贸易数量达到了 2237 亿美元。由此可以看出，中国台湾知识产权制度的完善已经直接影响到区域自主创新活动（Diallo 和 Barrou，2003）。郭春野、庄子银研究知识产权保护与国家自主创新激励问题，利用南北产品周期模型，假设南方自主创新是在合法模仿、引进、消化和吸收北方已有产品的基础上再进行的创新。南方的自主创新依赖自身的资源基础和技术约束。南北双方存在着产品市场结构的差异。研究结果显示：在知识产权保护的情况下，南方在自主创新方面受到的激励以及南北双方技术创新的总体效应，依赖于南方存在的初始劳动技能水平和北方技术创新性质所导致的市场结构。在寡头市场中，如果北方存在垂直技术创新，知识产权保护不能激励南方的自主创新；在垄断竞争市场，如果北方是产品多样性创新，南方的技能劳动力短缺，此时的知识产权保护在短期内有利于双方的自主创新，但并没有对南方的自主创新造成激励；在该条件下，如果南方的技能劳动充裕，适度的知识产权保护对南方的自主创新有激励作用（郭春野、庄子银，2012）。这说明知识产权的保护是有一定条件的，当本国的技术创新达到一定程度后，一定的知识产权保护有利于促进社会技术创新实现。Jaffe 和 Branstetter 等认为知识流动对企业技术创新和产业升级具有重要作用，并将知识流动对技术创新和产业升级的影响归为三类：一是由于知识流动将产生技术溢出，从而带动技术创新和产业升级，例如，先进技术观念的传播、专利技术应用传授和技术人员的流动等，其中人员的流动是造成不同产业间技术溢出的重要因素；二是相关性产业知识的流动使技术溢出，带动关联企业技术创新，由于上下游、同水平类似产业之间的相互学习和交流，不同产业之间技术可以相互借鉴或模仿；三是产品附加知识的流动带动产品技术创新和产业升级，产品通过市场交易而在不同地区流动，由于物化的技术附加于产品中，不同区域、不同行业通过破解产品附加技术可以提出创新思路。这类技术溢出在上下游产品之间更为普遍（Jaffe，1998；Branstetter，L.，and K. Saggi，2011）。

知识产权保护是企业技术创新的社会资本行为，在不少社会学者看来，一定的知识产权保护能够激励企业技术创新，但中国制造业是在承接发达国家制造业转移过程中发展演变的。知识产权保护在承接发达国家制造业转移过程中难以达到真正效果，即中国作为承接国际制造业转移国家，本身就是依靠承接发达国家技术转移实现普遍工业化的，再考虑到企业承接制造业转移的成本效应，缺乏知识产权保护在一定程度上可以普遍提升制造业产出能力，增加制造业产品出口数量。制造业技术创新积极性来自于企业自身成本和收益的综合比较，当企业有现成的技术可以承接，又能得到国家出口补贴费用的时候，企业为何非要承担风险去开展技术创新呢？因此，对中国制造业技术创新来说，知识产权的保护不是技术创新的关键问题，由政府主导的出口导向模式，契合了当今国际货币体系游戏规则，才是产生制造业技术创新惰性的核心问题。

（五）价值链转移下技术创新和产业升级

价值链转移是将不同的生产环节按世界生产要素禀赋条件进行全球布局，是当前制造业转移的突出特点。高煜、曹大勇研究了全球价值链转移背景下，中国制造业技术创新和产业升级途径，认为中国承接发达国家制造业转移是在全球价值链发生转移的背景下展开的，是制造业生产过程中的，非一体化行为决定的，制造业产品内部生产的垂直化分工，是国际产业不平衡的表现，也是全球价值链的重组。这种全球价值链的重组使得发达国家更强化了制造业的高技术附加值环节。中国制造业在全球价值链转移中只是承接了外资企业为主体的“加工贸易型”企业。这次全球价值链的重组将可能使中国在世界产业中的地位更趋低端化，获得的分工地位也更加低端化。

以价值链为主要形式的制造业转移使发达国家通过全球价值链整合，加快了它们发展高端制造业的速度，也加快了它们对外转移低端制造业的速度。这将使发达国家与发展中国家的技术差距进一步拉大，堵塞了发展中国家的技术创新源泉。中国在承接制造业价值链转移过程中，大量承接了低端制造业生产环节，成了美国、日本等发达国家的生产零配件的国家。这限制了中国企业技术创新的发展空间，造成了国民经济高速增长，而技术创新却严重滞后的局面。在全球价值链转移过程中，以外资为主导的国际分工模式，形成价值链的纵向挤压，同时显示出国际分工的封闭性特点，使得在价值链转移中，外资企业核心技术难以溢出。中国制造业依靠外资企业技术溢出，提高自主创新能力更加困难，同时，中国制造业在低端价值链的锁定效应更加明显，将出现越来越多的，以低端生产模式参与的，“俘获型”技术生产模式。

发达国家全球价值链重组，不仅会造成中国与发达国家在生产技术、管理水平、消费市场和产品标准等方面的差距，还将形成整个制造业的组合性的差距。因为这次全球价值链转移，更多表现为产品工艺、产品功能等链条的升级，较原来工业革命中发生的产业升级所包括的产品升级和效率提升的内涵完全不同。这次全球价值链转移使得发达国家的产业竞争优势表现在持续技术创新、管理创新和以价值链动态重组与治理为核心的综合优势方面。这一优势使得发达国家由原来对市场的垄断优势，转化成了发达国家对产业价值链和产业链条的垄断（高煜、曹大勇，2012）。

刘友金、胡黎明等人，从全球价值链转移视角分析了中国制造业转移的趋势和动向，认为全球价值链转移的动因是制造业产品内分工造成的。本轮全球价值链转移的主导方式是产业价值链的跨区域重组。中国在承接国际制造业转移过程中，要与国内的制造业转移形成相应的耦合关系，即适应国内制造业由东向西的产业转移过程，综合考虑国际制造业向中国转移和国内制造业由东向西产业转移的匹配，筹划中国地区之间的技术创新和产业升级战略部署。中国利用大国优势，在接受全球价值链转移的同时，完全有能力在国内不同地区布局先进制造业的技术创新体系和高端产业生产体系（刘友金、胡黎明，2011）。刘志彪等从全球价值链转移角度分析中国纺织缝制装备制造业技术创新和产业升级演变，发现纺织缝制制造业的下游生产企业的动态技术引进，对该行业的装备制造业技术创新和产业升级起到明显的约束作用。制造业下游生产部门动态引进国外的技术和设备，就会造成对上游本土装备制造业部门的市场空间的挤压和替代效应。由于中国装备制造业是以出口导向发展的，本土装备制造业产品在本国市场份额较小，缺乏支持企业技术创新的市场机制，难以形成装备制造业产品技术创新的正循环机制。下游制造业产品的出口导向，形成了全球价值链中的低端制造环节，受到国外市场的苛刻要求，造成中国出口企业不愿意使用本土装备制造业的产品。这就出现了中国制造业产品出口数量的增加，而本土装备制造业产品的需求量却没有增加，在很大程度上遏制了本土装备制造业的技术升级途径（陈爱贞、刘志彪、吴福象，2008）。刘贵鹏通过价值链视角研究了企业技术研发和转化应用的分阶段效应，认为全球价值链转移对企业生产、产品销售以及技术创新都产生相应影响，然而制造业的研发投入、技术创新和技术转化应用是三个不同的环节。制造业研发投入不等于技术能力的提升；企业有技术能力不一定就能实现技术的有效转化。制造业研发投入、技术创新和技术转化应用处在不同的价值链条上。通过分阶段研究考察，发现中国制造业发展过程中，研发投入资源不断增加，技术创新能力也在逐步提升，但总体的技术转化能力有待进一步提高。在不同行业中，技术转化能力也出现一定的差异性。简单制造业的技术转化能力相对较弱，主要依赖资源投入维持简单生产方式。不同规模企业技术转化能力也有所不同，国有大型企业技术创新能力有一定局限性，但在技术转化为产业效率方面并没有明显滞后表现（刘贵鹏、韩先锋、宋文飞，2012）。

制造业价值链转移是由本国所处的生产要素禀赋决定。中国作为人口大国，资本和技术资源要素并不丰裕的情况下，承接制造业转移只能是从低端制造业着手，然而，中国改革开放 40 年后，积累起巨额美元外汇储备，制造业多数价值链条仍处于低端环节，这不能仅仅从价值链转移环节寻找原因，更需要从价值链条转移的本质环节寻找答案。究竟是什么遏制了中国价值链的攀升？

（六）技术创新与产业升级协同发展

技术创新和产业升级是一个问题的两个方面，其核心问题就是提升制造业产品的质量。技术创新和产业升级都可以归结为国民经济质量问题，而两个方面则是技术创新能否带动产业升级以及产业升级是否对技术创新具有反作用力。刘志彪研究了中国改革开放 30 多年来技术创新和产业升级的状况，认为中国制造业正在由“代加工”模式向复杂制造业转变，即中国制造业产业升级有一定的提升。由于当时的中国制造业“代加工”是当时存在人口红利所决定，经过 40 年的改革开放，制造业开始兼顾到资源要素应用和高端技术吸收等问题，即中国技术创新和产业升级已经步入了协同发展的轨道。中国改革开放初期，先是在东南部沿海地区实行对外开放吸引外资，以“改革窗口”的形式换取美元外汇，支持中国宏观经济平衡发展。毋庸置疑，中国改革开放比较早的地区靠加工贸易积累外汇，不仅浪费了大量资源和能源，而且严重破坏了人们的生存环境，同时，在与发达国家的贸易过程中常常受制于人。国外需求市场的风吹草动直接影响到国内制造业产品的出口。这不仅破坏了国内的生态环境，而且随着人民币逐渐进入升值通道，出口的难度越来越大。中国再也不能一味追求出口换汇目标，要将出口换汇与制造业技术创新和产业升级结合起来，制定更为科学合理的发展模式。目前，中国中西部经济发展应该吸取东部沿海地区

“代加工”模式的教训，要在引资初期摒弃中国制造业粗放经营的惯性思维，高起点部署产业发展模式（刘志彪，2005）。洪银兴教授提出中国制造业技术创新是带动产业升级的必由之路，不能依靠低附加值产品出口带动产业升级。中国制造业产业升级需要相应的技术水平支持。因此，中国产业升级必须要有技术创新才能实现。中国制造业技术创新长期受美国、日本等发达国家技术俘获，缺乏自主创新积极性，对此，政府应及时出台激励措施推动制造业技术创新；中国需要改变制造业发展过程中不断加剧的资源竞争局面，通过政府引导产业发展，反作用于制造业技术创新，甚至可以拟定若干个未来产业发展的方向，集中政府力量进行技术攻关。在市场激励方面，要保证制造业技术创新能够实现企业的垄断收益，因此，政府要为技术创新企业能够获得长期垄断收益出台激励政策；但要实现制造业产业升级还需要在垄断收益机制内不断打破利益垄断，增强企业的竞争能力。制造业升级初期需要政府的一定推动，但能否实现制造业升级还需要市场的作用，只有企业互相竞争才能实现真正意义上的产业升级（洪银兴，2011）。潘文卿、李子奈、刘强等，利用中国投入产出表，测算不同工业部门在1997—2008年的产业相似矩阵，并以此作为权重，建立了测量不同产业之间的技术溢出指标，发现先进制造业的技术创新是提升产业价值链并促进产业升级的重要途径。在生产程序和产品相似程度较高的产业之间，较为容易发生技术溢出并带动产业升级。中国制造业产业之间的技术溢出，已经成为中国制造业升级的重要因素；在制造业技术创新和产业升级过程中，资本的投入仍是决定制造业技术创新效率的关键因素，而劳动投入对制造业技术创新和产业升级的效果并不是十分明显；当然，随着中国要素市场进程的推进，制造业之间相互学习现象得到强化，技术人才流动造成的技术溢出和产业升级会成为主要因素（潘文卿、李子奈、刘强，2011）。

王立军，张伯伟、朱春礼借鉴显示性比较优势指数构建研究模型，利用中国工业37个行业数据，系统全面实证分析了中国制造业行业特征、企业规模、政府补贴等因素对技术创新和产业升级的影响和作用，认为企业规模与企业自主创新存在显著的负相关性；政府补贴和银行支持贷款对企业技术创新具有积极作用；外资企业技术外溢效应对中国企业技术创新有正效应。同时，还发现政府技术研发策略的选择也是影响技术创新和产业升级的重要因素。这些不同渠道促成的企业技术创新对产业的升级带动作用基本一致（王立军，张伯伟、朱春礼，2011）。干春晖、郑若谷、余典范研究了产业结构演变与经济变化之间的内在逻辑关系，首先，将产业结构变迁划分为合理化和高级化两个方面。在此基础上，通过一个简洁计量模型将产业结构对经济增长和波动的影响纳入到一个框架进行研究，其次，对产业结构合理化和高级化两个方面进行衡量，认为产业结构合理化主要是指产业之间的聚合能力和效果，这主要是能够反映产业之间的相互协调程度和社会资源得到有效利用的效果。即社会资源要素投入和产出之间的协调与利用程度的测量。一般来讲，产业结构合理化表现出来的经济增长具有明显的稳定性；当产业结构由低级化取向高级化发展时，一定程度上会造成经济波动；同时，他们还对经济波动进行分解，认为经济波动是企业技术创新的契机。产业结构合理化有助于抑制经济波动，也是企业技术创新相对稳定时期。该文献丰富了产业结构变迁与经济波动之间的研究，论述了企业技术创新和产业升级的协调一致性（干春晖、郑若谷、余典范，2011）。李杨教授从货币错配视角，间接提出了企业创新和产业升级协调性，指出货币错配是一个国家的经济行为主体，在融入经济全球化过程中，对外开展贸易往来活动，不能使用本国货币结算贸易账目，造成该国积累大量外国货币并以此维持两国贸易活动。由于出口国家大量拥有外国货币，形成该国的财富风险，一旦外币的汇率发生变化，难以控制自己的外币资产，就会导致本国的资产和负债，收入和支出严重依赖于外国货币的汇率变化。这种情况不仅会削弱该国财富效应，也会抑制企业技术创新能力并陷入产业升级困境（李扬，2005）。龚刚、高坚、李炳念等进一步从国际货币体系的非对称性研究国际贸易与企业技术创新和产业升级关系问题。由于国际货币体系的非对称性影响到不同国家之间的货币汇率政策及经济发展方式。在世界贸易格局中，非国际货币体系国家的汇率政策一般是储备性汇率政策。这些国家在储备性汇率政策的指导下，不断对外汇市场实施干预，以达到国际货币储备不断增加的目的，从而造成这些国家的货币长期贬值以及经常贸易顺差。这种选择是发展中国家经济发展过程中的无奈行为，不仅造成主权财富基金流失、影响企业研发投入，而且还使企业陷入出口困局、难以提升产业结构（龚刚、高坚、李炳念，2012）。

关于制造业技术创新和产业升级的协同演变问题研究，虽说不是学者们研究最为集中的问题，但将协同效应带动产业升级的思考一直没有中断，特别是在中国作为承接国际制造业转移的国家，以市场换得的技术能否提升制造业产业升级是未来中国经济振兴的关键问题。不少学者研究认为，“以市场换技术”没有取得明显效果，也就是说，中国依靠承接发达国家转移的技术是不能带动制造业产业升级的，这就需要我们另辟蹊径选择其他方法提升制造业升级速度。

综观国内外相关文献，我们发现国外学者在制造业技术创新和产业升级的研究中，主要是根据外国制造业所处的特色背景进行研究，例如，对美国制造业技术创新的研究，主要是假设资本市场相对完善、人力资源流动充分等条件下得出的制造业技术创新和产业升级基本理论，不能解释中国制造业技术创新和产业升级问题。金融改善与制造业技术创新的结合研究中，国外学者一般也不会考虑国际资本市场对发展中国家金融市场的影响，因此，所得出的研究结论也不能破解中国制造业技术创新和产业升级困境。国内学者多数从制造业技术创新和产业升级的微观机制研究，也有不少学者在国际贸易禀赋理论基础上研究中国的技术创新和产业升级，但没有深入分析要素禀赋背后的国际货币因素影响，特别是国际制造业中心转移背景下，国际货币体系、中国制造业技术创新和产业升级三者之间的内在联系研究甚少。中国承接发达国家制造业转移，是契合了发达国家制造业转型升级的时代要求，为发达国家提供了大量的制造业加工产品，满足了发达国家长期生存必需的生活用品，却减损了制造业技术创新和产业升级的精神。不仅如此，中国在承接发达国家制造业转移过程中，受国际货币体系的制约，制造业出口产品结算使用美元，无疑是中国制造业产品出口的无奈选择，也是政府推动加工制造业出口换取外汇的基本动机。在这种背景下，中国制造业技术创新和产业升级演变存在着特殊性，研究该背景下制造业技术创新和产业升级具有重要的现实意义。

制造业技术创新和产业升级的理论研究尚需建立完整的理论框架。本书将国际货币体系作为重要因素，引进制造业技术创新和产业升级研究中，扩展了企业技术创新和产业升级的理论研究内容。探究美元汇率对中国制造业技术创新和产业升级的影响路径，也更深入分析了企业技术创新带动产业升级的内在演变趋势，更全面地解释了中国当前经济背景下技术创新和产业升级的内在规律。

此外，本书还将深入研究制造业内部技术创新和产业升级演变规律。在国际制造业中心转移背景下，制造业内部的“装备制造业”与“轻纺制造业”和“化工制造业”之间的内在带动和演变关系也是本书研究的重要内容。中国制造业内部的结构状况是构成制造业升级的重要内容。一般情况下，制造业结构变化的基本趋势是“装备制造业”的发展快于“轻纺制造业”和“化工制造业”的发展。在制造业内部，“装备制造业”比“轻纺制造业”和“化工制造业”的平均价值要高。从制造业产品出口角度讲，“装备制造业”应该最适合出口获益的要求，然而，中国的装备制造业增长速度相对要慢。在中国改革开放初期，“装备制造业”在总产出构成中所占比重相对较小，“轻纺制造业”和“化工制造业”所占比重相对较大。随着中国制造业发展速度加快，中国装备制造业占总产出的比重也在逐渐增加，而轻纺和化工制造业占总产出比重也在逐步减少。这样的演变现实能否实现“装备制造业”带动“轻纺制造业”和“化工制造业”升级的愿望。深入分析制造业内部结构之间联系，可以揭示国际制造业中心转移背景下，中国“装备制造业”带动“轻纺制造业”和“化工制造业”技术创新和产业升级的能力趋势，为制定中国制造业内部激励政策提供理论依据。

第三章　研究创新

（一）新视角研究技术创新和产业升级

本书将国际货币体系、技术创新和产业升级相结合，以国际制造业中心转移为研究背景，探讨中国制造业技术创新和产业升级演变的路径，开辟了一个全新的研究视角。

20 世纪 80 年代开始，中国承接发达国家制造业的转移并利用自己的要素禀赋条件，长期维持与美国的贸易顺差，保持了经济持续增长，积累了大量的外汇储备。研究中国经济增长背后的制造业技术创新和产业升级，不仅适合当代经济发展的趋势，而且将深刻揭示中国未来改革开放的走向。由于中国在改革开放前，长期实行计划经济政策，生产效率低下，长期积累下来形成了低级劳动力禀赋要素相对丰裕的现状，再加上资源相对价格较低，中国承接国际制造业转移似乎可以认为是双赢战略。然而，这一轮国际制造业转移是世界经济长期发展不平衡的结果，是制造业价值链的部分转移。这并不会给承接转移国家的制造业技术创新带来益处。

第二次世界大战之后，世界经济出现了两极分化的格局。美国、英国等一些发达国家凭借战争遗留下来的不平等约束条框，在世界资源的利用和世界市场的控制等各个方面占有先机，因此，成为世界发达国家。例如，“二战”结束后，在美国和英国的操控下，先后成立的“国际货币基金组织”以及推出的“布雷顿森林体系”制度等，都规定了美国和英国等发达国家在世界上享受的权益，其他国家则成了这些强势国家的附属国。事实上，本轮国际制造业转移从 20 世纪 70 年代就已经开始，只是最初的转移目标是东亚各国和地区。应该说，这些国家跟随美国经济得到了一定发展。然而，这是美国、英国等发达国家国内制造业结构调整，不断将本国饱和的产业向外迁移的过程，是一种不平等的产业输出行为。中国20世纪80年代开始实施“改革开放”政策，恰逢美国和英国等发达国家的制造业对外输出之际，因此，中国也就成了承接美国和英国制造业转移的大国。中国在承接制造业转移过程中，也给美国和英国等跨国公司在世界范围内寻找有利的生产要素禀赋条件提供了机会。美国跨国公司不断以自身的垄断优势，要求中国放开销售市场，降低各种税负以及提供各种非“国民待遇”条件等进入中国市场，兼并中国优质品牌制造业，收购中国有价值的无形资产，对中国制造业进行了彻底的改造。当然，中国政府抱有“以市场换技术”的愿望，也积极配合了美国跨国公司改造中国制造业的经营和管理。然而，更为配合或者促进跨国公司对中国制造业进行改造者应该是美国政府。因为，美国跨国公司转移出来的都是低端加工制造业，特别是美国掌握着国际货币印钞权，可以随时印发美元，购买自己需要的生活消费品。中国从事的低端制造业生产，就成了美国消费的生产车间。中国制造业产品可以源源不断地输出到美国满足其消费。美国可以腾出时间和资源进行高端技术创新。之所以如此，是因为现今的国际货币体系，支持了美国能够将金融与制造业捆绑影响制造业转移行为。

国际货币体系是国际货币基金组织制定并要求世界各国执行，虽说20世纪70年代，随着美国宣布不履行美元兑换黄金的承诺，“布雷顿森林体系”基本作废，但后来的“牙买加协议”基本维持了“布雷顿森林体系”的基本原则，即美元仍是国际贸易结算货币。直到今天，世界各国都以美元和黄金等同，各国的外汇储备逐渐从拥有黄金演变为拥有美元。因为，在这一国际货币体系下，各国在对外贸易以及参与其他国际经济活动都必须拥有大量的美元储备。这种强制性的国际货币基金组织安排行为，使得发展中国家相继采取了出口导向型的发展模式，并形成了经济、政治与文化等诸方面对美国的强烈依赖。20世纪80年代以来，中国开始改革开放，引进外资，也是为了保证国家经济健康稳定发展。中国接受发达国家简单制造业的转移，不是自然的选择而是世界国际货币体系下的无奈之举。

在国际货币体系背景下，研究中国制造业技术创新和产业升级，就是将中国制造业技术创新和产业升级置于国际分工的大趋势下开展研究，符合研究国际产业发展的一般模式。因为，当代国际货币体系把美元作为主要国际结算货币，形成了以货币国际化为标准划分的“中心”和“外围”两个发展层次。因为美国的美元是世界通用货币，这就形成了包括与美国经济发展相当的其他发达国家为中心的“中心”国家。而大量的欠发达国家在经济发展中需要美元的支撑，成了“外围”经济发展国家。中国处在世界经济发展的外围，只能选择出口导向型发展模式，大量的产品出口换来了美元及其他发达国家的货币储备。中国长期以来形成了承接美国、日本等发达国家简单制造业转移的接受国。研究在此背景下中国制造业技术创新和产业升级的演变路径，将国际分工趋势列入制造业技术创新和产业升级研究内容，更加符合国际制造业转移下技术创新和产业升级演变的客观现实。

（二）拓展技术创新研究理论框架

中国技术创新和产业升级是在承接国际制造业转移过程中演变的，具有较强的外部干扰性因素，在世界经济发展比较顺利，国际市场趋于稳定的情况下，便于技术创新和产业升级演变，一旦出现国际市场萎缩，或者国内要素价格的变化，就会直接影响到技术创新和产业升级。特别是人民币汇率持续步入升值渠道的情况下，制造业产品出口更加艰难，依赖外部需求带动产业升级就非常不易。该研究将中国制造业技术创新和产业升级的研究范畴进一步拓展到国际货币体系背景范围内，是中国制造业技术创新和产业升级研究的理论拓展。

当前的国际货币体系中，美国是国际货币体系的“系统重要性”国家。美元是全球最主要的储备货币。中国长期坚持出口导向型发展模式，形成了粗加工制造业为主的生产方式，积累了大量的美元储备。美元汇率与人民币汇率之间的变化给中国制造业技术创新和产业升级增加了更多风险。这可以从历次的金融危机中得到验证。美国是美元发行国也是相对其他发展中国家金融市场相对完善的国家。每一次金融危机到来，美元作为避险资本都要流向美国保值投资。美国成了全球资本投资的天堂，发行国债回笼美元成了美国政府的惯用手段。美国通过发行国债剪取世界各国利益，成了世界公认的最大受益者。这在一定程度上可以解释美国制造金融危机的原因，即通过金融危机以最小的成本付出，获得本国的最大化收益。不仅如此，美联储还不顾世界金融危机的客观事实，一味逆势而行。如2008年美国金融危机造成了世界金融动荡，但危机之后美国仍然是逆势操作，有恃无恐实施“量化宽松”货币政策，放纵金融危机的进一步发酵。

美国之所以能够长期坚持“零和游戏”政策，有恃无恐利用汇率手段发动货币战争，根本原因在于，美元作为国际货币体系中的主要货币，能够将“量化宽松”带来的全球通货膨胀损失，轻而易举地转移给发展中国家。在此背景下，本书将汇率作为重要影响因素，分析中国制造业技术创新和产业升级过程，无疑拓展和完善了中国制造业技术创新和产业升级研究的理论框架。

（三）细分制造业内部技术带动能力

研究内容将制造业区分为“装备制造业”“轻纺制造业”和“化工制造业”分别进行深入研究，发现在美元为主导的国际货币体系下，外资主要是冲着中国丰富的资源禀赋条件而来。国外首先转移到中国的是“轻纺制造业”和一般加工业，即简单的来料加工和贴牌生产等行业，只是近几年内出现了部分装备制造业转移到中国的现象。这与中国依靠“装备制造业”带动“轻纺制造业”和“化工制造业”升级的想法是相悖的。另外，在以美元作为国际贸易结算体系下，美国奉行“以邻为壑”的贸易政策。美国在对外贸易政策中并没有真正履行作为货币发行国家应有的责任，相反，美国的“量化宽松”政策导致了美元的世界流动性增加，大量美元输出到中国，造成了人民币相对美元货币的大幅度升值，形成了中国对外贸易困境，造成制造业出口利润减少，从而减弱了制造业技术创新投入和产业升级的困难。事实上，中国长期坚持出口导向发展模式，在美国实施“量化宽松”过程中，制造业产品出口出现异常波动，企业生产危机四伏，制造业技术创新和产业升级能力大为降低。

本书深入研究国际货币体系对中国“装备制造业”“轻纺制造业”和

“化工制造业”三类产业内在联系和相互演变机制的影响。探究国际制造业中心转移背景下，“装备制造业”带动“轻纺制造业”和“化工制造业”技术创新和产业升级能力，从而为应对国际货币体系下制造业技术创新和产业升级困境提供理论支持。

第四章　理论基础

（一）研究基本框架

该研究从对历史现象的观察着手，通过分析世界经济发展过程中，主权货币能够成为世界贸易结算货币，以及主权货币国家的制造业发展强盛的事实，得出基本的理论判断，即主权货币成为国际货币和该国的制造业技术创新和产业升级应该是协同发展的，或者说，主权货币不能成为国际货币时，该国就难以成为世界制造业强国。本研究将美元主导下的国际制造业中心转移作为现实基础，构建国际货币体系下，制约中国制造业技术创新和产业升级的理论体系：从价值链转移和技术转移的非同步；制造业转移与产业低端约束；货币特权和维持非均衡贸易，以及汇率博弈造成“中心—外围”贸易圈四个方面进行理论分析。在此基础上对国际制造业中心转移下，中国技术创新和产业升级进行实践分析。最后，在验证中国制造业技术创新承载产业升级的能力下，提出国际货币体系下制造业技术创新和产业升级结论和建议，见图4－1。

（二）理论基础

国际制造业转移与主权货币国际化具有协同演进的特性。马克思指出，无论是远古时代，人类社会所开展的简单经济活动、进行的商品交易，还是社会现代大生产所进行的资金融通、直接投资和财富的储藏，都需要有固定的、可以在世界进行流通的计算单位。这种计算单位的本质要求都应该是超主权的。黄金作为贵金属，曾经作为货币承担着超主权计量

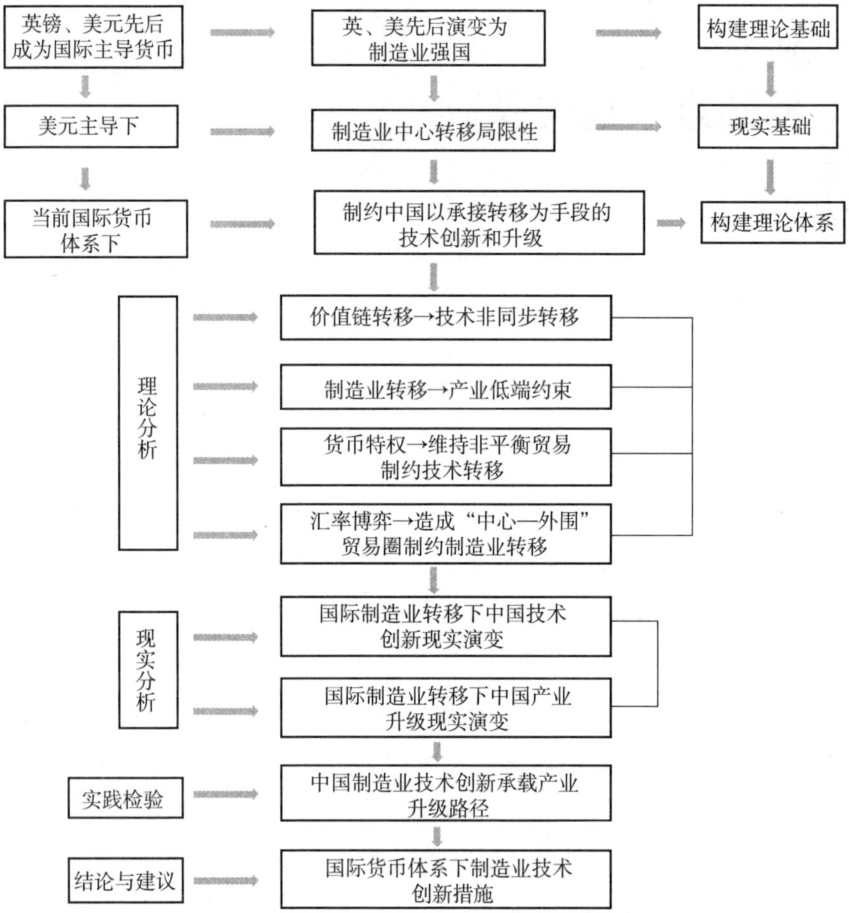

图 4－1　研究基本框架

单位。从英国和美国两个制造业强国发展的历史来看，在这两个国家制造业发展成为世界强大工业过程中，也是本国货币演变成为世界货币的过程。英国曾经在 19 世纪中叶成为世界第一个制造业大国，制造业产品输出到世界各地，与此同时，英镑凭借可兑换黄金的优势，演变成了当时的国际货币。美国制造业是在“二战”前后逐渐强大起来的，特别是“二战”之前，美国制造业产品的出口已经超过英国制造业产品出口的总量，成为继英国之后的世界制造业大国。在此期间，美元也变成了世界贸易结算的主要货币。随后的“布雷顿森林体系”出台，规定了美元成为各国贸易结算货币，并等同于黄金使用。19 世纪末 20 世纪初，世界格局变化，欧美发达资本主义国家演变成了帝国主义国家，那些相对落后的资本主义国家则变成了帝国主义国家的殖民地或半殖民地。整个世界演变成为发达帝国主义国家与不发达资本主义国家之间的资源掠夺关系，即“中心”与“外围”两大经济集团之间的利益分割问题。列宁曾经指出，世界资本主义已经演变成为极个别先进的帝国主义国家，对世界绝大多数国家实施殖民统治和金融压迫的国际体系。这个体系的核心内容就是国际货币体系。目前的国际货币体系天生就是不平等的。因为，由“布雷顿森林体系”演变而来的当代国际货币体系是由霸权国家主导的，主权货币作为国际贸易结算货币的体制，存在着以主权国家信用，换取世界各国资源的权力，自然就存在天然的不平等。掌握着资源交换媒介的国家，一定不会自我约束交换媒介的使用，相反，会时刻膨胀着利用世界资源、全球人才，分享世界最大利益的野心，也不断强化着世界各国对主权货币国家的依附关系。中国制造业技术创新和产业升级，同样处在美元为主要贸易结算货币的体制下，也同样存在着国际货币体系对制造业技术创新和产业升级的桎梏。

（三）英镑国际化成就英国制造业强国

19 世纪下半叶，英国工业革命基本完成，其制造业能力达到了世界一流水平，依靠自己雄厚的经济实力，很快确立了在国际贸易和国际金融方面的霸权地位。伴随英国制造业强盛，英镑的国际化也逐渐成形。英镑的国际化可以分为三个阶段：

第一阶段，是 17 世纪末到 18 世纪末，英国经济在欧洲逆势崛起。欧洲各国经济率先崛起的国家主要是葡萄牙、西班牙、荷兰等海上贸易比较早的国家。这些国家的经济发展进程都先于英国。葡萄牙和西班牙是最早开展海上贸易和海外扩张的国家。早在 16 世纪初期，葡萄牙就控制了从大西洋到印度洋的 50 多个港口以及所在的地区，占有了半个地球的商船运输航线，无疑已经成为当时世界海上贸易强国。西班牙则是在美洲进行掠夺，拥有大量的黄金和白银。据统计，1502—1660 年，西班牙在美洲获得的注册白银达到 18600 吨，注册黄金 200 吨。西班牙的黄金和白银产量占到世界总产量的 83%。荷兰的经济崛起主要是依靠捕鱼和商业贸易发展起来。荷兰人在经纪商、加工商和销售商方面表现出色，特别是在经纪和销售领域表现出色。他们凭借这些领域的良好表现快速积累了大量社会财富。17 世纪中叶，著名的“荷兰东印度公司”，拥有 15000 个分支机构，贸易额占世界总贸易额的 50%。世界各海洋中，到处都有荷兰人的商船游弋，海面上看到的都是荷兰的三色国旗。应该指出的是，荷兰人在 1609 年就成立了世界第一家股票交易所——“阿姆斯特丹证券交易所”，同年，荷兰人还成立了世界第一家中央银行——“阿姆斯特丹银行”。17 世纪的阿姆斯特丹是世界金融业最发达的城市。尽管荷兰、葡萄牙是世界经济强国，但在 16 世纪中期，人们还生活在相互阻隔，仅有局部交流的落后时期。世界还没有真正形成国际贸易体系。因此，荷兰和葡萄牙的货币也没有机会能够成为国际货币。

英国发生工业革命时期，正好是国际货币产生最为合适的历史时期。首先，英国发动对荷兰和西班牙的战争，摆脱了欧洲强国对其的束缚。1588 年英国发动对西班牙的海战并取得了胜利；1652 年、1664 年和 1672 年英国又分别发动对荷兰的三次战斗，结束了荷兰在世界上最强大的帝国地位。同时，英国还发动了本国的资产阶级革命，推翻封建专制制度，建立资产阶级和土地贵族联盟的“君主立宪制度”，成为世界上第 1 个由资产阶级政治家统治的国家。英国通过海外贸易和殖民措施迅速积累财富，完成了资本原始积累，奠定了在世界上的霸权地位，也为英镑成为国际货币创造了条件。

第二阶段，是 19 世纪初到第一次世界大战前，英镑成为国际贸易结算的主要货币。早在 17 世纪中后期，英国就进行了“金融革命”，国内的信贷工具、国债制度、银行网络也相继产生，近代金融体系基本形成。英国的“苏格兰银行”也开始行使中央银行的职能。随之而来的英国第一次工业革命，使得英国制造业产品供过于求，英国不得不在世界范围内推行自由贸易政策，产品被广泛输出到海外市场，成为世界上最大的制造业产品输出国。英国在 1816 年开始实行“金本位”制度，以黄金作为本位货币，一直延续到第二次世界大战之前。英镑成了这个时期世界上最重要的国际支付手段和储备货币。到了 19 世纪初期，英国金融业得到了迅速发展，伦敦已经成为全球最大金融中心。英国在 1816 年，首先通过《金本位制度法案》，推行“金本位”制度，规定 1 英镑含金量为 7. 32238 克。英国之外的欧洲其他国家也相继跟进采取了“金本位”。到 19 世纪 70 年代，由于英国已经成为世界经济和政治的中心（李翀，2013），国际货币体系规则一般是由英国制定和推动。各国遵守英国的规则体系已经成为当时的习惯。因此，英镑自然也就成为国际货币体系中的主导货币。

第三阶段是“二战”之后，英镑逐渐进入衰退时期。18 世纪 60 年代初期，英国工业革命建立了自己的强大工业体系。英国依靠强大的工业体系演变成了“世界工厂”，对外贸易得到更有力拓展。英镑在世界各国的分布使用与制造业的产品贸易同步进行。英镑跟随制造业产品贸易所到之处，英国不仅出口制造业产品，而且进口各国原材料。英国还是世界殖民地国家原材料开采投资国和贷款国。到了 19 世纪，英国与世界各国的经济联系变得越来越密切。各国相继采用“金本位”制度并与英镑含金量建立汇兑比例关系，形成了各国货币与英镑之间的汇率机制。这样就更加方便了各国与英国之间的贸易往来。这样的贸易机制无疑更强化了各国使用英镑进行贸易结算的惯性。据统计，20 世纪初期，各国在贸易往来中使用英镑作为国际结算货币的数量已经占到 90%。

随着各国使用英镑贸易结算的普遍化，英镑作为外汇储备，调控世界货币供应的能力逐渐增强。英镑成为外汇储备资产是由银行“信用体系”和“比例体系”促成的。从 1880 年世界主要国家储备资产的形式来看，当时的德国、法国这样的国家主要储备货币是黄金，而拉美国家、印度和菲律宾的外汇储备则是英镑。德国中央银行实行的是“混合体系”。所谓“混合体系”就是将“信用体系”和“比例体系”相互结合而混用。德国的“信用体系”，是指中央银行能够发行信用货币，而发行这些信用货币，不要求必须有黄金储备作为支撑，只需要政府的债券担保即可。但是，如果德国央行货币发行超过一定数量时，就需要有相应的英镑作为基础。德国的“比例体系”，则是指本国的黄金储备不一定足额对应市场中流通的货币数量，也就是说，德国允许黄金储备数量下降到市场中流通货币数量的 35% 或 40% 以下。由于当时的主要国家，如英国、法国和美国等存在信用扩展趋势，其信用货币占货币供应比例达到了 67%。1885 年这些国家的“比例体系”达到了 85%。英镑是当时主要国家的主要储备货币，因而，英镑调控世界货币供应的能力超过了黄金。

由于德国、法国和美国等与英国存在货币合作协议。这些国家的货币与英镑之间保持着紧密的联系，或者持有英国财政部发行的国债，或者，在“英格兰银行”“伦敦银行”存有大量的存款。因此，这些国家自然就成了英镑的核心层。其他国家出于贸易便利的目的，与英镑汇率保持盯住关系，成为英镑区的外围层，如葡萄牙、斯堪的纳维亚国家、波罗的海国家，伊拉克和埃及等。

英镑国际化与英国成为制造业强国有密切联系。英国第一次工业革命迅速波及欧洲和美洲其他国家，例如，德国、法国和美国等，都是制造业发展比较迅速的国家。这些国家作为英镑的核心国家，由于存在同英国的密切贸易联系，与英国保持有长期货币合作协议，并同时与英国的“英格兰银行”保持密切联系。他们不仅在英国伦敦开设英镑账户，还通过“伦敦银行”进行国际贸易结算；英镑的外围国家为了自身经济发展，也都自觉与英镑保持一定的汇率兑换关系，从中节约了大量国际贸易结算交易成本，也带动了英国制造业技术创新。对此，可以认为，英镑的国际化与英国制造业强大存在着相互支撑、相互促进的密切关系。

（四）美元国际化造就美国制造业强国

英镑金本位制规定了世界自由贸易的秩序，支撑了上百年“大不列颠”领导下的世界经济发展。英国制造业强国地位也维持了近百年。但是，任何一个世界经济秩序都不是一成不变的，英镑的国际货币体系地位也随着世界政治、军事的动荡不断演变。第一次世界大战的爆发，就在根本上冲击了以英镑为主导的国际货币体系。为了战争需要各参战国千方百计筹集军费，纷纷发行不可兑换的纸币，造成了以英镑为主导的国际“金本位”制度濒临瓦解，同时，英国又是第一次世界大战的参战国家，在战争中遭受重创。由于英国与美国之间在第一次世界大战前后存在大量的贸易往来，英国进口了大量的美国战略物资，从而成了美国的最大债务国家。不仅如此，英国在20世纪30年代，最先遭受经济危机打击，经济大萧条时，英国丧失了世界经济增长发动机的功能。英国政府被迫在1931年9月宣布彻底放弃“金本位”制度。这意味着英镑主导的“金本位”体系的制度退出了历史舞台（张镇江，2006）。

应该指出的是，英镑能够成为国际货币，首先是英国经济实力的表现，其次是英国具有相对完善的金融制度。英国的第一次工业革命带动制造业迅速发展。制造业产品畅销世界各国。英国成为世界上最大制造业产品输出国。英国的金融体系完善，代表了政府管理的技术性，为英镑能够成为国际货币提供了必要的战略技术支撑。英国制造业产品贸易所达到之处，都可以看到英镑作为结算货币的存在。这就形成了贸易带动英镑的国际化。而英镑的国际化又反作用于制造业产品的输出。两者相互促进，相得益彰，最终形成了英镑在世界各国的储备货币的地位。英镑一旦被世界各国确认为储备货币，自然也就形成了世界贸易结算中的国际货币体系的基本要求标准，即一国必须由足够的英镑作为储备，否则，难以在世界上立足。这就是学者所说的，国际主导货币使用过程中的惯性因素。也就是说，一国货币演变成为国际货币需要制造业带动，而一旦成为国际货币，不管其制造业是否仍然强大，原来作为储备货币使用的惯性都不会立即消失。这也可以解释，在进入 20 世纪后，英国制造业已经落后于美国，但国际货币的惯性化运行，仍使英镑在此后的 40 年间保持国际货币地位。

美国制造业崛起的过程中，美元货币能够成为国际货币是重要因素。英国在 1821 年采用“金本位制”的时候，美国也在 1879 年开始正式实行“金本位制”。当时的美国是英国的核心附属国家。英镑和美元可以互相以黄金作为保证相互兑换。对于英国外围的国家来说，拥有英镑和美元并没有本质区别。但是，在第一次世界大战前夕，英镑出现了弱化现象，甚至是作为国际货币体系已经不存在。这就不难理解，英国在 1831 年到 1891 年，出现制造业产值逐渐下降的趋势。英国在 1801 年到 1831 年，每 10 年的产值增长率是 32.1%；而从 1831 年到 1861 年，每 10 年的产值增长率只有 23.8%；1861 年到 1891 年，每 10 年的产值增长率是 38.6%；美国从 1800 年到 1840 年，每 10 年的产值增长率达到了 52.3%；在 1839 年到 1859 年，每 10 年的产值增长率达到 59.1%；1869 年到 1889 年，每 10 年的产值增长率达到 50.0%。到了 1894 年之后，美国制造业生产总产值已经超过英国（Simon Kuznets，1971）。如果将美国和英国在第一次世界大战之前的制造业产量相比较，则美国当时的制造业产量已经赶超了英国。美元在世界范围内的使用越来越多，最终演变到世界各国与美国的贸易数量大于英国时，美元的作用就逐渐大于英镑。此时的美元替代英镑就成了必然现象。这里需要指出的是，美元代替英镑的物质基础是美国的制造业产值增长率远远高于英国的产值增长率。

第二次世界大战结束之际，在美国和英国等发达国家操纵下，国际货币基金组织于 1944 年 7 月，在美国新罕布什尔州布雷顿森林举行国际金融会议。这次会议的主题就是要确立美元在国际货币体系中的主导地位，制定了美元与黄金挂钩的基本原则和操作规则。美国在这次国际金融会议上郑重承诺，成员国拥有的美元外汇，可以按照美国 1934 年 1 月规定的 35 美元可以兑换一盎司的黄金官价，即每一美元的含金量为 0. 888671 克黄金进行兑换。其他国家的货币与美元挂钩，但不能兑换黄金。各国货币必须明确本币的含金量比例并与美元保持稳定汇率。这样美元就等同于黄金。这次会议还以国际制度的形式，要求各成员国的货币必须与美元货币保持固定汇率，即各成员国货币与美元货币汇率的浮动幅度保持在上下各 1% 范围之内。如果成员国货币与美元货币汇率浮动幅度超过这一规定比例，成员国政府必须采取外汇干预措施，保证成员国货币兑美元货币汇率的稳定。“布雷顿森林体系”完全是按照美国利益制定的国际货币体系规则，历史上称为是美元国际化的划时代事件。

到了 20 世纪 40 年代中期，美国经济和英国经济地位就发生了明显逆转。由于英国在第二次世界大战中遭受了重创，“二战”后英国的制造业产量只有战前的 50%，制造业产品出口还不到战前的 33%，黄金储备也只有 100 万美元，对外负债达 120 亿美元。美国制造业产量占世界总量的 50%，制造业产品出口贸易占世界总量的 33% 以上，黄金储备占世界黄金储备的 59%（陈彪如，1988）。美国制造业的发展，激励了美国政府积极采取各种措施，推进美元国际地位的制度化，例如，频繁使用外交手段加强美元盯住黄金，推动各国货币盯住美元的国际金融规则逐渐形成，确保了美元在长期内的金融霸主地位。

20 世纪 60—70 年代，美国出于经济和政治等方面的考虑，在确立美元金本位制度下，积极稳定美元的国际地位，先后以向联邦德国、日本、韩国、中国台湾和中国香港地区大量输出美元资本和装备制造业设备等方式，对这些国家和地区开放制造业产品销售市场，不仅带动了这些国家和地区制造业迅速发展，而且还稳定了美元在这些国家和地区的国际地位。20 世纪 80—90 年代，美国制造业达到了前所未有的辉煌。根据 2012 年美国统计的制造业价值增加幅度来比较，美国是世界上制造业价值增加幅度最大的国家，其次是日本和德国。它们单位资本带来的制造业价值的增加值占到了世界的 58%（Shyam and Shohreh，2014）。美国制造业竞争力不仅是因为拥有庞大的制造业基地，能够满足生产不同类型的制造业出口产品，还因为美国的单位资本制造业效率高，所形成的制造业产品中的科技含量更高。它们是世界上制造业最强大国家。见表 4－1。

表 4－1　1980—2010 年世界主要国家和地区制造业总价值增长排名

排名＼年限	1980 年	1990 年	2000 年	2010 年
1	美国	美国	美国	美国
2	德国	日本	日本	中国
3	日本	德国	德国	日本
4	英国	意大利	中国	德国
5	法国	英国	英国	意大利
6	意大利	法国	意大利	巴西
7	中国	中国	法国	韩国
8	巴西	巴西	韩国	法国
9	西班牙	西班牙	加拿大	英国
10	加拿大	加拿大	墨西哥	印度
11	墨西哥	韩国	西班牙	俄罗斯
12	澳大利亚	墨西哥	巴西	墨西哥
13	荷兰	土耳其	中国台湾	印度尼西亚
14	阿根廷	印度	印度	西班牙
15	印度	中国台湾	土耳其	加拿大

数据来源：根据 McKinsey 研究机构提供的 74 个国家占全球制造业总价值比重数据材料整理得出。

表 4－1 显示了世界主要国家单位资本带来的制造业价值增值状况。从单位资本促使制造业价值增值可以看出，美国不仅在 20 世纪中后期保持制造业高效率，而且，在 21 世纪仍然处于世界制造业高效率国家之首。需要指出的是，美国制造业在这一时期处在产业结构调整期，尚能够保持世界

制造业高效率首位。这足以说明美国的制造业技术水平是非常高。也可以认为美元的霸权地位形成和美国制造业技术高水平表现，基本是处在同一时期内。因此有理由说明，美元的主权货币国际化使用，造就了美国制造业技术创新的强大。

（五）美国“币缘秩序”制约制造业转移

1944 年美国主导下建立起来的国际货币体系，本质上是一种“金汇兑”制度。这一制度核心是“双挂钩”，即美元与黄金直接挂钩兑换，其他各国的货币与美元挂钩。这种“双挂钩”的“金汇兑本位”制度，仍然是“金本位”制度。这与英镑称霸世界时的黄金本位制度基本一样，不同的只是美元取代了英镑成为世界各国贸易结算的主导货币。但是，到了尼克松时代，美国开创了国际货币体系的新纪元，主要是使国际货币体系下的美元发行走上了信用货币的轨道，即美国可以发行美元纸币，而不受“布雷顿森林体系”下规定的美元含金量的限制，并要求世界各国接受没有含金量，而仅以美国国家信用保障发行的美元纸币。这种制度就由“金本位”制演变成了美元本位制，即以美元纸币作为世界上可以自由流通，各国之间的货币汇率可以浮动的国际金融制度。这就为美国利用美元本位制大肆透支全球财富奠定了基础。

美国在布雷顿森林体系下也及时推出了“币缘秩序”，并逐渐演变成了当代世界经济的基本秩序，保证了制造业转移的机制和体系按照自己的意愿推进。美国构建这种“币缘秩序”是将美元本位制作为“币缘秩序”的核心，承袭“布雷顿森林体系”下的政治、经济、贸易、军事组织机构和制度遗产，特别是利用联合国国际货币基金组织、世界银行、WTO、北大西洋公约组织等国际组织机构，制定各种协议，不断完善以美元为中心的“币缘秩序”体系，并固化为国际金融规则和制度。如 1971 年，美国通过国际货币体系中“美元本位”的优势，在没有黄金储备担保的情况下，向世界发行了超量的美元和各种债券。更为可怕的是，美国利用“币缘秩序”体系，不断强化美国经济模式下的金融化过程，设计出精妙的金融制度和金融工具，不仅化解了美国作为债务国的各种负担，而且使美国成为能够支配所有债权国的新型全球金融秩序。美国以美元为核心实现了以金融制度为手段，攫取制造业国家和资源类国家巨额财富愿望，创造了世界上其他国家难以制衡的金融霸权（［美］赫德森著，嵇飞等译，2014）。这种霸权不仅保证了美国在贸易和财政“双赤字”情况下的国内高消费，还实现了美国资本在全球范围内的扩张，以获得超额利润和支配他国权力的图谋。美国在当今国际货币体系下，利用美联储金融调控手段，向世界投放了大量美元和货币性短期流动资产。20 世纪 80 年代以来，美国的 M3 广义货币已经增加了 20 多倍。美国政府凭借美联储金融工具，弥补了国内超前消费和多次战争欠下的 11 万亿美元债务，并填补了由政府信贷担保的社会保障金、医疗保险、退伍军人福利等债务 50 万亿美元。

美国自 20 世纪 70 年代出现的制造业转移现象，是以美元为国际主导货币下，国际制造业分工的必然过程。这次国际分工格局以“币缘秩序”为核心，以维护美国利益为演变目标。美国控制着这次国际分工布局的基本方向，将制造业中的一般加工制造业转移到“币缘秩序”的外围国家，然后，以经常项目逆差的方式进口美国需要的生活消费产品，以便更广泛地拓展美元在“币缘秩序”核心之外国家的使用，达到固化美元作为国际货币的惯性。同时，美国毫不顾及地利用美元汇率手段，调控美元作为世界储备货币的债权压力，以逃避美元在海外各国形成的美国债务。因此，这次国际制造业转移，从本质上对发展中国家的制造业技术创新和产业升级存在极大的约束性。

20 世纪 80 年代，美国制造业产品在国内市场已经达到饱和状态，例如，汽车、电子制造以及化工产品等都是美国市场的成熟产品，同时，由于美国劳动力供给减少，其劳动成本逐年上涨。美国制造业为了盈利，不得不向发展中国家寻求转移市场。这是美国制造业 20 世纪 80 年代之后大量转移到中国的重要因素，同时，20 世纪 80 年代前后，世界发展中国家都先后结束了国内独立和革命斗争，专注于本国经济发展。发展中国家在自身工业体系不完善、制造业技术能力低下的状态下，必须依靠从美国引进制造业生产体系，甚至企望能够获得美国的先进制造业技术。这样就形成了 20 世纪 80 年代以后，美国制造业大量转移到发展中国家的格局。中国也因此成了吸引美国制造业比较多的发展中国家。

按照美国“币缘秩序”的布局，美元在美国制造业对外转移过程中发挥了平衡美国国际收支的重要作用。国际贸易的“要素禀赋理论”认为，两国之间开展贸易活动应该是各国将本国的优势要素生产的产品互相交换，才能实现两国的国际收支平衡，从而实现两国经济的持续发展。然而，20 世纪 80 年代以来，中国和美国之间的制造业产品贸易，主要是中国制造业产品出口到美国市场，而美国对中国出口的产品非常少，产生了中美两国之间的贸易失衡。这种贸易失衡从 20 世纪 80 年代以来一直保持到现在，图 4－2 是进入 21 世纪以来中美之间机械设备进出口情况。

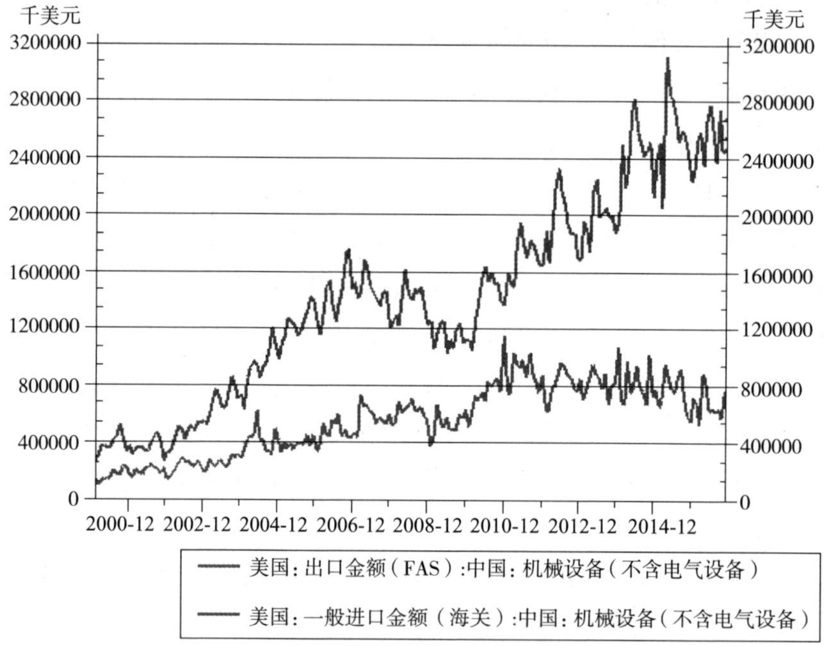

4－2　中美机械设备贸易进出口情况

数据来源：wind 资讯。

从图 4－2 可以看出，机械设备是中国制造业最具代表性的产品。中国大量机械设备出口到美国。美国出口到中国的机械设备则很少。之所以如此，不是美国机械制造产品不如中国产品质量好，而是美国推行“币缘秩序”，利用美元平衡中美贸易失衡的结果。在相对开放的经济体制下，一个国家的制造业向另一个国家的转移，绝不是说向外转移的国家不需要制造业产品消费，而是从制造业生产成本来看，本国制造业转移到国外生产更为有利，产品销售价格更低。因此，向外转移制造业的国家对制造业产品的需求并不会减少，相反，还可能因为制造业产品成本降低，销售价格下降而更多地消费制造业产品。这种现象造成了制造业转移国家大量进口制造业接受国家的制造业产品，导致制造业接受国家国际收支经常项目顺差，制造业转移国家经常项目大量逆差。这种现象最终形成了中国和美国之间的贸易失衡。但是，由于中美之间的贸易结算是以美元为主要交易货币，中国所拥有的大量的美元货币，却形成了中国在美国债券、证券和各种美国金融投资中的主权财富积累，造成了国际货币体系的错配。在现有的国际货币体系下，中国依赖美国消费市场积累美元储备，还必须与美元保持一定的汇率比例，因此，美元的利率和汇率的变动，必然导致中国国内资本的流动，也给中国长期积累起来的美元外汇储备带来了巨大的管理风险。

中国与美国之间能够长期处于国际收支的失衡，却没有出现两国经济发展的失衡，是因为中国长期对美出口贸易形成的顺差，以“财富基金”的形式回流到美国金融市场，形成了中国对美国的资本输出。同时，美国制造业在美国金融市场融资后，又以到中国直接投资的方式，将资本投资到中国进行生产，形成了中国和美国之间的经济发展循环机制。这种现象也是美国“币缘秩序”的表现，被不少专家比喻成穷人以高价从富人手中借钱，然后又将钱廉价借给富人的游戏。因为，中国的储蓄率已经非常充足，能够保证国内相当高的投资率，根本不需要使用境外资本的直接流入，然而，中国在保持贸易顺差的同时又大量引进了外资，使自己成为资本输入国，从而造成资本项目顺差。正是这种“双顺差”维持了中美之间的经济循环机制：中国长期出口贸易顺差，积累了大量美元外汇储备输出到美国。美国企业又以直接投资形式到中国投资，从而推动中国制造业产品不断向美国出口，导致中国的美元外汇储备迅速增长。中国的外汇储备在 2006 年 1 万亿美元的基础上，仅仅用 5 年时间，即到 2011 年底，外汇储备就达到了 3.181 万亿美元。据统计，当前中国所拥有的美元外汇储备已经占到了全世界美元外汇储备的 1/4。中国是世界上人均收入相对比较低的国家，人均收入排在世界 100 位之后，而美国人均收入则是中国的 10 倍。在这样的现状下，中国长期维持对美出口贸易的顺差，然后将大量的外汇储备输出到美国，购买美国国债和证券等，显然是把最宝贵的资本资源拱手让给了世界第一富裕国家。这些本应该用于中国制造业研发投资或者用于改善国民生活水平的资源，以廉价的利息收益输出到美国，无疑将影响中国制造业技术创新和产业升级的演进。

"币缘秩序"带来的另一种约束在于：中国在承接国际制造业转移过程中获得的外资并没有得到充分的利用。如果说中国外资能够被充分利用的话，按照国际收支平衡表的统计，应该是每一笔资本项目下的流入都在经常项目下有一笔相应流出。也就是说，中国承接制造业转移所赚取的美元外汇，如果用来购买美国的复杂设备器材、专利技术以及管理经验等项目开支，就能够以经常项目逆差的形式弥补中国长期的贸易出口顺差，可以平衡中国与美国之间的国际收支平衡。如果以股权出售的形式也可以保持中美两国的国际收支平衡。股权出售相当于资金的流入，出售方即便是暂时没有使用所引入的资金，国内其他需要使用资金的企业也可以及时使用这些资金。但是，中国作为世界上最大的资金流入国之一，将股权出售获得的资金直接或间接地变成了对美国的国家债权，却没有将宝贵的资金资源转化为中国的经常项目逆差。这就说明了中国付出巨大代价所获得的财富基金并没有从美国进口到所需要的技术和服务产品。中国以牺牲环境和浪费资源获得的资本财富又被美国廉价借走了。中国不仅要承担资本使用价值的贬损，而且要承担由于巨额外汇储备造成的美元汇率风险。美国依靠"币缘秩序"长期坚持对中国经常项目逆差。1981 年以来，美国一直对中国的经常项目持续逆差，到 2008 年的金融危机爆发，与中国的净外债达到 3.5 万亿美元（Marc Labonte，2010）。美元外汇储备的实际购买力也存在下降趋势。美国长期对中国保持经常项目下逆差，标志着美国对中国债务的持续增加，必然会带来美国财务状况的恶化。事实上，美国自 2008 年以来的财政状况已经随着全球金融危机急剧恶化，2015 年增发的国债占 GDP 的比重已经超出了 100%。按照这样的趋势分析，到 2020 年美国利息率支付将占联邦政府收入的 30%。美国容纳债务负担的能力也是有限的，达到一定程度后，必然会采用通货膨胀，摆脱自身的债务负担。美元的通货膨胀使中国购买美国国债收益减少，会造成中国的巨额外汇投资遭受损失。中国的外汇储备来源是把国内的剩余储蓄，以外汇储备的形式流入到美国资本市场，严重受制于美元的购买力保值程度。然而，美元从1929年到2009年的购买力已经下降了94%，未来的5～10年内，中国需要动用大量外汇储备时，很难保证美元仍是理想的价值储备。

（六）美元货币体系钳制制造业高端技术转移

中国改革开放以来承接了大量的制造业转移。据统计，1998—2002年，中国承接外商在制造业领域的实际直接投资额占当年全部外商实际直接投资额的比重均在50%以上，而且这一比重呈现逐年增长趋势。到2002年外商制造业实际投资额达到近70%；2002年外商在制造业领域内的实际直接投资额比1998年增长50.3%。从以上统计数据可以看出，中国改革开放以来承接制造业转移是重点。从制造业产品出口情况看，原来排在前3位的发达国家在钢铁、化工、交通设备、办公设备、通信器材等制成品的出口中，其出口额占该产品世界出口额的比重均呈现下降趋势，而中国在纺织产品和服装出口额中，占世界同类产品出口额的比重一直居于世界首位，且表现出逐年上升趋势，分别从1980年的4.6%和4.0%上升到1999年的8.8%和16.2%。这种现象说明，发达国家正在逐步将传统制造业，即劳动密集型制造业向中国转移。但是，随着国际制造业转移规模不断扩大，美国、日本等发达国家开始由劳动密集型转移向资本密集型和技术密集型行业兼顾转移演进，而且资本密集型和低技术密集型制造业转移的趋势越来越明显，规模不断扩大。据统计，虽然外商在服装生产、塑料制品生产、零部件加工和器材制造等，传统劳动密集行业的投资所占比重达到了35%或40%左右，但外商在技术和资金相对比较密集的行业，如电子及通信设备制造业的投资比重相对更高一些，达到了66.4%。外商在电子及通信设备制造业投资已经远高于中国国有及国有控股投资的23%和中国民间投资的10.6%的比例。这说明，发达国家在中国制造业的投资也在发生变化，开始由传统低技术生产投资向高技术、资本密集型行业转移。

中国制造业生产、销售和技术研发投入也有一定的改善。中国制造业生产方面，1980—2000年，中国制造业价值增值有了很大的变化。中国在1980年的制造业价值增值只有世界总量的1.5%，相当于巴西当年的一半水平，在世界范围内排在10名之外。到了2000年，中国制造业价值增值，占世界总量的比例达到了7.0%，相当于巴西当年的4倍，在世界的排名达到了第4位，排在美国、日本和德国之后。2004年中国制造业占世界的份额比例达到了10.39%，已经超过了德国排在世界第3位。中国制造业产品销售方面也有重大改观，在2004年外商企业和加工贸易出口销售的量，分别占到了世界总量的57.07%和55.28%（宋泓，2005）。中国制造业技术创新投入方面也有相应提高，1998年的研发投入占发展中国家的比例达到6%，虽然与其他发展中国家和地区相比还很落后，但有了一定的提高。这说明中国在承接制造业转移中，正在改变低端技术制造的现状，但和能够生产高端技术产品尚有不小差距。

美国学者Shyam和Shohreh研究证明：1990—2012年，世界主要国家制造业绩效和2012年的CIP能力综合比较，即对制造业的生产出口能力、技术创新升级能力以及世界影响三种综合能力测量，说明中国制造业技术创新尚存在明显不足（见表4-2）。

表4-2 1990—2012年世界主要国家制造业绩效排名

排名 \ 年份 / 国家		1990	1995	2000	2005	2010	2012	2012年CIP指数
1	德国	1	2	2	1	1	1	0.5539
2	日本	2	1	1	2	2	2	0.4855
3	美国	3	3	3	3	3	3	0.4374
4	韩国	17	13	12	6	4	4	0.4141
5	中国	32	27	22	19	7	5	0.3462
6	瑞士	7	7	9	9	5	6	0.3395
7	新加坡	12	11	10	10	6	7	0.3271
8	荷兰	8	11	13	10	9	8	0.3170
9	比利时	12	5	8	8	8	9	0.3040
10	爱尔兰	11	12	11	17	19	10	0.3038
11	中国台湾	13	13	14	12	13	11	0.2998
12	法国	10	7	6	6	6	12	0.2978
13	意大利	9	4	4	4	4	13	0.2961

续表

国家 年份 排名		1990	1995	2000	2005	2010	2012	2012 年 CIP 指数
14	英国	14	8	5	5	5	14	0. 2751
15	澳大利亚	16	16	17	15	11	15	0. 2589
16	瑞典	15	15	15	14	14	16	0. 2584
17	加拿大	17	14	7	9	10	17	0. 2267

注：CIP 是对制造业三种能力的综合测量，一是制造业生产和出口的能力；二是制造业技术创新和产业升级能力；三是制造业对世界影响能力。

数据来源：根据 Shyam Upadhyaya and Shohreh Mirzaei Yeganeh，Competitive Industrial Performance Report 2014，Research，Statistics and Industrial Policy Branch Working Paper，2014，12. 整理。

表中显示，中国的制造业绩效和 CIP 能力有所提升，中国的制造业已经成为国内发展最快的行业，制造业的经济总量占国内 GDP 的 1/3 以上。中国之所以有比较靠前的排名，是因为中国在全球贸易中所占份额比较高，在过去的 15 年里，中国制造业出口的份额上升了 16%。中国已经成为全球制造业贸易出口大国。但是，中国的单位资本形成的制造业价值增加则相对还较低。

通过研究 Shyam 和 Shohreh 的文献，也可以发现中国在 2012 年的“制造业强度”比较中也存在制造业技术能力不足的问题。所谓“制造业强度”，是指单位人力资源、单位资本带来制造业的增加值，以及“制造业综合能力”，即技术复杂性，包括工业成熟度、灵活性和制造能力等多项指标的综合值（见表 4 -3）。

表 4 -3　2012 年世界主要国家或地区制造业强度

排名	国家	制造业综合能力	制造业强度
1	新加坡	7	0. 866
2	泰国	26	0. 781
3	爱尔兰	10	0. 778
4	韩国	4	0. 768
5	中国台湾	11	0. 730
6	白俄罗斯	38	0. 710

续表

排名	国家	制造业综合能力	制造业强度
7	中国	5	0.709
8	斯洛伐克	25	0.689
9	捷克	18	0.675
10	匈牙利	27	0.638

注：制造业强度：这个综合的指标代表平均单位人力资源的制造业增加值和单位资本的制造业增加值；制造业综合能力：代表一个国家制造业的技术复杂性，包括工业成熟度、灵活性和制造能力。

数据来源：根据 Shyam Upadhyaya and Shohreh Mirzaei Yeganeh，Competitive Industrial Performance Report 2014，Research，Statistics and Industrial Policy Branch Working Paper，2014，12. 整理。

表 4-2 和表 4-3 说明，中国制造业虽然在世界出口中占有重要位置，但制造业的强度，即单位人力资源制造业增加值、单位资本的制造业增加值，制造业的技术复杂性等方面还不是太强，特别是在制造业技术含量以及技术灵活性方面有待进一步提升。

根据跨国投资理论分析，美国制造业向中国转移，即美国制造业向中国进行直接投资，凭借的就是美国公司的垄断优势，其中的技术垄断是重要的垄断领域。为什么美国能够长期向中国输出低技术附加值的制造业投资？而且，在中国承接美国制造业转移 30 多年后，美国政府仍采取限制高技术制造业到中国直接投资的政策？同时，在中国生产的制造业产品，又为什么被中国政府推动，积极输出到美国市场消费？中国制造业产品为何舍弃中国这么大的消费市场，却不惜代价向美国市场销售？弄清这些问题就必须理解美元为主导的国际货币体系下，中国承接制造业转移多方面的约束性。

在美元作为国际货币体系的背景下，中国作为承接美国制造业转移的国家，受到美元为主导的国际货币体系左右，往往能够内生出不适应制造业技术创新和产业升级演变的体制，造成制造业技术创新和产业升级的障碍。因为，中国是一个经济发展不太成熟、体制并不是十分完善的国家。中国承接国际制造业转移，首先考虑的是出口换汇增长问题。中国又是一个在技术上追赶美国的国家，吸收美国制造业转移的重要目的是更快、更多地换取外汇，从而利用外汇购买发达美国的技术。这势必造成中国政府动用行政权力，采取财政补贴政策引进外资，甚至利用财政补贴支持企业产品出口，最终必然导致国内经济发展非均衡。中国制造业主要集中在东部沿海一带地区，这里虽然拥有一批生产相对集中的制造业，例如，“格力”建成了世界最大的空调研发中心，成立了制冷和机电开发研究院，开设有 300 多个实验机构。目前，“格力公司”获得 6000 多项专利，属于自己的发明专利就有 1300 多项，其中有 8 个核心技术在国际上领先。但“格力公司”这样的制造业毕竟不多，而且，“格力公司”一家的壮大往往导致人才的高度集中。众多国内高端人才集中在少数公司，一定程度上也是浪费人才。东莞也因此被誉为“中国制造业之都”，但东莞走上这条转型之路是靠政府每年拿出 20 亿元的工程资金补贴企业技术创新得到的（郭丽君，2013）。此外，中国制造业技术创新还凸显出对外技术的严重依赖。中国为了追赶发达国家的技术水平，在现有国际货币体系下，往往是利用出口换汇，购买制造业生产的关键部件，这样又带来了本国制造业整体技术创新能力受制于发达国家，难以形成自主创新能力（李毅中，2013）。目前，中国自主创新的能力与美国等发达国家存在很大的差距，在装备制造业不少的关键技术和核心技术中仍然受制于发达国家，制造业的成套设备、核心零部件、元器件及关键材料等还主要靠进口。例如，中国每年就有 10 亿部手机、7 亿部计算机和 1 亿多台彩电生产，应该说，中国的电子产品是世界一流的，但这些电子产品中高端芯片的 80% 需要进口，每年的进口花费达到千亿美元；中国在航海航空领域所使用的发动机还要依赖外部的专利；中国在高铁制造方面成绩虽然突出，但是所用的轴承、轮毂、轴等仍然需要进口。这些足以说明，中国改革开放近 40 年，在美元体系下强调了出口创汇，使得企业无暇顾及技术创新能力提升，存在着经济增长与企业技术创新不能协同发展的现象。

（七）本轮制造业转移以低端价值链转移为主

20 世纪 70 年代出现的制造业中心转移，从本质上看，是制造业生产价值链的转移。这与英镑作为国际货币体系时，英国工业革命形成的蒸汽机使用、纺织生产等制造业转移存在着本质不同。从 18 世纪 60 年代开始，英国工业革命发明并使用了蒸汽机，建立了自己的强大制造业体系，并不断将制造业转移到生产成本相对优势的国家进行生产，在世界范围内建立起了自己的制造工业体系，形成了名副其实的“世界工厂”。英国“世界工厂”的形成是在拥有先进制造技术和掌控世界金融市场的情况下，依靠制造业大规模对外直接投资，以控制各国的原材料和工业制成品市场的结果。这样的直接投资往往是产业带动技术输出，使得承接制造业转移国家能够很快追赶技术先进国家。

英国的制造业转移虽然是在英镑成为国际货币的历史关键点形成的，然而，英国制造业对外转移过程中，主要是以掠夺国外的原材料、占领其他国家的消费市场为重要目的。另外，在英国制造业强盛期间，整个发达国家还处在帝国主义时代。因此，英国是以占有为目的进行制造业转移。例如，英国在1588年对西班牙作战，并在1652年、1664年和1672年连续三次对荷兰作战，其目的就是梦想成为世界强国。所以，英国制造业转移时期的通常做法，就是利用国际贸易和少数的海外直接投资，以实现占领他国市场和攫取生产资源的目标。此外，英国的“金本位”国际货币制度为制造业转移起到了推动作用。英国制造业强盛时期，恰逢国际金本位制度盛行之际，为制造业转移提供了方便。需要指出的是，以英镑为主导货币的金本位制度并没有通过国际组织规定，要求各国政府相互合作维护英镑的金本位，而是英国政府较早开始实施“金本位”制度，长期坚持英镑的足金本色，同时，世界上其他国家相继跟随英国采取“金本位”，维持与英国的贸易往来的结果。可以说，国际贸易自然选择了英镑作为结算货币。英国的制造业之所以转移到美国，主要是继英国“金本位”制度之后，美国较早采取了“金本位”制度。英国和美国之间货币交易障碍的减少，使得两国之间的制造业转移更为便利。1950年，美国的纽约成为世界制造业之都，当时有100多万人从事制造业相关的工作（钟华，2013）。

本轮国际制造业转移，是在价值链生产链条下新的国际分工。随着以美国为首的发达国家出现的第二次工业革命不断深入演化，交通运输成本的大幅下降，先进信息技术的广泛使用，美国、日本等发达经济国家开始将劳动密集型制造业，向东亚地区以及其他发展中国家转移。到了20世纪80年代，受到全球化趋势影响，美国、英国等发达国家的制造业转移力度逐渐加大，由一般制造业转移，发展成为具有一定技术含量的制造业也开始向外转移，由此也形成了新的历史条件下的国际分工格局。美国和英国等为代表的先进制造业国家逐渐向“后工业化”时代迈进，开始实施“工业振兴”计划。它们面临着工业结构的调整，需要将大量制造业向外转移，从而更加专注于高端制造业和高端服务业的发展。以日本和德国为代表的工业化国家，虽然也是世界上制造业先进国家，但它们是美国、英国的跟随者。它们在制造业发展过程中并没有获得将本国主权货币演变成国际货币的特殊利益，由金融中心衍生高端服务业的能力相对较低。这些国家的制造业能力虽然强于众多发展中国家，但仍排在美国和英国之后。因此它们主要从事高端制造业产品的生产。以中国为代表的东亚经济体都是发展中国家，制造业基础比较薄弱，又具备大量的人力资源和廉价物资资源保障。这些东亚国家自然就成了“后工业化”国家制造业转移的承接者，而依靠石油输出维持经济发展的国家则成了专业输出石油的“卖油国家”。

本轮制造业能以价值链的形式对外转移，主要是得益于世界科技革命的推动和演变。20 世纪出现的科技革命，激发了电子通信技术和交通运输行业的迅速发展，使得制造业“规模经济”效应非常突出。美国、英国、德国和日本等发达国家涌现出一批跨国公司，使得国际分工程度进一步深化，能够让同一产品的，不同生产环节的最佳生产规模，在不同国家得以实现。生产分工程度也开始深化到产品内部。发达国家制造业保留下来的是技术含量相对较高的“关键环节”，其生产规模也是适合它们制造业转型的最佳规模，同时，对于那些技术含量低的生产环节，以及不适宜它们生产的规模形式，都要进行有序转移。这次国际制造业转移就是制造业产品内分工导致的。企业按照不同生产环节的最佳规模安排自己的生产。在当代制造业发展成为依靠“规模经济”盈利的过程中，制造业规模就成为企业获得核心竞争力的重要来源。制造业产品内部分工，成为企业降低生产成本的关键环节。由于发达国家制造业生产中的很多非核心生产环节都已经是标准化，生产技术都是成熟性技术，而且这些产品的进入壁垒降低和利润下降，发达国家跨国公司迫切转移出去这些生产环节就成为必然。另外，由于承担非核心生产环节只有采取“规模经济”模式才能获得盈利。这与发达国家步入高端产业战略相背离。因此，非核心制造业生产被大量转移到东亚国家。中国承接发达国家制造业转移中，出现的大量“代加工”生产企业，也是适应了发达国家将制造业不同生产环节和不同生产规模企业向外转移的需要而形成。从发达国家制造业转移的视角分析，制造业转移是发达国家不断追求制造业竞争优势，从而能够在世界范围内整合资源的主动作为。发达国家本轮制造业转移是由内、外多种因素造成的。从发达国家内部分析，是因为发达国家出现了 IT 技术的迅速发展，制造业产业结构出现了高级化趋势，同时，还由于它们的人均 GDP 不断增加，人力资源素质不断提高，使发达国家要素禀赋结构发生了变化，有必要将劳动密集型制造业生产环节转移到更具有要素禀赋条件的国家生产，也是发达国家实现本国要素禀赋条件的必然选择。从发达国家外部分析，是由于全球化背景下，各国消费需求出现多样化，发展中国家政府监管政策放松以及跨国公司面对越来越复杂的国外市场环境，制造业企业只能通过转移出去降低生产成本、拓宽市场渠道、提高运营效率。可见，发达国家本轮的制造业转移是世界经济全球化表现，也是经济全球化背景下发达国家实现制造业竞争力提升的全球布局。

中国承接国际制造业转移过程也证明了以上论断。1996—2006 年，中国对美国制造业产品出口有 95% 来自出口加工，一些具有一定技术含量的制造业产品顺差，基本来自于出口加工贸易，而且，2003—2006 年，外国企业在中国生产的，具有一定技术水平的出口产品占 90% 。这些外资企业所生产的、具有一定技术含量的制造业产品，大多是整个生产链条中低端技术链条中的产品，而且，生产规模都是相对比较小的企业。这些企业多数是为了获得中国廉价的资源成本优势而来。生产产品一般是技术链条中的零部件产品。2007 年国际能源署研究表明，中国在出口商品中所蕴含的能源耗费所排放的二氧化碳数量是惊人的，仅测度 2004 年的二氧化碳排放量就达到了 16 亿吨，占中国所有生产排放二氧化碳总量的 34% 。中国制造业生产中的要素消耗，产生的隐形成本更是惊人。如果将要素投入品价格的低估计算在内，再加上资源价格扭曲所造成的隐形成本，中国每年就有 3. 83 万亿元损失。中国劳动力隐性成本被低估达到了 2000 亿元。中国的土地隐性成本被低估达到 1500 亿元。这些损失价值相当于 2007 年 GDP 总量的 15. 5% ，影响了中国的长期可持续发展。

本轮以价值链条为主要形式的制造业转移，已经造成了国际产业结构的“二元”现象。这种现象主要表现在发达国家保留制造业生产链条中的高技术附加值部门，将低附加值生产链条转移到发展中国家生产。国际产业结构的这种“二元”现象还逐渐形成了高附加值制造业生产链条的集聚。这里所说的高附加值生产链条，是指公司总部所在地，公司研究机构的设置国别，物流渠道设置和营销渠道的建设等4个方面。1997—2002年，全球跨国公司在欧洲开展的投资活动，可以证明制造业高附加值趋向发达国家投资的事实，见表4-4。

表4-4 1997—2002年全球跨国公司在欧盟投资不同价值链比较

国家 价值链环节	欧盟15国家	新加入欧盟的中东欧8国	总计
设置总部	840	19	859
设置研发	946	56	1002
从事生产	3912	1304	5216
设置物流	816	142	958
建立营销	2849	299	3148
总计	9363	1820	11183

注：总部、研发、物流和营销属于高附加值价值链环节。

数据来源：转引自Defever（2006）

1997—2002年全球跨国公司投资项目达到了11183项，其中，属于建设跨国公司总部投资、建立研发基地投资、建设物流基地投资以及建设营销渠道的投资占到了5967项，仅仅欧洲大陆就承接这样的高附加值投资5451项。这些项目主要集中在欧盟经济发达的15个国家，对新加入欧盟的成员国、经济欠发达的中东欧8个国家的投资只有516项。这5年间，中东欧8个国家共吸引跨国公司投资1820项，其中，属于低附加值生产环节的投资有1304项，占这8个国家总投资的71.6%。在5年内，中东欧8个国家引进的高附加值生产环节只有516项，占8个国家所引进跨国公司总投资的28.4%。可见，这种由国际制造业转移造成的“二元”结构，并进一步形成的高技术产业集聚现象，强化了发达国家制造业高端技术的发展，使得发达国家与发展中国家之间的制造业技术差距越来越大。因此，发达国家制造业转移不仅不会造成其国内制造业“产业空心化”现象，还更加促进了发达国家制造业产业升级。同时，还应该认识到，发达国家制造业转移也不仅仅是“夕阳产业”转移，只是相对发达国家高端技术的低层次制造业转移。发展中国家承接这样的制造业转移具有充分的合理性。这些所谓的低附加值制造业环节转移，与多数发展中国家的生产要素禀赋相匹配。由于发展中国家面临的重要问题是要开发廉价的低端生产要素，这就造成了一方面发达国家将低附加值生产环节在发展中国家进行分散，避免发达国家形成供给性风险。另一方面，由于发展中国家在承接低附加值生产环节转移中，基本没有设置任何的进入壁垒，相反，发展中国家都是采取积极措施引进。这就形成了发展中国家对发达国家制造业转移中的过度引进问题。过度引进造成的后果，是固化了发展中国家依靠引资提升技术能力的惯性思维，使得发展中国家长期处于低附加值生产环节，从而丧失企业技术能力。发展中国家的贸易条件还会逐渐恶化，陷发展中国家于“贫困式增长”窘境。由于发达国家转移低附加值生产的目的，是要在全球寻找制造业生产的低廉要素成本，因此，这样的制造业转移具有动态不稳定性。如果在制造业转移过程中出现了生产要素成本上升，发达国家就可能为了选择更加低廉的要素成本，从而另选其他发展中国家进行投资。发达国家采取这种“游牧式”的制造业转移方式，在一定程度上造成了发展中国家制造业“产业飞地”。如果发展中国家在承接产业转移中没有及时升级产业价值链，这样的“产业飞地”将会导致该国经济的严重衰退。

本轮的国际制造业转移只是发达国家国际生产体系中的一部分，而且大都是劳动密集型产品生产。这次制造业转移契合了发展中国家改革发展的需要，也适合发展中国家具有的要素禀赋条件，但是，发展中国家很难融入发达国家的国际制造业分工体系。发展中国家进入制造业高端价值链的难度再加大。制造业转移带来的国际制造业分工更加精细化和生产的分散化。发展中国家难以凭借单项要素进入发达国家构建的国际分工体系，需要具备更加系统的竞争能力才能进入制造业国际分工，即建立起来制造业产业链条中的供应商和购买者之间长期稳定的信任关系。发达国家跨国公司往往利用制造业转移将全球价值链整合，并将产业转移渗透到整条价值链的上下游企业。在国际制造业转移过程中，跨国公司作为主导型企业，不断强化跟随意识，对提供给跨国公司的产品和服务的一级供应商不断地进行购并和整合，同样，跟随跨国公司的一级供应商，也不断将这种购并和整合的压力，沿制造业价值链进行扩展和传递，最终形成整个制造业价值链中的各个环节和各个层次上的高度集中，并由此产生制造业价值链条转移的“瀑布效应”。即随着制造业价值链技术水平提高，其产品的市场集中程度也会不断提高。当发展中国家沿着国际价值链进行攀升时，攀升到价值链高端的环节，面临的市场集中度就越高。这样的高市场集中度产生的市场势力对其形成的阻碍就越来越大。除此之外，制造业价值链之间的相互嵌套也是阻碍发展中国家价值链攀升的重要原因。例如，飞机制造全球价值链中，美国波音和欧洲空客生产中的关键零部件配送和大型系统配件的制造，完全被少数寡头垄断公司所垄断。发动机制造主要是由通用电器、克莱斯勒和惠普这三家公司垄断；A380 和 B787 型号的机型中的全部核心机载电子系统是由霍尼维尔公司控制；大型客机的刹车系统基本上由古德里奇公司和斯耐克玛控制，3/4 的全球客机刹车系统由这两家公司提供；大型客机的轮胎生产则由米其林、固特异和普林司通公司控制；世界上飞机制造业所使用的铝材料基本上由美国铝业公司和加拿大铝业公司 2 家跨国公司垄断。世界大型客机的制造业价值链中的高附加值环节，基本上由发达国家所把持，没有一家供应商是来自发展中国家的本土企业。不仅如此，这些世界著名跨国公司在其他制造业行业中，也是国际制造业生产链条中的重要供应商，例如，克莱斯勒公司不仅是飞机制造业的供应商，还是美国三大汽车制造商之一；米其林、固特异和普林司通这三家公司不仅供应飞机轮胎，还供应汽车制造行业的各种轮胎。目前，这三家公司已经占了世界轮胎市场的50%。全球铝产量的 2/5 以上，被美国铝业公司和加拿大铝业公司所垄断。世界先进制造业生产中的，不同价值链条中的“系统集成”生产，几乎被发达国家所垄断。发达国家在不同价值链条中相互嵌套一起，形成了高端制造业生产中的长期伙伴关系。它们之间相互交流各自所积累的丰富经验，互相促进高端技术的发展，对高端制造业技术进行分工研发，不断产生多样化制造业技术创新。发展中国家虽然承接了制造业转移，但由于获得技术转移不是高端技术，必须跟随发达国家，不断促使制造业价值链的攀升，实现制造业生产过程中，由发达国家编织的，多条价值链交织、缠绕形成的技术垄断网络的突破。这种发达国家制造业转移中形成的网络效应竞争模式，造成发展中国家承接制造业技术转移中更大的困难，对发展中国家制造业升级也带来了很大的“锁定效应”。

综合本书研究的理论框架，可以归为四个部分。第一，本书提出了制造业强国与其“主权国家货币”能够成为国际贸易结算货币具有直接联系。不论是英国还是美国，都曾经是世界制造业强国，其技术创新能力和产业水平都是世界一流。同时，英镑在“金本位”时期曾经是世界贸易结算货币，也是当时最主要的国际储备货币。美元是现代国际货币体系的主导货币，也是世界上等同于黄金贵金属的世界储备。第二，本书提出了以美元为主导的国际货币体系下，并以美国为首的制造业转移中，不同于英镑为国际货币时期的，以英国为首的制造业转移。美国为首的制造业转移是价值链单个生产环节的转移。这种制造业转移可以将制造业转移与技术转移分割开来，因此，能够制约制造业技术转移。19 世纪初期主要是英国为首的制造业转移，当时的转移特点是制造业产业内的转移，其制造业转移就意味着相关制造业生产技术的转移。20 世纪 70 年代开始的以美国为首的制造业转移属于是制造业生产链条的转移，由于同一生产过程可以根据不同的要素禀赋条件，将生产链条布局到不同的时空和地域进行生产，制造业转移与生产技术转移可以完全脱离。第三，中国在承接美国为首的制造业转移过程中，受美元主导的国际货币体系下的贸易机制的影响，长期对美国出口低端制造业产品，形成大量经常项目顺差，积累了大量的美元外汇储备，然后，以间接投资的方式将美元外汇再回流到美国金融和债券市场，形成了中美之间技术的绝对势差，即美国通过低端制造业转移，不断为国内高端制造业提供回流资本和技术人才，而中国则总是跟随美国制造业技术水平，通过美国授权为美国市场生产一般制造业产品，并且，这样的态势越来越具有惯性，形成了中国制造业技术创新和产业升级的陷阱。

第五章　美元依附、价值链转移与技术转移局限性

本轮国际制造业转移是产业内价值链条的世界重组过程，是世界生产要素流动、规模经济以及科学技术等不断发展的结果。20 世纪 80 年代，世界“冷战”结束，国际贸易出现自由化趋势，各国生产要素流动更为便利，特别是世界科学技术发展，为发达国家对外投资提供了技术支撑。发达国家的生产要素跨国流动的成本越来越低。但是，由于国际制造业转移是产业内价值链不同环节的调整，整个制造业转移过程中，不同生产要素在价值链不同层次的可流动程度是不一样的。发达国家的一般性生产设备，甚至是发达国家的资本流动都相对比较容易，然而，发达国家的装备制造业生产设备的流动总是受到限制的。此外，在同类型的生产要素中不同级别的要素可流动性也不相同，例如，人力资本的流动中，掌握一般技术的劳动力容易流动，而拥有关键核心技术的劳动力流动就受到国家限制。国际制造业转移过程中的要素流动，始终涉及利益的纠葛和权衡，特别是涉及与高科技技术相关的要素的跨国流动更是困难。分析国际制造业中心转移整体过程，可以看出美元依附决定了价值链转移过程中高端技术转移的局限性。

（一）美元依附制约价值链技术转移

美元货币具有主权特性，成为世界共同拥有的中介后，往往掩盖了其潜在的不同意识形态的内容。从货币的起源分析美元货币的应用逻辑和历史演变，我们认为美元和一般历史上的其他货币一样，是商品交换价值的表达形式，不是商品使用价值的表达形式。然而，任何时代的货币都有共

同的约束关系，即货币代表着各自不同时代的生产关系，是人与人之间相互交换物资过程中的约束关系。美元也是如此，它代表了以美国为首的发达国家对发展中国家之间的物资交换关系，是发达国家主动交换与发展中国家被动交换之间的关系表达。马克思认为，货币本身就是一种经济共同体，发挥着货币持有人与他人之间的交换媒介作用。但货币是具有世界意识形态性的中介。美元作为国际货币使用，长期以来形成了世界各国的共同意识，使得美国国内使用美元商品交换的范围不断拓展到全世界，造成美元交换的伦理关系不断扩大，交换的内容不断丰富，由最初的国家范围到全球共同使用。各国期盼积累更多的美元，到逐渐形成可以行使资本输出、买卖技术以及世界范围内能够实施物化劳动、活劳动交易的特殊商品。美元不仅可以联结个人与个人之间的交易行为，还联结了企业与企业，集团与集团之间的交换，还推动了跨国公司在世界各地的经营管理活动。美元在促进制造业全球化投资中，还便利了世界市场发展，例如，资本市场中的股市、期货，更有现代商品交易市场中的“网购”以及电子商务等。可以说，美元作为世界货币体系中的主导货币，已经成为世界意识形成的一个关键标志。目前，世界各地通过美元货币聚合形成的统一整体，成为全球化形式的最重要特征。美元成为全球市场经济建立和形成的基本标志。因为，货币是世界商品和资本的基础要素。世界上错综复杂的关系都可以归结为商品所有者之间的关系问题。商品是超意识形态的物资产品，不受任何宗教信仰、政治观点、民族意识和种族语言的制约。衡量商品价值的世界共同语言是价格。货币是能够表达商品价格的唯一符号。英国和美国之所以能够先后成为制造业强国，就在于两国的货币发挥了释放世界生产力的作用并同时形成了本国与世界各国之间生产关系的机制；英国和美国的货币分别是英镑和美元，它们在世界范围内充当着世界资本的符号，衡量着世界各国资本的价值，同时，也推动着英国和美国的商品、资本以及市场等发展，代表了制造业强国标志的基因符号，不断脱离地域、身份隶属关系等的束缚，扩展到世界各地。马克思认为，是货币的力量才能推动发达国家的商品和市场向外扩展并占据世界的每个角落。货币可以将一切社会要素转化为商品，然后，将商品价值变现后，再转化为资本。货币是世界上最具有扩展能力的社会要素，能使世界联系为一体。

促进经济全球化的力量本质是来源于货币。正是货币的具体内力，形成了世界对美元的依附关系。

美元依附关系决定了承接制造业转移国家必须首先考虑美元外汇积累和储备。随着美元国际化的不断蔓延，美国逐渐成为新型金融帝国主义，也可以说是“货币帝国主义”。这种“货币帝国主义”的实质就是“核心”与“依附”的关系。一方面，美国成为主权货币国家，具有美元的发行、扩散权力；另一方面，是众多与美国存在经济往来的国家，需要出口本国的资源要素换取美元，维持经济正常运行。这种关系也有人称为“货币—金融”依附关系。依附论在 20 世纪 50—60 年代已经被提出，到 20 世纪 60 年代末 70 年代初正式形成理论体系，认为发展中国家承接发达国家的制造业转移及其技术转让并没有给它们带来技术创新能力的提升，相反，却带来一系列不利于经济技术进一步发展的经济和社会问题。本轮制造业转移是发达国家凭借其垄断优势，向发展中国家转移劳动密集型生产设备的过程，也是发达国家提升本国产业结构的过程。发达国家与发展中国家之间产业结构存在明显差异性，两者处在“同步发展”“相互作用”“互为条件”的差异发展过程中。发展中国家承接发达国家制造业转移，正是发达国家发展高端产业的前提。即便存在技术转移，发达国家转移的技术也通常是一般制造业技术，与发展中国家的劳动力丰裕、资本相对稀缺的要素结构相匹配，难以满足发展中国家提高制造业技术水平和实现产业升级的需要。这种一般制造业技术转移也是发展中国家加快美元外汇储备积累的需要。即便存在高端技术转移也只能是为发达国家输出制造业产品，而成为发展中国家积累外汇储备的手段。因为发展中国家的国民收入不如发达国家高，高端制造业产品消费只能造成本已扭曲的收入分配和生产消费结构进一步显性化，加剧发展中国家原有的社会经济矛盾。

“货币—金融”依附是指以美元为主导的国际货币体系下，以美元核心国家为中心，以众多发展中国家为外围，长期形成的发展中国家对发达国家的经济与货币依附关系。这种依附关系注定了发展中国家承接制造业转移目的，就是积累美元外汇储备。为了积累足够的美元储备，发展中国家采取出口导向发展模式，不加选择地接受制造业转移。这似乎已经成为它们的成功经验和一贯政策。例如，中国制造业承接发展过程中，政府出台多项鼓励制造业出口换汇的优惠措施，对外来制造业给予超“国民待遇”，已经造成中国资源的巨大浪费和居民生存环境的重大破坏。据统计，中国当前的能源使用效率只能达到33%，而发达国家能源使用效率却能够达到43%。中国的矿产资源总回采率达到30%，而世界平均回采率水平是50%左右。中国的单位资源产出率与发达国家相比就更低，目前仅为美国的1/10、日本的1/20、德国的1/6。中国的每吨标准煤产出效率只相当于美国的28.6%、欧盟的16.8%和日本的10.3%。世界上每立方米淡水的产出率的平均值是37美元。发达国家的水资源利用效率更高，例如，英国的水资源利用率是每立方米淡水可以产出93美元商品。日本每立方米淡水可以产生55美元商品。德国可以产生51美元商品。中国每立方米淡水产出只有2美元商品。将中国这些高消耗、低效率的生产数据与改革开放以来的换汇数量比较，不能不说中国是在出卖资源而换取美元储备（于立新，2006）。有学者对2003—2006年连续四年的中国制造业能源消费弹性系数进行区间测算比较，发现能源耗费数量在一定的区间内，高出国家宏观经济增长速度，例如，1997—2006年，1997年的GDP是3645.2亿元，2006年GDP增至210871.0亿元，而固定资本形成总额从1997年的1073.9亿元，增至2006年的90150.8亿元。这一时间内，中国固定资本投资总额的增长，远远超过了GDP增速。这说明，中国制造业增长主要是靠大量消耗资源和扩充基础设备实现（张杰、周晓艳、李勇，2011）。中国在人力资源使用方面，也存在大量浪费。如果将美国2002年的制造业工人工资作为标准100单位，用来比较与中国经济发展水平较为接近的国家和地区，中国的制造业工资水平最低是2.9单位；墨西哥制造业工资是11.2单位；巴西制造业工资是12.0单位；韩国制造业工资是42.9单位。中国台湾制造业工资是25.4单位。中国香港制造业工资是27.3单位。新加坡制造业工资是34.1单位。中国的这一数据远低于“金砖”其他国家的工资水平。这说明中国是在竭尽全部人力资本生产出口产品（Banister，2005）。中国到了资源环境难以支撑的地步。据统计，中国在2011年的总能耗折合标准煤34.8亿吨，占世界总能耗的20.3%；美国只用了全世界总能耗的19.3%。2010年中国的原油进口依存度是56%，铁矿石进口，按含铁量计算需要一半的进口量，铝材需要进口50%，铜材需要进口70%。目前中国的钢材消耗占全世界的45%；煤炭占到全世界的46%；水泥占50%；石油天然气占到14%。此外，中国的二氧化硫、氨氮、二氧化碳的排放量都是世界第一。这些数据换来的是几万亿美元的外汇储备，而中国GDP也仅能保持10%左右的增长（李毅中，2013）。

以上统计数据说明，在美元依附下，美国对中国的制造业技术转移是可以通过价值链控制的，而且是有选择性地转移。美国长期控制制造业高端价值链，放开低端价值链转移，其本质目的仍然是获取中国的资源和市场，而不是为了对中国进行技术转移。中国长期从事资源性制造业生产，造成中美两国之间的贸易失衡。中国积累了大量的美元外汇储备，也造成了美国对中国的巨额贸易逆差。从图5－1可以看出，从中国改革开放到现在，美国对中国的服务贸易在不断增加，对中国的高科技产品出口越来越少。图5－1显示的20世纪80年代美国高科技产品对中国出口也是属于能源开采、机械制造等相对高科技出口。当然，伴随着美国高科技出口也促进了美国服务贸易增加。这说明美国对中国的技术转移是非常有限。中国近40年的改革开放形成的对美巨额贸易顺差，大多是一般制造业产品出口造成。

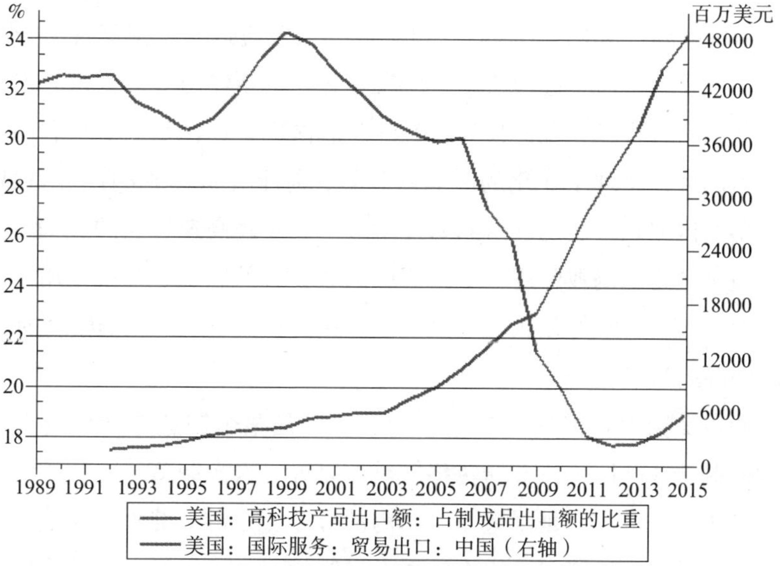

图5－1　中美出口数据值

数据来源：wind资讯。

（二）美元依附抑制技术创新

价值链转移的重要特点是制造业转移过程中产品技术的分割性。它不同于完整的产业转移，能够将制造业和相关技术一并转移到承接国家。从一般意义上分析，国际制造业中心转移应该为发展中国家技术创新和产业升级提供机遇。早在1915年德国经济学者韦伯伦（T. Veblen）在《德意志帝国与工业革命》中就提出了工业落后国家可以通过国家之间的贸易弥补两国之间的技术差距问题。20世纪60年代，英国经济学家戈斯钦克伦（A. Gerschenkron）还重点研究了英国、德国、法国、意大利和苏联的工业化进程，系统提炼并总结了韦伯伦的学术观点，撰写了《对经济落后的历史透视》这一著作，更加系统地提出了“技术差距论”的观点。戈斯钦克伦认为先进国家与落后国家之间存在的生产能力和经济增长的差距，在一定程度上取决于先进国家与落后国家之间的技术差距。如果两个国家有充分的有效资源，并且，各自工业化的障碍已经清除，而仅仅是存在落后程度的差异，那么，面对先进国家的外在要素推动时，由于两国内部存在不同的工业化机会，其中落后程度相对比较大的国家发展速度应该比较快（A. Gerschenkron，1962）。因为，相对落后国家通过先进国家现有技术转让实现工业化，不需要进行新发明，没有必要重新经历先进国家开发每一项技术的探索过程，并且，起步越晚的落后国家，选择世界上可利用的技术存量就越大，实现工业化的时间就越短，赶上先进国家的速度也越快。然而，落后国家在接受先进国家的技术能力，实现高速增长的过程，并不完全是技术差距的函数，还要受到落后国家原有的制造业基础，用于资本积累和技术变革的资源数量以及金融制度和文化环境等因素的制约（K. J. Arrow，1991）。

本轮以美国为首的国际制造业转移，不是整个制造业产业的全部转移，而是制造业不同价值链的转移，也可以说，这次制造业转移不是产业内国际分工带来的，而是制造业产品内的分工造成的。此外，这次制造业转移是在美元成为世界主导货币体系下进行的，也可以说是美元为主导的国际货币体系，帮助了美国的大量低端制造业转移。

波特在其（Porter，1985）所著的《竞争优势》一书中，对本轮制造业转移进行了较早的预判，认为这次国际制造业转移是由于制造业生产价值链转移造成的，并形成了全球价值链的生产模式。所谓全球价值链，就是从全球的视角看，某一种制造业产品的生产是分布在不同国家和地区进行的。但一种产品的生产过程十分复杂，包括概念提出、研发、设计、生产制造、销售直至后续服务，每一个过程都包含着不同的价值环节。从发达国家分析，它们是要按照世界不同国家内在的要素禀赋，调节布局生产环节。这就造成不同的国家，承接同一种制造业产品的不同价值链。也就是说，发达国家和发展中国家在制造业价值链转移过程中，参与的程度是不一样的。发达国家控制了高端制造业环节，并相互聚集形成高端制造业世界网络。发展中国家在承接制造业转移过程中，只能嵌入制造业链条的某一个低端环节。至于能否嵌入低端制造环节还要看本国要素禀赋条件与转移技术之间的契合程度。发展中国家的技术积累能力有限，制造业内在的创新能力不足，只能接受低端价值链转移，难以参与高附加值价值链环节。不仅如此，在美元主导的国际货币体系下，承接制造业转移的国家没有自己选择的能力。它们要参加美元为主导的国际货币体系的循环，就必须接受美元为主导的国际货币体系规则。因此，作为承接转移的国家必然受到美元外汇储备积累动机的驱动。为了更快地积累美元储备，承接国家只能选择接受发达国家转移的低端价值链条，即便如此，在参加转移国家的价值链垂直分工体系中，生产技术研发、生产工艺改进、产品消费等，都要受到发达国家市场需求的制约。东亚国家和地区的经济发展无一不是采取出口导向模式，依靠发达国家的市场拉动发展起来的。每一个发展中国家都希望能够加入到高附加值的价值链条中，通过高附加值价值链提升本土制造业技术创新能力，但是，在发展中国家的外汇积累有限，技术能力有限、人力资源匮乏的前提下，只能被动接受发达国家有选择转移的价值链。发达国家主动转移的制造业价值链所处位置，决定了发展中国家产业升级的状况。

由于作为承接产业转移的国家，不可能跳过制造业从低层次向高层次演变的过程，因此，发展中国家就必须根据发达国家的技术转移，在国内和国际上合理配置资源。在国内资源配置中，根据等量资本获得等量利润的原则，资源在国民经济各个类别之间进行流动。在国际资源配置中，根据国际分工基本原则，资源在相同产业内部不同产业链条之间进行流动，其流动的依据是低效率向高效率转移。在美元主导的国际货币体系下，美国可以通过制造业价值链转移，在世界范围内操纵资源配置的过程。因为世界各国资源都处于国内和国际配置流动中，世界资源的跨国流动为美国的制造业转移提供了便利。美国可以更方便地将制造业产业链条中的低端价值链剥离出来，通过国际分工体系，在全球范围内进行转移，更为容易获得承接产业转移国家的各种禀赋要素。

美国作为制造业转移的主要国家，始终控制着制造业高附加值生产链条，制约着承接转移国家的技术创新和产业升级。作为产业承接国家要实现产业升级，即制造业由低层次向高层次转移，不仅仅是制造业产品总量增长，还必须实现制造业结构高度化，也就是制造业由低技术附加值向高新技术附加值演变。事实上，以美国为首的产业转移往往将制造业终端生产环节布局到其他国家，即将组装、生产制造，或者已经模块化的知识逐渐转移出去，自己掌控着高附加值价值链中的概念设计、标准制定、专利管理、售后服务以及品牌运作等环节，同时，还通过制定制造业产品的系列标准，如推出新品牌、制定新规则、使用新专利、要求新服务等，控制整个制造业生产链条。由于美国制定的这些标准只有发达国家及部分新兴工业化国家能够达到，就使得承接制造业转移的国家必须按照美国的技术标准进行生产。这就直接抑制了承接制造业转移国家的技术创新和产业升级。

中国在承接国际制造业转移过程中遭受的种种挫折，充分说明了本轮制造业转移罔顾技术创新和产业升级的事实。中国最初承接的美国、日本等国家的代工生产，接受了发达国家通过跨国投资来利用中国要素禀赋资源的事实。这一过程导致了外资经济与内资经济，由于资金、技术和市场等方面的割裂，难以相互交融和渗透，从而形成中国“两头在外”的外向型经济。这种经济模式对中国本土经济的辐射带动作用是有限的，造成中国制造业的断层现象，违背了中国承接制造业转移的初衷。中国在国际贸易市场份额的增加，只是反映为经常项目的顺差和贸易缺口的消失。但是，在美元国际货币体系下，中国国际贸易市场份额增加和国际贸易扩展往往是与“贫困式”增长联系在一起的。因为国际制造业转移使得中国成为发达国家的制造业生产基地，很多产品都是在发达国家研发设计后，经中国加工、组装后再出口到发达国家。这虽说带动了中国在国际贸易中市场份额的提升，但在制造业低端价值链中，发达国家经常基于技术和市场不对称地位向中国实施倾轧，从而使中国不得不以牺牲自身生活标准为代价来维护在国际制造业生产链条中的位置。因此，在国际制造业转移时代，经常项目顺差和贸易缺口的消失，在一定程度上已经不能成为一国竞争力的标志。一国出口量的增长不只是出口能力提升，更是国际制造业链条运行机制在国际贸易中的反映。

第六章　国际货币体系下中国制造业升级困境

现有国际货币体系形成了以美元为主导的国际外汇储备制度。这就决定了美国制造业转移的绝对权利。美国可以放开本国消费市场为手段，在不减少本国居民消费的情况下，转移制造业生产链条中最为低端的生产环节。也就是说，美元主权货币成为国际信用货币，美国就可以在世界范围内任意安排本国的制造业生产链条布局。或者说，在整个国际分工过程中，谁掌握主权货币的话语权，谁就有权力控制技术和产业转移。这就必然会出现制造业转移过程中的利益分配不均衡。由此可见，国家的货币地位和技术创新能力的差异，强化了国际制造业转移中，不同国家的初始技术差异以及资源禀赋差异所带来的利益不匹配，同时，制造业转移国家和接受国家之间也会形成由货币因素所决定的，技术能力和制度差异为基础的产业势差。事实上，当前的国际制造业转移已经不是原来意义上的自由竞争时期形成的制造业转移过程，而是由发达国家跨国公司垄断势力为主导的，利益不平等的国际制造业全球布局。因此，本轮的国际制造业转移，是发达国家的制造业技术水平和国际货币体系制度因素所决定的国际分工利益格局。中国作为本轮制造业转移的承接国家，起始时期的技术水平相对低下，又受到美元为主导的国际货币体系的支配，制造业技术创新和产业升级必然受到货币因素和产业转移自身等因素的困扰。

（一）货币体系强化美国技术和产业控制能力

当前国际货币体系下的制造业转移，已经成为美国为首的发达国家控制其他发展中国家产业升级的砝码。从英国和美国制造业演变以及两国货币成为国际主导货币的历史分析，国际制造业强国往往又是国际货币体系核心国家，更是制造业技术创新的重要发源地。由于国际产业转移的方向是从科技研发中心向外围转移，首先掌握制造业技术的国家，就能凭借技术垄断优势获得更多的贸易利得。从理论上分析，美国的技术创新产品可以通过技术模仿被部分替代，一定程度上减少了贸易利得。然而，尽管发展中国家通过进口美国高技术产品进行技术模仿，可以在一定程度上形成这类产品的生产能力，甚至在国际市场上可能会出现同类产品的替代。但是，在美元主导的货币体系下，那些依靠技术模仿的国家产品出口到国际市场上，其产品的价格是要用美元作为计算货币的。这些美元货币要到美国进行投资，从而获得该国财富基金的收益。这种投资最终要让美国企业拿去用于科研创新。因此，美国可以有源源不断的资本用作研发基金，保证其制造业产品可以在下一轮竞争中获得优势。如果世界经济发展进程中没有出现“点断平衡”，即没有重大的国际货币体系原则的改变，这种国际制造业转移发展模式将重复上演。可以说，美国为首的制造业转移国家可以廉价利用承接国家的外汇储备基金，不断开发新的利润点，从而可以长期向发展中国家进行产业转移。因为制造业整个生产环节的盈利模式可以分为三大主要阶段：第一是设计和开发阶段，主要发生在美国等发达国家企业内部；第二是生产制造阶段，一般在发展中国家进行；第三是销售服务阶段，还是在发达国家内部。这三个阶段组成了我们所说的利润“U”形曲线。设计研发和销售服务，位于“U”形曲线的两边；生产制造位于“U”形曲线的低端。生产制造环节由于只是加工别人的材料和样图，所获得的利润只占全部利润的30%。设计开发和销售服务阶段包含的知识技术含量较高，其所获利润占全部利润的比例不断增加。不论这个“U”形曲线的整体位置上移或下移，相对来讲，低端的收益总是低于两边收益总量。尽管“U”形曲线两边可以陡峭或者舒缓，但是，“U”形曲线两边所获得的收益总是相对较高的。美国为首的发达国家所转移的制造业都是位于低端的制造业，而从事设计研究和销售服务的两边，都是靠低端收益循环的美元资本支撑发展的（李刚、廖建辉、向奕霓，2011）。

在美元主导的国际货币体系下，美国作为核心国家的技术与其他国家的技术差距只是缩短，却难以被超越。学者所提出的“技术差距论”理论上说明落后国家可以利用发达国家已有的技术成果，加速本国工业化进程，促进经济技术的跳跃发展。但是，这种发展是追赶意义上的发展，不可能在技术创新和产业升级过程中占领先机。例如，“二战”之后的日本，虽然通过引进美国制造业技术取得了制造业迅速发展，但日本的技术创新和产业升级能力仍落后于美国。据经济合作与发展组织（OECD）统计，20世纪50年代的日本，国民生产总值平均增长率一般是9.1%。到了20世纪60年代，日本的国民生产总值平均增长率为11.3%。仅从这些数字看，日本已经超过了法国同期国民生产总值平均增长率的1倍、联邦德国的1.3倍、美国的2倍、英国的3倍。1960年，日本的国民生产总值超过加拿大；1967年超过了英国；1968年超过联邦德国。然而，日本不论从企业技术创新能力，还是制造业产业结构升级能力看，都是排在资本主义世界中的美国、德国等之后。日本技术创新能力更是列在美国之后。发展中国家的初始技术与美国技术存在很大的差距，凭借追赶要想实现超越是非常困难的。据伊曼纽尔（A. Emmanuel）的计算，1950—1975年，发展中国家国民收入的年平均增长率为5%。也就是说，在这25年内，发展中国家取得了人均国民收入“翻番”的成绩。中国改革开放后更是圆满实现了国民收入人均“翻番”计划。这与美国和英国相比较，从绝对的年数看是比美国和英国时间短。英国和美国实现人均翻番经历了40年的时间。但到目前为止，没有哪一个发展中国家的技术能力和产业升级能力可以和美国、英国等发达国家相媲美。

国际货币体系与国际产业演变同步性，说明这次的制造业全球转移，不可能带动发展中国家产业链条达到国际高端。按照发达国家产业结构演变的一般规律，首先是伴随着城镇化过程实现的工业化。这个过程需要漫长的工业财富积累，形成企业技术创新能力，然后实现新产业的突破；其次是伴随工业化进程实现第三产业发展。这样的线性演变过程，往往被发达国家的重大技术创新事件所打破。英国在“一战”前后发生了纺织工业革命，打破了世界经济格局，同时在国际制造业链条中占领了高端环节，成为制造业强国。随着制造业强大，英镑及时演变成为国际货币体系中的主要货币，从而促进产品及原材料的世界交易，为英国制造业强盛提供金融支持。美国在“二战”前后爆发了电力工业革命，电力代替蒸汽机，大大提高了制造业生产效率。随之而来的是美元成为国际货币，美国制造业代替英国制造业。美国成为世界第一的制造业强国。英国和美国两个国家成为制造业强国之时，都有主权货币成为国际贸易结算货币作支撑。两国都提倡开展国际自由贸易，在货币体系的作用下，快速积累了物质财富。英国和美国实现物资积累的过程都是通过产品贸易和资本流动相结合的国际货币循环体系完成的。这一循环体系决定了发达国家所输出到发展国家产业链条，都是世界生产链条片段性和部分性，不可能是完整的生产链条，更不可能是高端的链条。从制造业转移发生的历史背景，也能说明制造业转移的利己性以及制造业强盛与主权货币成为国际货币体系的密切关系。1929 年，世界经济出现大萧条，英国和美国等发达国家都放弃自由贸易和经济自由发展政策，转而推行“凯恩斯政策”。英国和美国等发达国家之间的制造业转移过程，开始陷入停滞状态。英镑这一主权货币作为国际贸易结算货币的地位开始动摇，同时，美元开始在国际贸易结算过程中频繁使用。此时的英国制造业技术创新能力大为降低，而美国制造业逐渐超越英国成为世界第一。国际货币体系出现了以英镑和美元共同作为主要贸易结算货币的现象，为美国获得世界资源财富创造了有利条件。在世界经济萧条之中，美国凭借制造业积累起来的财富，在基础技术方面获得突破，发明了电力机车代替蒸汽机车，奠定了美国制造业若干年后的强盛根基。美元也随之取代了英镑成为国际贸易结算的第一使用货币。由此可得出两点结论，第一，历史上制造业强国的形成不是靠技术输出而是通过贸易积累，实现国内基础技术突破，打破国际制造业正常发展轨道，从而实现“弯道超车”的结果。第二，制造业转移是随着发达国家经济发展状况不断变化的。在发达国家经济迅速发展时期，一般是制造业转移较为顺利时期；在发达国家经济萧条时期，制造业转移就会受到限制，甚至终止制造业转移。资本主义大萧条时期，正是英国制造业向美国转移过渡时期。英国和美国不仅都放弃了自由贸易政策，而且终止了制造业转移。但是，美元在世界范围内广泛用于国际贸易结算的事实已经形成。第三，发展中国家承接制造业转移往往处于被动状态。发达国家经济萧条，制造业转移处于停滞状态时期，发展中国家被迫采取“结构主义政策”，即进口替代工业化模式。当然，“结构主义政策”并不能摆脱资本主义掠夺。随着美元货币的利率提高，不少国家进口需要的美元时间成本越来越高，加重了发展中国家的债务，迫使发展中国家放弃结构主义政策，转而采取政府干预主义的发展模式。因此，本轮国际制造业转移过程，就是发展国家不断调整发展模式的结果，即从开始承接制造业转移，期望形成制造业规模化生产，到之后的强调制造业产品出口数量，再到现在不断加强的制造业产业结构调整。这个过程呈现出，随着美元国际化程度的不断加深，发展中国家采取各种优惠措施引进发达国家制造业的积极性越来越高。而且，发展中国家从重视制造业规模到重视制造业出口数量，是不断陷入被动承接制造业转移过程。只是美国金融危机出现后，发展中国家才认识到了摆脱美国制造业技术创新和产业升级约束的重要性。

（二）货币体系导致产业体系碎片化

国家产业体系的形成由两方面要素所决定，一是国内的生产要素禀赋条件；二是国内、外市场需求拉动。目前的国际贸易模式成就了发达国家产业结构需求。以美元为主导的国际货币体系，长期维持了现代国际贸易体系的运行模式，以美元汇率的变化为着力点，影响制造业产品价格趋势，进而影响国际贸易数量（孙军、高彦彦，2011）。以亚当·斯密、李嘉图为代表的国际分工和比较优势理论，奠定了发达国家通过主权货币，维持国际产业转移的实践基础。亚当·斯密提出劳动分工能够提高生产效率之后，学者又提出了劳动分工与市场规模之间的关系，认为要素禀赋和报酬递增共同决定了国际分工和国际贸易模式。Romer（1986），Krugman和 Helpman（1985）等学者，为维持发达国家制造业转移提供了理论支持。他们从规模报酬递增视角解释美国等发达国家的制造业转移的现状，从要素禀赋理论解释发展中国家承接制造业转移的事实。因此，美国自然就成了从事新产品研发，垄断信息产品供给，为世界提供服务产品的第一层次国家。西欧国家中的德国一般是从事资本品等中间产品生产，就划归成第二层次国家。日本、韩国等生产资本密集型，技术含量与附加值较高的中、高档消费品，就成了第三层次国家。中国和亚洲其他国家从事劳动密集型的最终消费品生产，就是第四层次国家。此外，沙特阿拉伯、俄罗斯从事石油输出和铁矿石出口等，是第五层次国家。在世界经济布局中，美国通过超强的技术创新能力带动经济增长，形成强大的进口能力和消费能力，影响其他国家的经济结构。美国在很大程度上带动了中国利用自身的要素禀赋优势，使得中国成为世界制造中心。这种广泛的国际分工能够演变出产业体系的“碎片化”现象，不完全是国际市场需求造成的，更多是美元货币造成的。国际市场需求量的多少，不完全是市场的真实需求数量，其中的主权货币国家的影响非常重要。因为，主权货币国家可以规定国际贸易结构的变化，直接影响到出口国家的产业结构变化。美元为主导的国际贸易结算货币，使美国可以按照本国经济结构发展需要，有选择地在世界不同国家和地区建立双边贸易体系，并长期保持这样的关系，从而形成两国贸易固定机制。这种固定贸易机制就形成了不同国家的国际市场需求，进而影响到各国的世界贸易结构，进一步深入影响到各国的产业结构。同时，各国的产业结构将倾向于出口导向模式，造成国内需求与国际需求明显偏差，导致各国的经济结构扭曲和各种资源错配。现有的国际货币体系下，主权货币国家的国际贸易，决定了不同国家在不同贸易阶段所形成的产业结构。

中国承接制造业转移，起源于一般制造业。由于制造业转移过程中，技术转移是动态一般均衡过程，短时期内难以带动装备制造业技术创新和产业升级。再加上，中国承接制造业转移，不是各个行业同时涌入，而是最先承接一般加工制造业。由于美国接受中国一般制造业产品，中国的一般制造业生产规模不断扩增，才逐渐出现一般装备制造业的转移现象。因此，中国在承接制造业产业转移过程中，受到美国对一般制造业产品需求消费引导，最早从事的是制造业终端产品生产。当一般制造业终端产品生产规模化后，最后开始重视一般装备制造业生产。这说明中国制造业技术创新和产业升级一开始就对美国制造业技术产生了明显的依赖性。制造业终端生产环节的技术流动，主要靠产业转移过程中的人员流动实现。中国制造业要学到美国制造业技术，就必须通过生产组织之间所提供的人员流动和生产环境规模的不断放大，从而实现美国新技术在中国制造业内频繁出现。然后，中国制造业借助中美之间的信息、人员的深度联系，为技术知识深入扩散提供桥梁，最终才能不断融合为本土技术。中国制造业承接美国的技术扩散主要靠少数管理和技术人员，通过学习资料，实地考察和接受培训得以实现。中国制造业承接知识转移人员数量的增加和生产活动的持续开展，使得被转移技术开始形成本地化的显性知识和隐性知识，并在生产过程中不断相互转化。随着知识积累过程的加快和深化，中国承接制造业转移的企业逐步建立和完善自己的知识体系，并提高技术水平和竞争力。此时，一般制造业创新能力才能开始显现，为装备制造业技术创新奠定基础。但美元为主导的国际货币体系，诱发了中国迫切要求利用自身要素禀赋实现后发优势的强烈愿望，一味追求出口换汇，造成对美国装备制造业的严重依赖。同时，美国也有意控制装备制造业转移进程，无限拉长了制造业转移产业链条，在长期产业转移过程中，只是转移装备制造业低端生产链条，从而导致承接制造业转移国家的产业出现“碎片化”现象（张明志、李敏，2011）。

由劳动密集型制造业转向资本技术密集型制造业不是制造业真正的升级。只有制造业内部垂直分工条件下产品生产链条的提升才是真正的制造业升级。由于劳动密集型制造业参与国际垂直专业化分工较少，进入劳动密集型产品生产环节的门槛比较低，对质量的要求也相对比较容易控制，因此，劳动密集产品不可能体现出功能和工艺质量等的差异性，其产品的供给来源比较广泛，是众多国家承接制造业转移较多的产业，也是中国与其他发展中国家制造业之间相互形成重复生产，互相进行销售竞争，短期内对国际市场造成最大冲击的行业，不可能在短时期内实现产业升级。资本密集型制造业虽然参与国际垂直专业化分工比较普遍，但在制造业国际垂直专业化分工日益深入的背景下，以制造业要素密集度为区分特征的制造业产业间升级，并不代表真正意义上的升级。真正的制造业升级，在于完全摆脱国际要素禀赋条件，而实现的制造业内部产品价值链的攀升。

中国从劳动密集制造业向资本密集制造业转变，仍然存在着对美国技术的依赖性，制造业自主创新能力仍然匮乏。中国最初的引进并没有明确是为了自主创新，而是为了扩大、改善和新增生产能力。中国在最初是想通过购买发达国家制造业技术，用来解决自己技术手段不足的困难，到了20世纪90年代，政府希望制造业能够整体转移到中国，希望通过放宽发达国家制造业准入政策，造成国内企业与国外企业同台竞争的局面，并期望以此获得“市场换技术”的成就。实际上，20世纪末到21世纪初，中国也是越来越重视发达国家的制造业转移，愈加重视外商独资企业在国内的经营，例如，1998 年，外商独资比例是 36.23%，到 2008 年，外商独资比例达到了 78.27%。这说明中国在承接制造业转移过程中，已经从原来的忽视制造业自主创新，陷入了对外资的严重依赖（路风、余永定，2012）。事实上，中国在日化、啤酒以及汽车制造业，甚至在一些复杂装备生产方面都有一定的生产能力，然而，由于中国在这些领域也大量引进外资，对发达国家制造业产生了一定依赖性，长期以来，不仅没有改变制造业技术能力滞后的困扰，而且在一定程度上对中国制造业自主创新产生了挤出效应。

综上所述，从中国制造业整体行业看，中国忽视了装备制造业优先发展地位，强化了制造业终端产品生产，形成了制造业生产链条攀升困难；从制造业分行业看，中国重视了国外市场需求的制造业生产，忽视了国内市场需求的制造业生产，存在行业内生产链条缺失。这些事实都证明中国制造业产业结构处于一种“碎片化”状态。

（三）货币体系造成制造业内部带动能力削弱

制造业完整的工业体系，可以大致分为“装备制造业”“化工制造业”和“轻纺制造业”。制造业升级包括整个制造业工业体系的升级，是指装备制造、化工和轻纺制造整个工业体系进步。装备制造是整个制造业体系中的上游生产环节，是为化工和轻纺制造提供相关机器设备的环节，在整个制造业体系中具有带动下游制造业技术进步和产业升级的作用。马克思称之为第一部类生产环节。化工制造和轻纺制造是下游制造业，主要生产满足社会生活需要的日常生活用品，是直接面对大众消费市场的制造业，也是马克思所说的第二部类生产环节。按照马克思政治经济学理论分析，第一部类生产和第二部类生产要协调发展，即装备制造业生产的机器设备，不但要能够满足下游生产所需，而且下游生产单位要产生对上游产品的需求，这样才能在制造业内部形成协调发展机制。也就是说，在制造业内部生产协调的情况下，装备制造业产品中所附加技术含量，才可能扩散到化工和轻纺制造业之中。装备制造业也才能发挥技术带动和产业升级的拉动作用。如果出现制造业过程中的上游生产和下游生产脱节，或者说是制造业内部市场扭曲，必然会造成装备制造业发展滞后，丧失“装备制造业”带动“化工制造业”和“轻纺制造业”升级的能力。

中国在承接制造业转移过程中，不仅存在着本国制造业内部的技术势差所产生的技术扩散和带动现象，而且会有美国同类产业之间的等势面技术的扩散和带动。中国装备制造业作为生产机器设备的行业，在下游制造业技术创新和产业升级过程中发挥着技术扩散源的作用。如果中国“装备制造业”形成的生产创新技术，能够向“轻纺制造业”和“化工制造业”顺利扩散，必然要求上游“装备制造业”与下游制造业之间存在一定的技术势差。但是，由于美国制造业转移中，其制造业核心技术并没有全部转移出去，仍然掌握着比中国制造业技术更为先进的核心技术。因此，在中国制造业终端生产面对中国和美国装备制造业之间存在同等势面技术差异的情况下，只有中国的装备制造业技术扩散源足够强大时，才能将本国装备制造业技术传递到终端生产环节。然而，由于中国出口创汇激励和发达国家消费市场诱惑，往往是美国的等势面技术最先占领中国的终端制造业生产市场。这不仅造成中国“轻纺制造业”和“化工制造业”等下游制造业对美国装备制造业的依赖，而且削弱了中国装备制造业技术创新和产业升级能力，使其逐渐丧失对中国制造业整体产业升级的带动作用（见图6－1）

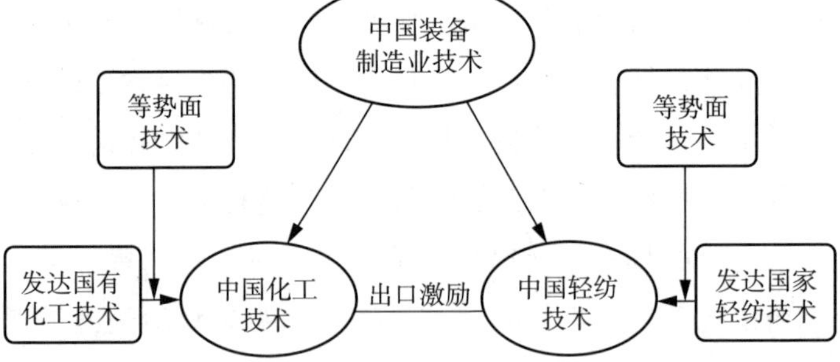

图6－1　发达国家等势面与中国技术势差的不同作用

图6－1显示：如果中国制造业是在没有美国制造业转移背景中自然成长，装备制造业作为第一部类生产应该是首先得到发展，其制造业技术水平会不断提高，然后，作为本国制造业的技术扩散源，通过本国制造业内部市场，将先进技术水平扩散到下游制造业，从而带动化工和轻纺制造业

升级。在国际制造业转移背景中，中国“化工制造业”和“轻纺制造业”所使用的技术，大多是来自美国的转移技术。中国制造业终端生产处在美国的等势面技术的层层包围之中。由于美国等势面与中国制造业之间存在更有利于产品出口的技术势差，美国的技术更容易形成自然技术扩散趋势。因为，中国“化工制造业”和“轻纺制造业”主要是为了出口换取外汇，产品受到发达国家市场的各种约束，必须依靠美国的生产技术和专利。长期下去，中国的装备制造将处于十分尴尬的地步，不仅起不到带动下游制造业技术升级的作用，甚至连装备制造业也难以得到发展。

图6-1还直观解释了中国装备制造业技术扩散带动产业升级困境的成因。由于中国早期承接的并不是“装备制造业”，而是简单的来料加工业和一般生活用品的生产，虽然，“装备制造业”与下游制造业之间存在一定的技术势差，但由于装备制造业的技术扩散源，受到发达国家等势面技术冲击，因此，下游制造业对发达国家的技术依赖日益剧增。中国制造业技术创新和产业升级必然陷入对外依赖的困境。

美国的等势面技术之所以愿意转移到中国，一是因为美国为保证进口产品质量和本国制造业深入加工生产的顺利进行，必须使中国制造业掌握生产合格产品和零部件所需要的技术和管理知识；二是因为美国为提高自己的产品竞争力，通过部分知识转移方式，提升中国制造业产品与其配套能力，以此提高自己所控制的制造业整个生产链条的技术水平。当然，除国家层面所掌控的制造业技术转移外，还有制造业生产链条主体之间的知识转移。由于这些生产链条不一定都在美国控制的范围内，这就在一定程度上形成了等势面技术的扩散。这也为中国大量终端制造业获得等势面技术提供了条件。

制造业转移过程中的技术产生和转移是一个动态过程。这一过程主要嵌入在美国制造业转移过程中的“委托—代理”行为之中。美国制造业和中国制造业长期处于“委托—代理”生产机制下。美国的委托企业具有很强的技术能力，可以利用中国的资源禀赋进行本地化生产，再通过国际贸易渠道，形成一整套完整的制造业产品生产过程。中国的代理企业，由于具有与委托企业的知识源接触的机会，可以得到委托企业传授的基本技术能力，也可以从中获得相应的技术扩散。同时，中国的代理企业，在全球化生产链条中也可以通过“干中学”获得技术积累。在此过程中，美国的委托企业向中国的加工企业的技术扩散，既不是自动完成的，也不是孤立的，而是取决于中国制造业的知识吸收能力和制造业产业集聚环境。

由于中国制造业生产分散，产业集中度低，产品同质化严重，中国能够改变这一现状的措施不是突出制造业产品的异质性特点，而是通过提高制造业产品的生产效率，即采用以数量取胜的方法突出自己的优势。因此，中国制造业的终端生产企业更加依赖发达国家的机器设备。中国制造业生产效率提高还能够化解汇率波动对出口量的影响。因为，不同企业生产同类产品时，谁的效率高就能与其他企业形成差异度，企业的垄断定价能力就强，即便是出现美元汇率波动，由于量大所形成的定价权，对产品出口量影响也比较小。例如，对中国的电子、纺织和建材等行业的分析可以看出，优秀企业、较差企业与处于平均值收益的企业差距较大。较差企业受到汇率波动的影响幅度大，行业竞争激烈使得企业净资产收益率平均值低。优秀企业的生产效率较高，使用的机器设备都是来自发达国家的装备制造业产品。优秀企业应对美元汇率波动能力相对较强。然而，综合分析这些企业反映出来的销售利润率和技术投入比率，却具有明显的不协调性，表现在不少企业规模越大，技术创新成果越少，相反，有些企业规模较小，生产效率并不是十分明显的企业，获得的技术发明数量越多。

货币体系导致的中国出口导向发展模式，是造成制造业内部带动能力减弱的外在因素。中国长期重视外部市场需求，政府追求过多的外汇积累，形成了制造业倾向出口的短期效应。不少制造业是为出口而生产，急功近利思想严重。这种由政府驱动企业出口，忽视国内消费的行为也影响了产业升级。这主要是由于政府扩大美元外汇积累，资本市场不稳定，减弱了政府调整产业结构能力。中国从 20 世纪 90 年代以后，实际外汇储备基本处于相对过剩的状态。东南亚金融危机后，中国外汇储备在经历短暂低增长后很快就回复到高增长状态。外汇储备过高，导致通过外汇占款大量投放基础货币，使得国家宏观调控产业结构的效力降低，并进一步影响汇率波动。外汇储备增加，在其他条件不变的情况下，政府为维持外汇储备所占用的本币更多，广义货币 M2 供给的数量同比增长加快。广义货币的超常增长形成了通胀压力，进而产生通胀预期，宏观经济失衡。中国制造业产业升级，受美元主导货币汇率影响比较明显，例如，2002 年以来，人民币汇率相对美元低估导致贸易顺差扩大，政府为维持人民币稳定，被动在外汇市场购入外汇，使得外汇储备从 2000 年初的 1561 亿美元，增加到 2008 年 2 月的 15282. 49 亿美元。人民银行大量购买外汇，不仅增加了基础货币投放，还造成国外净资产占人民币比重增加。国外净资产对基础货币增长起到支配作用，例如，2007 年 12 月，中国金融机构外汇占款是 128377. 32 亿元人民币，在基础货币供给中的比重为 84. 2%。基础货币增长受到国外净资产影响下，对国内金融市场造成风险。制造业受到资本流动性冲击的危险性增加。资本流动对国内资本市场和金融市场也都会造成负面影响，增加市场对人民币升值预期，更多热钱流入，形成过度投资，又反过来推动外汇储备进一步提高，形成恶性循环。2002 年以来，美元的实际汇率已经贬值 25%，而人民币自 2005 年 7 月汇率改革以来，有效汇率已经上升 10. 5%。美元汇率指数下降 8. 3%，其中 2007 年 1—7 月，人民币兑美元上涨幅度为 3%。而人民币对一篮子货币的实际汇率仅升值了 1%。在中国外汇储备 60% 都是美元的情况下，仅从 2002 年 11 月到 2004 年 8 月，由于美元贬值造成的损失就达到 530 多亿美元。美元汇率波动造成的损失难以补偿，无疑对制造业升级存在不利影响。

美元货币体系激励中国过多追求出口换汇，造成国民经济非均衡发展并影响到技术扩散和资源配置，进而影响了制造业内部产业结构的合理化。在封闭国家内，制造业产业结构升级是国内有效需求的函数。社会需求结构与规模通过改变生产成本以及国民收入体系，来改变制造业内部产业结构，例如，社会需求增加，可以降低制造业生产成本，产品销量提高，企业收益增加，国民实际收入提高，并形成良性循环，不断推动社会对制造业产品消费增加，进而形成社会对制造业产品高质量、高层次的需求能力，从而推动制造业产品工艺和功能进一步创新。中国的出口导向发展模式，使得国内制造业必须依靠国外市场消费带动，才能提升制造业内部升级。由于国内制造业生产和国内消费相互分离，国内消费市场消费能力和市场所提供的消费产品就容易产生脱节，表现在制造业产品中，质量和功能皆上乘的产品，输出到国外市场消费，质量和功能下乘的产品，由国内市场消费，使得国内消费市场相对滞后，必将国内部分消费能力驱赶到国外市场。这样就从根本上减小了国内需求带动制造业升级的能力，使制造业走向了依靠外国市场拉动升级的道路。这不仅强化了下游制造业依赖国外装备制造业程度，而且还使本国制造业整个生产链条都受制于发达国家，造成整个制造业产业扭曲。实际上，靠出口导向形成的，以国外消费市场为主的发展模式，阻碍了中国制造业之间技术扩散的通道。因为，中国本土制造业上、下游之间存在着内部的技术矩阵，即制造业上、下游之间，存在着技术类型的不同和技术水平的差异，使得它们之间的生产过程的投入和产出关系不同。这种矩阵不仅可以演变为不同的制造业产业结构水平，而且可以将资本、劳动等要素重新配置，推动制造业整体结构有效合理地升级。然而，由于制造业技术矩阵是可以改变的。以出口导向为发展模式演变而来的技术矩阵，打破了自然演变而来的技术矩阵所规定的各种资源要素的配置。美国的制造业转移就决定了本国制造业产品供给，打破了国内制造业内在技术矩阵，改变了制造业发展过程中，经济发展水平，资源禀赋、市场结构、企业素质等形成的发展路径。这种制造业转移形成了中国制造业技术扩散通道的非匀质性，最终造成依赖国外动态性产业转移，才能带动本国技术扩散。这也是影响中国“装备制造业”带动“轻纺制造业”和“化工制造业”能力减弱的重要原因。

第七章　货币特权制约技术转移途径

货币特权对国家的经济政治起到重要的决定作用。历史上发生过多次货币特权之争，获得货币特权者不仅能够掌握世界话语权，而且能利用货币特权发号施令，显示在世界的霸权地位。美元作为美国的主权货币演变成为世界通用货币，获得了许多特权，例如，美元发行量不受任何国际组织机构的限制；美元被当作世界外汇储备货币等。美元货币特权，不仅给世界经济带来不可避免的麻烦，而且还通过金融市场效应、国际收支平衡和资源价格途径，影响世界经济发展，控制制造业技术转移，并制约中国制造业技术创新和产业升级。

（一）货币特权历史考察

所谓货币特权，是指一国的主权货币被其他国家广泛使用，成为在国际市场上采购原材料物资的主要交易货币。

历史上，第一次货币特权的竞争，发生在中国的清朝中后期，直接导致了中国古代货币制度的崩溃和欧洲经济的崛起。中国在宋代已经制定有相当完善的货币制度，发行的货币“交子”是当时世界上最完美的货币。经过宋代、金代和元代的演变，中国古代纸币制度发展得相当完善。但是，到了明朝中期，“朝廷”滥发纸币造成了严重的通货膨胀，不得不废止纸币，使用贵金属白银作为交易货币，出现了“银本位”制度。同时，欧洲的西班牙和葡萄牙依靠海上掠夺已经成为世界强国。它们依靠海上优势建立起海外殖民地，不断拓展掠夺黄金和白银的通道，成为世界上黄金和白银储备量最多的国家。两国的“银本位”制度在世界上享誉盛名，成为各国争相使用的国际贸易结算货币。由此，欧洲逐渐成为世界经济的中心。中国由唐代到宋代建立的经济强盛帝国也渐渐沦为没落帝国。

第二次货币特权之争是中国与英国的“金本位”制度。当中国逐步构建起“银本位”制度时期，在欧洲已经开始了黄金和白银混用的“复合本位制度”，即金币和银币同时在市面上流通。中国当时采用的是“银本位”制度，需要大量的白银铸造银币，白银的价格在中国飞涨，于是，欧洲国家纷纷将白银运到中国牟取暴利。由于运到中国的白银，很大一部分是直接从欧洲流通领域内退出的银币，欧洲出现了白银短缺现象，通货紧缩局面随即形成。英国率先解决复本位货币制度下的金币和银币的币值紊乱问题，在1717年决定停止使用白银货币，改用黄金货币。英国的这一次重铸货币，一方面率先建立英镑的“金本位”制度，另一方面对欧洲采用金币和银币复本位制度的国家进行黄金和白银的套购，积累了大量的黄金储备。英国因此而奠定了金融霸主地位，造就了之后“日不落帝国”的百年辉煌。到了20世纪初期，英镑的使用拓展到全球各国，成为名副其实的国际货币，具备了调控世界各国货币和肆意收取其他国家巨额铸币税的权利。直到第二次世界大战结束，英镑一直为英国经济强盛起到了重要支撑作用。

第三次主权货币之争是美元和英镑的较量。早在第一次世界大战结束后，美国经济发展就已经超过了当时的英国。由于第一次世界大战欧洲国家相继卷入了战争的旋涡，各国为了凑集军费欠下了巨额的内外债务。此时，英镑的购买力渐渐下降。美元则在战争中不断强盛起来。据统计，从第一次世界大战结束到第二次世界大战期间，美国积累了大量黄金储备，拥有黄金总量达到了全球1/3的水平。美元具备了成为世界硬通货的条件。当时的美国纽约也代替了英国伦敦成为世界上最有实力的金融中心。在此基础上，美元的国际化被进一步强化。美国在“二战”结束时期所拥有的黄金储备占到全世界的2/3。1948年，美国官方的黄金储备占到全世界黄金储备的74.5%，总量高达21682吨。美国大量的黄金储备成就了美元作为主权货币的国际化。美国也成为能够带动世界经济发展的强大发动机。但好景不长，美元作为主权国家的货币成为国际货币必然出现的“特里芬难题”，即在美元主权货币充当国际货币时，如果美国出现经常项目顺差，将导致世界美元货币供应不足，导致世界通货紧缩；如果美国出现经常项目逆差，将导致美元在世界各国泛滥，造成国际货币贬值。美国在1958年之后，就连续出现经常项目的逆差，大量美元输出到世界其他国家，造成美元被迫贬值。各国对持有美元失去信心，纷纷抛出美元买入黄金。美国的黄金储备被大量兑换而流出，对外短期债务迅速增加。为维护美元的稳定，美国推出了“黄金双价值”和“特别提款权”，都没有从根本上破解“特里芬难题”现象。1971年8月15日，美国放弃美元与黄金挂钩的承诺，布雷顿国际货币体系遭到瓦解，但是，美元作为国际贸易结算货币却一直被惯性地延续下来。

当前的美元货币体系成了美国制约世界各国的强大武器。20世纪70年代末期的“拉美债务危机”彻底拖垮了拉美国家独立发展经济的梦想，也给许多从殖民地国家迈入社会主义国家政治上当头一棒。从18世纪末期到19世纪初期，拉丁美洲被殖民国家不断开展独立运动，动摇了欧洲老牌帝国西班牙和葡萄牙的殖民统治，但是，由于英国和美国的迅速崛起，这些拉丁美洲国家又先后沦为英国和美国的殖民地。“二战”结束后，美国一方面在全世界输出其“新自由主义”经济意识形态，另一方面占领世界市场，鼓励拉美国家向美国借债用于消费美国制造的产品，导致拉美国家严重依赖外债。美国在1979年开始收紧美元释放量，渐渐提高美国联邦基金的利率，使得拉美国家无力偿付美国的债务。美国采取“利滚利”计息方法，将拉美国家没有及时偿还的本息和，重新计入本金叠加重复计算，使得拉美国家的债务成倍上涨。1985年底，拉美国家拖欠美国的债务总额达到8000亿美元，造成了巨额的“拉美债务危机”。拉美国家为了偿还美国债务，不断增加货币投放量，形成了拉美国家内部的严重通货膨胀。拉美国家在1990年的平均通货膨胀率达到了1491.5%。这种危机导致了拉美国家经济从此一蹶不振，最终使得其不仅在经济方面听从美国摆布，而且政治方面也要顺从美国指挥。

美元还是美国用来降低自己的外债压力，打压贸易对手的王牌。20世纪80年代，由于日本对美国出口贸易存在大量顺差，日本拥有大量的美元货币储备，在美国大肆购买生产资源和消费物产，直接威胁到美国的国家安全。美国就是从美元货币入手，想尽一切办法降低日本获得的美元外汇储备价值，以此来消灭自己的贸易对手。由于当时的日本是美元外汇储备最多的国家，美国就强迫日元相对美元升值。1983 年 11 月，美国总统里根访问日本，以实现日元的国际化为由头，提出了调整日元兑换美元汇率的要求，还将设立“日元—美元特别委员会”作为日美两国协调汇率的特别机构。美国所提出的更好地推动日元的国际化水平，正好符合日本国内的要求。美国就这样通过美元的贬值，不费吹灰之力洗劫了日本的大量财富。不仅如此，在世界金融历史中，著名的“广场协议”也是美国打压日本贸易对手的有力证据。1985 年 9 月 22 日，为了改变日本和美国贸易之间的长期不平衡，所造成的美国对日本的严重负债，美国财长布鲁梅萨（Michael Blumeuthal）联合日本、联邦德国、英国、法国五国的财长和五国的央行行长，在纽约的广场饭店举行会议，达成了五国联手抛售美元，干预美元汇率，促使美元贬值的决议，史称“广场协议”。“广场协议”造成了美元持续大幅度的贬值。1985 年 9 月，美元兑日元由原来的 1 美元兑换 250 日元上下波动，之后在不到 3 个月的时间里，美元迅速下跌到 1 美元兑换 200 日元左右，跌幅达到 20%。由于美国政府的频频表态，美元汇率水平持续下降，在不到 3 年的时间里，美元汇率下降到 1 美元兑换 120 日元的水平。美元对日元贬值了 50%，或者说，日元相对美元升值了 1 倍。日元升值虽然迎合了日本对外扩张的野心，但美元的大幅贬值无疑巨大地削减了日本对美国的债权。日元最终也没有能力与美元抗衡成为国际主要外汇储备货币。

美元称霸世界的意图十分明显，甚至不容许欧元成为国际货币。欧洲一体化对美国是一种挑战，也对美元作为国际外汇储备货币造成了压力。欧盟在 1999 年 1 月 1 日推出单一的欧洲货币——欧元，刺激了美国敏感的神经。美国意识到“欧洲一体化”将使欧盟成员国贸易结算中不再使用美元，因此，美国利用汇率和利率政策推动国际资本流动，造成芬兰、意大利、英国和法国四国的货币大幅度贬值，以此，动摇了英国加入欧元区的决心，有效阻止了英镑加入欧元。此外，美国人还通过高盛公司做假账的方式，让不符合欧元区财政标准的希腊混入欧元区，为欧元区稳定发展埋下风险。按照欧盟的规定，要求加入欧元区国家的财政赤字不能超过本国 GDP 的 3%，而当时希腊的财政赤字已经超过了本国 GDP 的 5%，然而通过美国高盛银行运作，希腊财政竟然达标，并且顺利加入了欧元区。美国还在欧元区边界发动科索沃战争搅局欧元区，导致欧元诞生后，迅速对美元贬值。科索沃战争使欧元区内部的7000亿美元流动资金迅速逃到美国4000亿美元，超过一半流动资金进入了美国。科索沃战争使得欧元兑美元汇率从1欧元兑换1.07美元，变为1欧元兑换0.82美元。欧元下跌幅度达到30%。因此，学者评价科索沃战争不是针对南联盟，而是针对欧盟，最终是要炸毁欧元。

美元引发的两次金融风暴，充分显示了美元的自利性。1997年7月发生的亚洲金融风暴，不仅挫伤了亚洲制造业发展势头，还让美国获得了巨额利益。美国维持世界货币平衡的手段，是通过大量进口其他国家制造业产品用于输出美元，维持世界货币市场对美元的需求，导致东南亚国家以及中国竞相向美国出口制造业产品，不仅形成了一般加工制造产品的恶性竞争，而且造成这些国家的产业结构类同。于是，在东南亚各国相互拼杀，向美国消费市场出口产品过程中，出现了货币汇率战争。各国为了得到出口美国的便利，不惜以本国货币的贬值为代价。1997年7月2日，美国“索罗斯对冲基金”发动了对泰国货币泰铢的攻击，由于泰国美元外汇储备不足以应对“索罗斯对冲基金”的打击，泰国央行被迫放弃泰铢和美元的固定汇率，让泰铢兑换美元的汇率进行浮动。在市场对泰铢失去信心的情况下，泰铢兑换美元汇率浮动，无异于泰铢自戕。泰国金融市场上纷纷抛售泰铢，同时，引发了整个东南亚国家的“多米诺骨牌效应”。东南亚各国货币都难以自保，到处是抛售本币，抢购美元货币。“索罗斯对冲基金”兴风作浪给东南亚各国货币造成了沉重的打击。菲律宾央行在危机中试图干预比索的抛售，到了1997年7月干预失败，导致比索大幅度贬值。马来西亚央行也试图干预林吉特货币的贬值，到1997年8月干预失败，被迫放弃林吉特兑换美元的固定汇率，任其贬值下去。“索罗斯对冲基金”还搅局韩国、新加坡和中国台湾地区等，导致韩元沦陷，新加坡和中国台湾的货币也遭受重创。但是，美元的国际货币地位却更加稳固。2007年美元引发的全球金融海啸造成世界许多国家的金融紊乱，经济受到严重打击。这次由美国“次贷危机”引发的美国金融危机，本质上是因为美元为主要货币的国际货币体系造成的。美国凭借美元的国际霸权地位，在世界各国采购生产资源和消费物质，以此不断向外输出美元货币，形成了国际上合法但不合理的贸易循环体系。不少学者将这次危机归因于美国银行的次贷，其根本原因在于，美国政府放任次贷发生和危机蔓延，是美国利用美元霸权，进一步消除其所背负的世界各国的贸易债务。这次美元的贬值，表面上看是“次贷危机”打击了美国经济，本质上却是美元得到了大量回笼，又一次造成了全球性的美元紧张，在更高层次上树立了美元的霸权地位，同时，也对中国和东南亚各国制造业造成了严重冲击。

德国的马克和日本的日元试图挑战美元霸权都没有取得良好效果。在世界经济发展过程中，凡是制造业产品出口国家都面临着支付“美元公共产品”的高成本。德国和日本在“二战”结束之后就一直受美国提携，依赖美国消费市场发展经济，所承受的“美元公共产品”代价更为突出，逐渐由跟随“布雷顿森林体系”到“后布雷顿森林体系”的制衡美元演变。德国在20世纪70年代初期，就开始联合欧洲其他国家，稳定欧洲内部的汇率，共同与美元浮动，以此消减美元“货币锚”职能，建立起欧洲货币体系，推动欧元诞生和广泛应用。德国想通过欧洲货币联盟战略，逐步减少欧洲对美元的依赖。德国这种联盟制衡的战略，让它付出了安抚欧洲盟友必须付出的区域性公共产品的开支，通过德国马克稳定的汇率，吸引欧洲各国追随德国马克，利用德国区域政治领导力加强欧盟，促成欧元进一步锁定德国货币的影响能力，形成德国在欧元区的货币领导能力。日本是采用“单边制衡”方法试图阻止美元霸权的扩展。20世纪80年代，日本开始以单边形式推动日元在东南亚的扩展。日本通过在东南亚建立经济贸易区的形式，扩展日元在东南亚地区的使用范围，到20世纪90年代中期，已经取得了明显效果。日元在东南亚国家的使用数量不断增加，但由于日本在外交上奉行追随美国的战略，缺乏区域政治领导力，亚洲各国不支持日元的国际化战略。日本的单边市场力量不可能通过亚洲各国的信任，而锁定为国际货币。日元的国际地位逐渐下降，甚至在东亚也没有形成主导货币。日元不但没能够挑战美元，而且与欧元也有相当大的差距。据国际货币基金组织统计，全球官方外汇储备和全球外汇交易市场两项指标中，美元在全球官方外汇储备中所占份额保持在60%左右，欧元所占份额为27%左右、日元所占份额是4%左右。美元在全球外汇交易市场中所占份额为 80%，欧元所占份额为 40% 左右；日元占到外汇交易市场的 20% 左右。

从德国和日本对美国货币的挑战可以看出货币特权对于一国的经济和政治地位的重要性。正因如此，我们认为一国货币能否获得货币特权，不完全依赖于国家之间总体经济实力的差异，在很大程度上是国家的政治影响能力决定了国家的货币特权。换句话说，美国获得的货币特权为美国获得各种潜在利益提供了保障，对这次制造业转移中的技术控制起到了决定性作用。

（二）美元特权、贸易失衡造成研发资金不稳定

美元的地位不仅是国际制造业产品交换媒介，更是国际政治和国际外交使用的重要工具。世界各国积累美元外汇储备也不完全是本国经济增长的需要，很大程度上还是国家安全的驱使。由于战争和安全所带来的一系列问题，必然造成其他国家不断积累美元，以防止世界经济动荡不安的困境。这也是美元特权在世界范围内影响各国经济的重要方面。美国长期以安全、经济和文化等多方面综合因素，在世界范围内显示自己的力量，为美元能够充当国际储备货币起到了重要作用。在世界经济和政治仍然处在不断动荡的时代，世界各国为稳定自己的经济和政治格局，也不得不积累美元以应对各种突发事件。

20 世纪 80 年代，中国也是出于经济和政治的综合考虑，决定对外开放，引进美国先进技术和管理经验。中国考虑到避免拉美国际债务危机和解决当时的外汇储备不足问题，采取了积极引进外资进入的办法。中国通过大量引进制造业，加快了制造业工业体系的建设，也部分解决了所急需的美元外汇储备问题。中国早期引入的外资主要是以中国香港和澳门的华侨资本为主，其中，也包括少量为引进技术而与美国制造业建立的合资企业。这种补充性的引资对当时的中国经济融入世界经济起到了桥梁作用。中国引进外资过程中增加了国内的需求，增加了美元外汇收入，也增加了劳动力就业，同时，引进的制造业产品出口，又防止了由于国内需求不足所产生的消费过剩现象。中国在经历将近 10 年的开放道路后，在 1992 年之后，政府正式将引进外资作为改革开放重要的标志，为外资提供了越来

越多的优惠政策（吴敬琏，2008）。然而，中国开始招商引资恰逢世界经济全球化的大背景。一方面，中国急切需要大量的美元外汇储备，提升国民经济增长质量；另一方面，经济全球化导致的世界产品贸易的自由化特点突出。这两个方面综合起来，就导致了中国在改革开放初期大量引进来料加工制造业的结果。中国制造业将境外保税区的原材料、零部件和包装材料进口到中国，进行加工和装配，然后，从中国再向外出口。当然，中国政府积极鼓励出口的政策是制造业从事引进境外来料加工，并形成出口基地的主要原因。这种加工贸易的本质，不是独立生产，而是承担某一个或几个生产工序而已。这样的加工贸易只能在国际收支平衡表中显示外汇储备的增长，即引进境外来料加工贸易的盈余与国内加工增加值的贸易盈余一样，只是增加了外汇储备的积累。外商直接投资的动因则是利用中国资源的比较优势，将直接投资作为他们获取利润的重要形式。这种局面导致中国从 20 世纪 90 年代开始，美元外汇储备数量不断增长，同时，也是中美两国贸易失衡的开始。统计显示，中国在 2002 年的美元外汇储备就达到了 742 亿美元；2003 年的外汇储备达到了 1168 亿美元；2004 年的外汇储备达到 2066 亿美元；2005 年美元外汇储备达到了 8189 亿美元；到 2006 年，中国的美元外汇储备已经突破万亿美元大关。2016 年受美国金融危机影响，中美贸易摩擦不断，但 2016 年平均月增长美元外汇仍为 200 多亿美元。从贸易结构分析形成美元外汇储备剧增的原因，我们认为主要是加工贸易出口造成的美元外汇储备增长。据统计显示，21 世纪的前 10 年，中国仅加工贸易累计顺差就达到 6660 亿美元。当然，在中国国际收支的“双顺差”中，即经常项目顺差和资本项目顺差，外资直接投资增加也是美元外汇储备增加的重要原因。

中国之所以能在 20 世纪 80 年代引进美国制造业，也是美国长期实行“生产分享（Production sharing scheme）”政策的结果。美国通过“税号分设”的方法将劳动密集型制造业对外转移，例如，“806. 30”和“807. 30”两组新税号，就是推动美国纺织制造业和电子制造业向外转移的政策标志。中国承接了美国纺织制造业和电子器件装备等外包工序。由于中国的信息化传递发展、交通运输技术改进，美国的劳动密集型制造业的多数生产工序比较容易与中国生产和管理相互融合。同时，还由于世界以多边、双边、单边以及区域贸易自由化为发展趋势的取向越来越普及，促进了中国承接美国劳动密集型制造业。中国“双顺差”与中国经济增长的同步，说明了中国的经济增长依靠了外资的进入。这与国内专家研究得出的“中国经济增长主要依赖出口、过度依靠国外市场”的结论是能够相互印证的。中国出口增长的重要原因是美国跨国公司把劳动密集型的生产、加工和装配环节转移到中国，把中国变成了出口产品的总组装厂的结果（陆风、余永定，2012）。这也为中美之间的贸易失衡埋下了隐患。

中美之间的贸易失衡直接导致人民币汇率波动，这对中国制造业技术创新和产业升级极为不利。据分析，1993—2002 年人民币汇率的三次波动都是中美贸易失衡的结果。也就是说，人民币汇率波动与中国贸易顺差表现为一致性。人民币汇率的第一次波动发生在 1993 年前后，由于当时美元外汇储备的增长低于估计的均衡水平，显示出人民币实际汇率高估趋势，制造业产品出口缓慢。美元外汇的积累缓慢，对中国内、外经济平衡造成一定的威胁。1992—1993 年，中国制造业产品出口快速增长，企业大量美元外汇需要兑换人民币，在人民币与美元保持固定汇率的情况下，国内的物价快速上涨，形成了人民币兑美元的实际汇率高估失衡趋势。这可以从当时的国际收支和外汇储备变动，看出人民币汇率高估给中国经济带来的过热现象。1992—1993 年是中国招商引资推进较为快速的年份，国内引进了大量的 FDI，反映在国际收支平衡表的资本项目下是顺差居多，加上国内制造业产品大量出口换取美元外汇，中国外汇积累应该增加。但是，这一期间的中国国际收支平衡表显示的却是逆差。中国 1993 年当年形成的美元外汇储备增长只有 18 亿美元，比当年美元外汇储备的估计水平低了 55%。其中的原因，我们认为就是经济过热导致的企业外汇没有转变为国家外汇储备，而是随即使用了大量外汇进口了国外产品。中国政府立即采取了宏观经济紧缩的政策，并在 1994 年对人民币汇率机制进行了改革，将官方汇率并轨到外汇调剂价，以达到人民币兑美元汇率的贬值。这次人民币兑美元汇率贬值，促使中国制造业产品出口形成大量顺差，造成了中国对美国贸易长期顺差的基本格局，使得中国的国际收支和汇率波动现象在 20 世纪 90 年代中期基本得以化解。

1998—2001 年，人民币兑美元汇率发生第二次波动。20 世纪 80 年代的加工贸易盈余，国际收支中的经常账户仍有较大顺差。由于中国和东南亚国家和地区的制造业产业结构同质化严重。中国经济受外部经济体冲击现象十分严重。外部经济危机也引发了人民币汇率贬值的预期，导致中国国际收支平衡表中的资本账户盈余急剧收缩。1998 年，中国的国际收支出现了“逆顺差组合”。这是 1994 年以来，中国又一次出现了美元外汇储备增长，低于估计增长量的现象。2000 年，中国外汇储备增长量比估计增长量低了 25% 。这一次实际外汇储备增长小于估计增长的现象，并不是处于中国宏观经济过热的过程之中。这种现象只能说明人民币兑美元汇率仍存在着高估。这种人民币被高估的问题，在 2002 年前后又得到了缓解，中国制造业产品出口又走上了快速发展的轨道。

第三次人民币兑美元的波动主要表现在，近年来的外汇储备水平大幅增长，不少年份外汇储备增长速度已经超过了估计趋势所达到的水平。人民币兑美元汇率的低估，促使中国制造业出口快速增长。2000 年前后，中国的美元外汇储备已经达到了国际收支均衡水平，人民币兑美元应该出现回调现象。但是，数据显示，中国外汇储备增长在 2002 年达到估测均衡水平后，不仅没有出现相对平稳的增长态势，反而一路走高，出现了外汇储备空前增长的现象。这说明人民币兑美元汇率存在着明显低估。虽然，在过去的 10 多年内，中国制造业出口部门的劳动生产率也在快速增长，制造业产品的单位劳动成本在不断下降，这对人民币实际汇率和名义汇率升值都会产生一些实际影响，再加上人民币受外部经济冲击和中国制造业产业结构升级的影响，未来的人民币持续升值趋势已经形成。但是，在当前人民币盯住美元汇率的机制下，美元作为国际货币体系主导货币，需要保持强势货币地位。人民币升值空间被打压。人民币兑美元汇率一定是处于低估状态。因此，可以预见，未来中国的美元外汇储备仍然会大幅度增加（卢峰，2006）。这就必然造成人民币基础货币增幅扩大，宏观经济调控困难，直接导致制造业研发投入和产业升级不确定。

美国利用美元在国际货币体系中的主导地位，推行“货币民族主义”政策，造成中国制造业技术创新和产业升级障碍。《华尔街日报》在 2013 年 2 月 14 日发表社论指出，美联储采取超货币宽松政策，严重殃及世界经济平衡发展。2000 年是欧元诞生年，全球范围内处于升值状态。欧元相对于“特别提款权”升值30%，而美元相对于“特别提款权”则下降了20%。此时，美国为打压欧元，保持美元的国际主导货币地位，采取各种手段制约欧元作为国际储备货币的演变，使得欧元作为国际储备一直保持在24%~28%。在这一期间，各国将美元作为储备货币的比例达到60%~70%，造成欧元作为国际主要货币，不能与美元抗衡的局面（Adam S. Posen，2008）。到了2002年，美国则坚持推行美元货币贬值政策，当时的欧元兑换美元的汇率是1欧元兑换0.857美元；2004年底美元加速了贬值，变成了1欧元兑换1.37美元；2005年4月，美元曾经出现止跌回升的态势，1欧元兑换1.18美元，用来提升各国对美元的信心，之后又继续沿着下跌路线下滑。此时，中国简单加工制造业的对外出口已经形成基本格局，短时期内难以改变贸易结算货币的使用。美元的贬值对中国的美元外汇储备造成不利影响。另外，中国2005年实行了汇率体制改革，采取盯住美元汇率的政策。美元兑欧元汇率波动，不但没有降低中国制造业产品出口，而且在弱势美元下，中国制造业不断加大出口美国的力度（栗志刚、刘彤，2007）。美元的这种“货币民族主义”政策造成中国制造业出口收益的严重贬损，影响了制造业技术创新和产业升级。

美元货币特权使得美国可以毫无顾忌地释放货币流动量。2008年12月开始，美国将联邦基金利率几乎降到零，并采取量化宽松货币政策，购进约2.3万亿美元的美国国债和抵押贷款支持证券，通过大量购进金融市场货币资产，释放美元货币。中国与美国贸易往来最多，不得不跟随美国释放本国货币，导致中国出现流动性增加，还导致人民币过快升值。同时，中国还得忍受着美元外汇储备贬值的痛苦。美元货币特权不仅使中国制造业发展遭受挫折，也造成西方国家跟随美国经济起伏波动。2013年2月12日，“七国集团”在美国不断释放货币数量的情况下，要求美元汇率避免过度波动，制止美元继续贬值趋势（汤姆·奥尔克，2011）。美元的贬值除了造成中国长达30多年出口积累的美元外汇储备的损失，还造成了中国以政府为主的投资猛增，酿成制造业产能过剩。因为，美元贬值过程中，由于中国资本账户还没有全部开放，美元外汇不能让储户带到国外。中国银行可以在国内以较低的利率使用这些资金，为中国政府投资提供了大量的廉价资本，也为政府主导的投资埋下了隐患，造成中国房地产以及简单制造业的重复投资，形成中国制造业领域产能严重过剩，房地产严重泡沫。最终的美元外汇也只能作为折价资本，投资到美国债券市场。中国不可能在制造业产能过剩、企业收益不确定的环境下，开展技术创新和产业升级。

美元货币特权还造成中国资源错配现象，削弱了中国制造业技术创新和产业升级的物质基础。根据国际收支平衡理论，中国在当前的国际货币体系下，必然形成贸易顺差和大量引进外资的局面。中国大量的出口贸易顺差需要到美国进行投资，从而造成中国向美国输出大量的资本。然而，由于美国政府债券收益比较低下，导致中国输出资本所获得的收益和美国资本在中国投资形成的收益严重不匹配，两者之间存在明显的差额。这就在很大程度上扩大了中国制造业能力缺口，也增强了制造业对外资的依赖。这些综合因素耦合在一起，强化了制造业粗放发展的路径，抑制了制造业技术创新和产业升级的能力（路风、余永定，2012）。中国在美元货币体系下，靠输出制造业产品形成贸易顺差，积累美元外汇储备，再将美元积累输出到美国，再通过引进美国制造的形式投入到中国进行生产，不断循环往复，形成闭环资本流动。这必然会造成中国资源错配，即本国的资源没有被本国所利用，却被美国等发达国家使用。中国伴随经济增长出现的高储蓄率，应该能够支撑国内投资的，理论上不需要境外资本以直接投资的方式大规模流入中国。然而，中国在将美元外汇储备输出到美国进行债券投资的同时，还大量引进了美国等发达国家的资本到中国直接投资，从而形成了资本项目的顺差。这就形成了经常项目下的贸易顺差与资本项目的顺差相互叠加，积累形成了巨额的外汇储备，据统计，2006 年中国的外汇储备突破 1 万亿美元后，2011 年底就达到了 3. 181 万亿美元，占全世界总外汇储备的 1/4。这样的资源错配现象突出体现在以下四个方面：

第一，中国并没有把出售资源挣到的外汇用在国内技术创新领域。中国是世界上人均收入比较低的国家，在全世界人均收入排名中排在 100 位之后。然而，中国的出口贸易所形成的贸易顺差却主要输出到美国，而美国的人均收入在世界排名是非常靠前的。据统计，美国的人均收入是中国人均收入的 10 倍以上，这种逆向投资循环，无疑是需要中国付出巨大利益代价的。

第二，中国也没能够充分利用外国直接投资引入先进技术设备。如果说中国引进的外国直接投资被充分利用，依据国际收支平衡基本理论分析，资本项目顺差应该有相对应的经常项目逆差。按照这样的逻辑推理，每一笔由引进直接投资产生的资本项目下的流入，在经常项目下会出现一笔相对应的流出。这笔流出的资本应该是用于购买美国的资本品、技术和管理等，即便是股权出售者暂时不使用所引入直接投资资金，这笔外国直接投资资金也应该由国内其他资金需求者使用。事实上，在中国大量的外国直接投资资金以及所出售的股权一般都直接或间接地转化为对美国的债权，并没有变成用来购买美国技术产品所产生的经常项目的逆差。这足以证明，中国所引进的外国资本并没有被充分用来购买外国的技术、产品和服务，即中国靠出售资源或者说靠高成本出让股权借来的资金又被廉价借给了美国等发达国家。中国取得的资本收益非常低，甚至没有任何收益。

第三，中国资源错配造成了外汇资本的严重流失。中国是美元外汇储备最多的国家，不仅没有得到美国债权人利益，反而承受了美元汇率连续下跌的风险，并且造成的外汇储备损失是非常巨大的。

第四，中国拥有美元外汇储备的实际购买力严重下降。据测算，1929—2009 年，美元的购买力已经下降了 94%。与之相对应，世界银行认为，2008 年全球跨国公司在华投资的回报率是 22%。美国谘商会 2008 年发布调查报告也认为，美国在中国的企业投资回报率平均达到了 33%，而同期中国外汇储备购买美国国债的回报率在 1% ~3% 之间（路风、余永定，2012）。

（三）美元控制资源价格和技术标准制约创新和升级

美元的货币特权不仅表现在国际贸易结算中的计价货币，而且，出于国际合作的需要，还享有各国必须共同维护美元汇率地位的特权。因此，美元货币体系为美国的政治霸权起到了重要支撑。

（1）美元通过控制货币数量，影响国际大宗商品的价格，使得美国在以自身经济周期变化调整经济的同时，为中国产业发展设置了障碍。例如，美国可以通过控制世界大宗能源价格，影响其他国家经济发展和产业调整。2008 年金融危机爆发后，美国对制造业产品需求锐减和对未来经济预期不明朗，直接造成了国际石油价格的下降，由2008年7月的147美元每桶，下跌到2009年2月的33美元每桶。随后，美国通过“宽松货币政策”释放大量美元货币，又导致以美元计价的石油价格迅速攀升，从2009年2月的每桶33美元，飙升到2011年初的每桶110美元。美元的释放使得国际石油价格在短短2年多时间里，不受市场供求关系的影响。这造成了美元汇率对国际石油价格的挟持，对中国经济转型升级和制造业技术创新都产生了非常不利的影响。中国现阶段出现的非生产性投资膨胀也是美国主导的石油、粮食等资源价格波动的结果。石油资源价格的波动直接影响了制造业加工生产的基本成本。制造业产品市场的潜在风险日益暴露，迫使更多趋于投资获利的投机资本不断涌入资源市场进行投资。中国房地产市场的疯狂，也说明了大量资本涌入资源市场投机的现象是完全存在的，而且这种现象是愈演愈烈。这种现象带来的风险在制造业高速增长时期不容易被重视，但是，由于经济杠杆率的持续走高，房地产投机市场风险随时都可以打破资源产品市场的虚假繁荣，造成国民经济严重衰退，必将对制造业结构调整带来严重冲击，使得制造业技术创新和产业升级陷入难以恢复的陷阱。

美元波动促使中国制造业结构性加速现象更为明显。中国制造业发展以投资驱动和规模扩张为内核，是资源配置的倾向型发展过程，尤其是劳动生产率长期处于由低效率生产部门向高效率生产部门流动的过程。这一发展模式促使了制造业规模化扩张过程中的非均衡性。从中国制造业发展的历程来看，中国的重化工业资本集中更为明显：从20世纪90年代初期开始，到21世纪的前11年间，中国重化工业资产迅速增加，在整个国民经济体系中所占比重由60%提高到77%。重化工资产的集中增长，产出不断增加，总产值在国民经济总产出所占比重不断上升，例如，20世纪90年代初期，重化工总产值占国民经济比重为50%左右，目前占到71%左右。这说明中国在制造业不同部类资源配置的非均衡性和劳动效率的差异性。类似这种现象在相同行业的不同规模企业之间也表现得十分明显，例如，不同规模国有大型制造业和中小型制造业之间的劳动生产效率差异表现更为突出，还有国有大型制造业和非国有小型制造业之间的劳动效率和资源配置均存在明显差异性。产业理论界称之为“结构双重性（dual structural)”。这种“结构双重性”是政府主导模式下，选择性融资和就业“贮水池”所造成的产业间平移的结果，即政府的区别性投资和政府主导下的农业流动就业人口的转移造就了不同规模不同所有制企业之间以及不同区域之间的技术创新和产业升级的差异性。中国为促进重化工制造业资本集中和规模扩张，对不同规模制造业给予不同的融资支持。据统计，1995—1997 年，中国政府在大型化工制造业中的投资比例，占该类制造业投资总量的 60.3%；1998—1999 年连续两年都占到了 80.7%；1999—2000 年虽说有所下降，但仍占 70.1% 的比重；2000—2001 年投资为 88.3%；2001—2002 年也占到了 60.9%。可见，在 2002 年以前，中国政府在大型重化工制造业资本投资中，给予的支持比重都在 60% 以上。2003 年，中国政府改变了“造大船出海”竞争的观念，提出了“小船好调头”的概念，开始重视中小型制造业发展，因此，大型制造业资本投资与之前相比出现了下降趋势，但总体投资规模与其他国家相比仍然很高，基本都是保持在 50% 左右。2003—2005 年的政府投资占总资本比例为 46.7%；2005—2006 年的政府投资占总资本比例为 42.7%；2006—2007 年为 46.8%；2008—2009 年，2009—2010 年，分别占到总资本比例为 47.6% 和 44.5%。其中的国有企业较其他类型企业更容易得到政府的资金支持，例如，1995—1997 年，国有制造业部门接受政府资本支出的比重占到了 51%。1999—2001 年，国有控股企业资本支出比重占到 58%。2002 年以后，虽说国有控股企业资本支出比重有所下降，但 2002—2011 年，国有控股企业的国有资本支出仍在 30% 和 40% 的水平。中国重化工业的突出发展，带来了对生产技术、原材料和高能耗初级加工产品的数量需求不断增长，造成长期依赖国外技术，依赖进口燃料、矿物、金属、化工原料等资源产品。据统计，1990—2012 年，中国对这些资源型产品的进口需求，由原来的 14% 上升到 31%，同时，能源耗费居高不下。2009 年每万美元 GDP 的标油能耗为 7.68，而日本是 0.97、美国为 1.93、德国是 1.60、法国为 1.76。中国制造业被初级重化工业的累积循环，使得该行业在资本深化和设备技术投资方面严重依赖美国。中国制造业技术创新和产业升级能力也逐渐被固化（袁富华，2014）。由于中国制造业的“结构双重性”是政府的选择性融资形成的，本质上是政府以投资增长驱动产出规模扩张的结果，因此，受外界资源配置的影响更为敏感，同时，占中国经济比重更大的中小制造业也会因为资本和资源的分化而停滞不前。这两种现象受国际大宗商品价格的冲击都十分明显。特别是在中国存在“结构双重性”，即长期处在出口产品部门的高增长和非出口部门的低增长中，大宗资源产品的价格波动更容易使国内资本和劳动力等重要资源集中在规模化经济部门，用于达到国内GDP数量扩张的目的。国际资源大宗产品受美元限制导致价格变动，直接束缚了中国国有大型制造业的技术创新和产业升级的演变路径。

（2）由于资源价格受美元控制，中国采取“增长极效应”发展，难以带动技术创新和产业升级。中国制造业技术创新和产业升级的基本战略，在于采取“增长极效应”，即通过一些地区和一些产业的优先发展提供发展经验，然后不断带动其他地区经济和产业进步。中国改革开放以来，东部沿海地区率先利用对外开放的政策，开始向工业化道路迈进。由于美元在20世纪80—90年代一直比较稳定，中国沿海地区制造业产品出口保持稳定增长，资本积累速度也较中西部地区更快。20世纪90年代后期，美元出现了波动现象，国际贸易壁垒不断增加，资本积累速度已经开始出现较为明显的放缓迹象。中国市场经济还处于不断完善阶段，依靠政府投资驱动经济发展的增长模式没有得到根本扭转。资本积累速度的减缓导致制造业劳动生产率下降，或可拖累中西部地区制造业劳动生产率的下降，以及全国劳动就业人口的降低，以至于出现严重的经济衰退问题。不仅如此，在美元主导的国际货币体系下，出现的中国东部沿海地区的“增长极效应”产生了国内制造业增长的非平衡性。目前，东南沿海地区9省市所积累的资本占全国资本存量的份额保持在70%左右，与东南部沿海地区的资本高度集聚能力相对应的是沿海9省市的人才集聚能力。中西部地区制造业技术创新和产业升级不仅缺乏资本支撑，更缺乏人才的支持。这将导致中国制造业整体技术创新能力和产业升级能力销蚀。

中国制造业与世界贸易和金融关联的增强，造成“增长极效应”带动能力减弱。改革开放以来，中国与世界经济的融入程度不断加深。据统计，1992—2006年，中国与OECD国家之间存在一定的动态关联性，特别是与中国贸易、金融密切相关的国家经济周期的波动，能够直接影响中国制造业的产出能力。1987—2000年，中国与美国之间存在一定的经济周期相关性。进入21世纪以来，中国与世界经济周期性变化的相关性更为密切。在经济全球化的背景下，随着中国融入世界经济程度的不断加深，中国经济发展受美国经济波动的影响越来越严重。中国宏观经济每一次波动都能够找到美国、欧盟以及日本三大经济主体的影子。例如，1996—2008年，是两次金融危机的周期，通过比较中国与三大经济体GDP增长趋势可以发现，它们相互之间存在一定的相关性。但是，比较中国与三大经济体之间的消费和投资，就可以发现中国与美国、欧盟以及日本之间的消费、投资并没有出现明显的相关性。这种经济波动周期基本一致而投资与消费行为并非一致的现象，恰好能够说明中国制造业产品大量依靠出口维持生产周期，即制造业产品依赖美国、欧盟和日本市场需求的事实。中国在固定资产投资领域与美国、欧盟和日本之间的非一致性表现在，美国、欧盟和日本对中国制造业产品存在大量需求的时期，中国固定资产投资并没有出现增加的现象。这说明中国制造业出口并不是技术附加值提升所造成的。中国制造业对美国、欧盟和日本市场的依赖并没有改善中国制造业技术水平。中国改革开放使得中国与美国、欧盟和日本之间的贸易和金融得到加强。中国在贸易和金融领域与美国等发达国家之间的强化联系，表面上是GDP增长了，本质上却是由于国家之间的资本和经常账户限制减少，更加速了资源的转移。依靠资源转移形成的贸易和金融模式，促使制造业生产更加专业化，更容易固化制造业产品出口，从而陷入技术和产业升级陷阱。这种贸易和金融国际化造成中国东部沿海地区的“增长极”，难以实现技术创新和产业升级。因此，也不能对中西部国内腹地产生技术扩散和产业带动能力。另外，中国制造业凭借贸易与金融和美国之间的联系，虽然在一定时期内可以增加出口，但此后出现的结构性减速效应也不得不认真思考。在美元的驱使下，中国制造业发展过程存在不平衡性，生产要素在不同部门和产业之间流动配置出现差异化，能够迅速形成出口产品的制造业，就能够在国内获得更多生产要素资源的配置，也就是说，由于中国相对高效率制造业部门发展快，必将形成中国宏观经济的结构性加速，然而，随着宏观经济各个部门之间要素边际产出逐渐一致，不同部门之间依靠效率配置资源的现象随之消失，接着就会出现整个经济的结构性减速。这样的结构性减速很可能会对中国整体宏观经济带来毁灭性冲击，从根本上摧毁中国制造业技术创新和产业升级的基础。

（3）美元国际合作性遏制了中国出台新的技术和产业标准。国际货币体系中的货币组成结构，支配着国家之间的国际权利分配。本杰明·科恩说，“如果你想要政治上的独立，就不要依赖任何其他人的货币”。美元作为国际货币体系中的重要货币，不仅获得了巨大的经济利益，还使得美国的国际政治权利也得以不断扩张。美元在国际市场上占统治地位，意味着其他国家只有依赖美国货币，才能从事国际经济和政治活动，而国家之间的货币依赖关系，必然会产生权力依赖关系。当前的国际货币体系出现高度的寡头垄断现象，也必然使其他经济体对美国的货币依赖，高于其他经济领域的依赖。因此，美国利用货币权力不断在世界范围内滥用其政治权力。例如，1971 年，美国单边采取行动关闭了美元自由兑换黄金的“窗口”，恣意破坏美元背后的黄金保证以及美国主导下的美元持续的经常项目赤字等，以此摆脱美国对外的巨额债务，转移经济调整的负担。美国长期以金融创新的方式，掩饰国内的巨额透支消费以及向全世界大量超发美元货币的现实，大肆攫取制造业出口国家的资源类财富，并挟持国际社会与美国合作，以稳定美元汇率的方式，建立美国支配所有债权国的反常规的世界秩序体系。国际货币制度安排能够产生路径依赖和自我强化效应，可以影响到政府、企业甚至个人的国际社会行为的心理预期和行动趋势。美元成为国际货币已经确定要产生世界范围内的，货币使用的惯性驱使力量。需要指出的是，美元货币的国际化是在“布雷顿森林体系”下的国际货币合作框架下运行的，例如，1975 年首次召开的“五国集团”以及后来的“七国集团”和“八国峰会”会议，包括目前的“10 国集团”和“20 国集团”等国际会议都是围绕美元的国际稳定、美元与世界经济发展议题展开。由于主导这些国际会议者是美国，因此，美国的多数建议一般都会被采纳并形成共识。美元霸权不断获得国际货币组织会议的支持。1985 年 9 月 22 日，美、英、法、德、日联合干预美元汇率促使美元迅速贬值，以弥补美国长期存在的经常项目逆差，使得美元在几天之内便产生了明显的贬值效果。美国 2004 年总统大选，汇率下跌利于经济发展。于是，美国在 2003 年 9 月 7 日，主持召开“七国峰会”。随后的几个月时间，美元兑欧元汇率发生了变化，由 2003 年 9 月的 1 欧元兑 1. 08 美元，变成了 2004 年

2 月的 1 欧元兑换 1. 29 美元。到了 2004 年 12 月，美元下降到 1 欧元兑换 1. 3471 美元。这样的国际货币合作不仅保证了美国总统大选前经济强劲增长的趋势，还有力支撑了美元的霸权地位。

美元的国际合作性还表现在制造业产品贸易中非美元国家的制造业产品，很难被世界所接受。其中，最难改变的就是由美国出台的制造业技术标准。制造业产品的技术标准在产业发展创新中处于重要的战略地位。世界各国为了获取制造业产品技术标准制定权争相开展抢先的技术创新，然而，在美元主导的国际货币体系中，任何一个非美元国家制造业产品，要想被世界承认，都要面对美元贸易结算所导致的产品技术标准的使用惯性问题。由于中国制造业产品出口主要市场在美国，因此制造业产品的技术标准首先要经过美国消费市场的认同，否则，很难称得上是中国技术标准国际化。然而，在美元主导的国际货币体系中，美国消费标准代表了世界主流消费标准，影响到世界主要发达国家的消费标准，例如，中国的华为虽然是世界上通信领域创新最为活跃的企业，但华为的创新技术只能通过美国苹果公司才能被世界市场认可。据统计，2015 年，中国华为在 GSM、UMTS、LTE 等无线通信技术方面，卖给美国苹果公司多项技术专利。美元存在的“结构性权利”通过国际货币体系的强化，可以控制世界制造业出口技术标准。这在相当程度上影响到中国的产业升级。试想一国的制造业技术标准不能被国际所承认，这个国家的制造业销售利润就会大量减少，产业发展战略就一定会大打折扣。因此，美元在一定程度上也影响着中国制造业技术创新（舒辉、卫春丽，2013）。

技术标准如同美元使用一样，即便是需要改变也常常会为各国消费者使用的惯性而不得不延续多年。一种占主导性地位的国际技术标准一旦形成，就容易进入“锁定”状态，除非能够出现重大颠覆性技术，使得原技术标准受到破坏性冲击。中国的技术标准成为国际技术标准并且能够成为“惯性”标准，需要一种制度化的支持机制，然而，能够形成一套国际技术标准“惯性”，最为紧迫的问题是贸易结算货币制度的支持。在英镑作为国际主要贸易结算货币时，英国的制造业技术标准也是当时的世界技术标准，因此，英国的制造业是最先进的制造业；美元取代英镑的国际货币地位后，美国的技术标准也上升为国际技术标准，其制造业也成为世界最强大产业。当然，英镑的国际货币地位的衰弱有一定的时滞性，英国丧失国际技术主导标准也延续多年；美元作为国际货币体系中的主导货币也存在多种悖论，例如，美元霸权的自利性质，实际上已经造成了美元信誉的自我伤害。但由于国际上产生了“路径依赖”效应，使得能够替代美元货币体系的，新的国际货币的诞生，要比维持既有的国际货币困难得多。所以，美国技术标准退居世界舞台尚需时日。因此，中国制造业新技术标准出现，就必须有美国技术参与，并且需要若干年高质量维护产品信誉，才能获得世界各国消费者的认可。另一方面，美元计价的产品标准具有一定的“锁定”效应。中国靠自发市场演变产生的技术标准，不具有稳定的国际地位，不能像美国技术那样形成稳定的“路径依赖”。中国需要明确的国际制度安排，才能形成持久和稳定的国际技术标准。中国将来即使拥有了强大经济实力也很难使本国的技术标准成为国际主导标准。这需要中国与其他国家制造业的不同程度技术合作。对此，中国在拓展制造业产品市场的同时，建立全球不同层次技术合作制度安排，成了制造业技术创新和产业升级的关键要素，特别是在技术赶超崛起的过程中，由于国际市场上对新技术标准接受习惯和路径依赖还没有完全培育起来，通过国家力量建立国际制度安排，对成长性产业就显得尤为重要。

（四）美元汇率制度影响中国制造业

美元作为国际货币体系中的主导货币，本应是世界各国货币的“货币锚”。其他国家的货币与美国货币保持一定的稳定汇率比例。世界把美元当作“货币锚”已经成为一种制度性约束，也为美元的国际化奠定了基础。“布雷顿森林体系”的建立使得全世界以美元作为国际贸易结算的比例高出了48%，而美国的对外贸易量仅占全世界贸易量的18%。世界上几乎是30个百分点的美元使用量，根本与美国的国际贸易没有任何关系。分析欧元和日元国际使用量与国际贸易的差异，可以进一步看出美元汇率制度对美元国际地位的深刻影响力。日本的对外贸易结算有一部分是用美元计算的，例如，中国和日本之间的贸易计算有50%左右的结算采用美元。欧盟虽说大部分贸易使用欧元进行结算，由于欧元区域范围内的经济体量毕竟有限，使用欧元结算的国际贸易远不及使用美元结算的普遍。在世界各国的外汇储备货币中，美元在全世界的储备量达到65%左右。在新兴市场国家作为外汇储备的比例更高。美元作为国际外汇储备与欧元和日元作为国际外汇储备的性质是完全不同的。美元作为外汇储备是实体经济国际贸易往来中，各国形成的美元供求积累，而欧元和日元作为外汇储备，大都不是实体经济交易中产生的货币供求积累，而是由于美元走势趋于疲软之际，作为国际外汇储备资产规避风险的选择。一旦美元趋势稳定，随时可以将欧元和日元兑换成美元。可见，美元作为国际货币体系中的世界外汇储备与欧元和日元成为国际货币体系中的外汇储备货币有着本质的不同。这不仅是表现在美元与欧元、日元相比的使用数量的情况下，更关键的是相互之间的储备来源性质的不同。在全球日平均交易额1.2万亿美元的世界外汇市场规模中，美元的交易比重占到了90%以上。而欧元和日元的交易数量也就仅仅只有10%以下。有些外汇市场上美元的交易数量占到了99%以上。这些现实都说明了美元的国际使用频率非常高，根本原因在于美元是国际货币基金组织正式确定的国际货币。

美元要担当起国际货币基金组织赋予的重任，就必须保证美元具有相对稳定的汇率。而美元汇率固定，相较于美元汇率的浮动，给美国带来的利益较小。但是，作为全世界以美元作为外汇储备的国家，都希望美元汇率的稳定。对此，世界上出现美国积极推动美元汇率浮动性，而其他国家却采取各种配合美国措施的举措，保持美元汇率的稳定性，例如，1983年，“布雷顿森林体系”崩溃后，世界各国采取“浮动汇率”制度10周年之际，世界范围内出现了浮动汇率制与固定汇率制的利弊之争。不少国家提出来稳定美元、马克和日元这三种主要货币的汇率，认为美元汇率、马克和日元汇率稳定后，世界其他国家的货币汇率就可以基本稳定。世界范围内的国际贸易可以稳定发展。但是，美国坚持反对美元汇率的固定，主张美元汇率的浮动政策。美国认为将美元、马克和日元三个国家的货币汇率稳定，会造成美国、德国和日本的经济政策僵化无效，可能带来世界上主要经济体国家的货币政策不能独立。这将使得美国牺牲自己的经济利益，也会带来世界经济的衰退。1999年2月，西方“七国财长”会议重新提出要稳定美元、欧元和日元汇率，尤其是法国、德国、意大利等欧洲国家，强烈要求欧元对美元汇率稳定，却再次遭到美国的坚决反对。这次的原因是：美国认为将美元与欧元和日元保持固定的汇率，不符合美国不断调整的国内经济利益。欧盟内部存在经济不确定性因素较多，美元与欧元保持固定汇率容易受到外汇投机者的冲击，即使采用汇率目标区的方法也难以保持美元的独立性。因此，美国坚持认为，汇率的稳定需要通过欧盟调整经济政策和经济增长来实现，不能人为去干涉。美国的反对最终保持了美元汇率的浮动性政策。美国多次打着“遵循货币市场规律”的幌子，推行美元汇率浮动政策。其深层原因在于，美元的浮动汇率波动，能够给美国带来调控世界各国经济发展的便利，并能够以此获得可观的经济、政治利益。

美国在历次的汇率制度讨论中，均坚决地维护浮动汇率制，其根本目的是要保证本国能够实施更为宽泛的货币政策。通常情况下，美国为了在释放美元流动性时，国内不会出现通货膨胀，往往会实施通货紧缩性政策。这种政策必然会出现美元利率上升的现象，从而形成美国与其他贸易国之间的货币利率差，形成贸易国家资金向美国流动的局面。贸易国家的发展资金就会短缺，并造成贸易国家的投资和消费规模的缩小，以至于造成贸易国家的货币危机。典型例子就是 1994 年底发生的“墨西哥金融危机”。美国在 20 世纪 90 年代初期出现了实际 GDP 增长率急剧下降的趋势。例如，1990 年美国的 GDP 增长是 1. 8%；到了 1991 年美国的 GDP 实际增长却下降到 -1. 5%。美国毫不犹豫地采取了下调美元利率的货币政策，试图刺激国内投资增加。美国从 1990 年 8. 1% 的联邦基金利率，到了 1993 年的第四季度，将联邦基金利率下调到 2. 99%。美元利率的下调带来了美元流动性增强，却导致了大量投资者选择具有较高收益率的墨西哥投资，为墨西哥经济埋下了隐患。美国在 1994 年出现了经济复苏迹象，国内投资需要大量的美元。美元利率开始回调上升，此时，墨西哥国内的外资开始回流到美国，造成墨西哥新兴市场国家经济持续危机。

美元国际货币体系对中国的影响，不仅导致中美贸易失衡还造成了中国作为制造业出口大国必然的货币错配现象，陷中国制造业技术创新和产业升级于不利境地。中国的巨额外汇储备以及外汇储备增长背后的效率损失，导致货币政策难以有效发挥作用，主要表现为货币冲销政策难以维持。例如，中国制造业产品的出口换汇，使得中国人民银行必须不断买进美元以平衡美元数量。这无异于中国人民银行投放了大量人民币，就必然造成人民币货币供应量的增加和投资信贷市场扩张。中国人民银行为了防止由于外汇储备增加出现人民币超发现象，从而造成宏观经济波动，在采取货币冲销操作中，通过国债回购发行央行票据等形式，收回市场上流动的人民币。但中国人民银行在具体操作中发挥的冲销作用非常有限。进入21世纪，中国人民银行货币冲销政策效果更不明显，例如，2001年，由于外汇占款而投放基础货币为4036亿元人民币。但当年中国人民银行公开市场操作，净回笼货币只有276亿元人民币；2002年，由于外汇占款，中国人民银行投放人民币3257亿元。人民银行公开市场操作，净回笼1018亿元人民币；2003年，外汇占款投放基础人民币是7734亿元，当年中国人民银行公开市场操作，只回笼了2694亿元人民币。这说明中国人民银行面对贸易顺差形成的巨额外汇储备增长，并没有有效的货币冲销对策。也可以说，中国人民银行的货币政策独立性受到了挑战。随着中国经济外向型倾向的趋强，外汇占款规模必将是越来越大，中国人民银行采用冲销政策，干预货币平衡的措施，越来越受到局限。不仅如此，由于中国人民银行采取货币冲销政策，必然将推动中国利率水平的提高。在人民币名义汇率水平不发生改变的情况下，一定会诱引国际套利基金的大量进入，不断推高中国资本市场价格，形成产业畸形发展。需要指出的是：中国大量的外汇储备是以美国国债的形式存在于美国金融市场，而美国国债的收益率相对美国企业到中国直接投资的收益很低。由于中国不断加大招商引资力度，大量美国企业到中国进行直接投资。两者比较，就相当于中国将自己的资金以很低的利率借贷给美国企业，来中国进行直接投资。美国企业从中国赚取大量的收益。这表明中国外汇储备的效率损失相当严重，也证实了中国制造业产品出口，是不可持续的耗费国内有限资源的行为。此外，中国外汇储备的不断增加，还会导致人民币汇率调整的灵活性丧失。因为中国外汇储备积累得越多，人民币与美元之间的汇率越需要保持稳定，否则将会造成中国主权财富的大量损失。据推算，如果美国为了减少经常项目赤字让美元贬值20%，中国外汇储备将产生直接损失1200亿美元。

在美元货币体系下，中美之间形成的贸易非均衡机制是不可持续的。随着中美贸易之间的不断发展，美国产业“空心化”迹象非常明显。美国不断要求人民币升值以减少中美之间的贸易逆差。但人民币升值标志着中国国际财富的变化，即美元外汇储备价值的减少，必然造成中国主权财富的损失和美国债务的减免。中国人民币升值不是经济强大的结果，而是“布雷顿森林体系”下长期积累的美元货币价值降低。这将破坏中国的经济基础，使得人民币升值难以带动中国制造业强盛起来。

目前，人民币存在的升值压力，很大一部分来自麦金农所提出的“冲突美德”（conflicted virtue）现象。中国的高储蓄率和私人部门持有的流动性美元资产是相互矛盾对立的。中国的高储蓄率导致了中国经常项目持续出现贸易顺差，同时，美国大量的直接投资不断涌进中国赚取利润。两者结合，不断增加货币市场对人民币的大量需求，形成人民币升值的预期。中国为降低人民币升值的压力，需要采取措施阻止流动性美元兑换为人民币。中国人民银行能够使用的措施只能是抬高美元资产的收益率，使美元的收益率高于人民币资产的收益率。而美元资产的收益率高与低，又是由美国所决定的。因此，中国人民银行需要不断降低人民币资产利率。这可能会导致“流动性陷阱”，使得国内经济遭受深度衰退，必然陷制造业技术创新和产业升级于险境。美国《华尔街日报》认为，人民币升值背后不可能是中国货币的强盛，而只是中国制造业低端出口产品的迁移。这种制造业世界范围内迁移过程，从第二次世界大战至今，从没有停止过，将来也会继续进行下去。但是，美元的统治地位却始终没有改变过。美元汇率体系维护了美元霸权地位。中国大量的美元外汇储备，对美国来说则相当于以美元计价的所欠中国的短期债务。美国对中国所欠下的短期债务越多，中国所拥有的美元外汇储备就越多。美国的国库券利率一般保持在1.75%左右。中国的机会成本很大，把大量外汇财富留作储备金的代价是难以估算的。美国是整个全球储备体系的最大受益国，对中国制造业研发投入和产业演变都存在非常大的冲击。假如人民币能够成为世界通用货币，人民币在国际贸易和国际投资中被广泛用来计价、贸易结算、交易支付和用作国际储备，中国的国内投资和国外投资都使用人民币进行结算，就不用担心国际热钱的冲击。因此，中国就会大量减少外汇资产的储备。这也从另一视角看到了美元作为国际货币的极大利好，反过来说，也是中国这样的发展中国家的极大利差。

第八章　汇率博弈制约制造业技术创新和产业升级

国际制造业中心的转移从来就不是没有任何条件和代价的。第一次世界大战之前的帝国主义国家对殖民地国家的投资，是为了攫取殖民地国家的资源和市场，是帝国主义国家为本国工业化发展奠定基础；第二次世界大战之后，美国、英国等向欧洲和“亚洲四小龙”等的投资，是出于“冷战”思维，构筑西方反共联盟之目的，也是经济上获得新兴国家廉价产品的需要；20 世纪 80 年代出现的发达国家向发展中国家投资，是以美国为首的发达国家向以中国为主要输出对象的发展中国家转移滞后产业，从而集中力量发展本国新兴产业的战略布局。因此，以美国为首的发达国家，绝不仅仅是让中国能够承接制造业的转移，从而使中国建立起完善的工业体系，不断追赶美国，最后超越美国成为世界制造业强国。美国能够实现产业战略转移，又能够保持世界制造业强国地位的方法就是与中国进行汇率博弈。

（一）美元汇率调控制造业转移

美国从 20 世纪 70 年代开始发展信息高速公路，实际上已经开始了一般制造业的战略转移。20 世纪 80 年代，美国信息产业发展已经趋于规范。美国从事的信息产业与中国所承接的一般制造业已经不是同一档次的内容。这样两国就开始了非平衡贸易过程，即中国大量承接美国等发达国家一般制造业产业的转移，然后，将加工生产的一般制造业日用消费品出口到美国消费市场，而美国以美元货币大量购买中国制造业产品，形成中国对美国的出口顺差。中国成为美元外汇储备大国，不断将美元输出到美国去购买其债券和有价证券。中国在这一不平等的贸易过程中，的确是获得了经济增长。国内生产总值不断上升，社会经济等方面有了明显改善。到了20世纪90年代，美国认为中美之间的这种交往方式，意外地加快了中国经济增长速度，并有超越美国经济增长的趋势。于是，美国开启了利用汇率抑制中国经济发展的调整窗口。1994年美国就企图将中国列为操纵汇率国家，其实质是不想再给予中国制造业产品的最惠国待遇条件。随后中国对美国的出口规模不降反增，这引起了美国国会的警惕。2003—2005年，美国多次针对人民币兑美元汇率进行指责，认为中国长期对美国的出口顺差是由人民币兑美元货币的长期低估造成的，要求人民币兑美元汇率升值，以减少中国对美国制造业产品出口顺差。2005年7月21日，中国人民银行宣布人民币兑美元比价为1美元兑换8.11元人民币。人民币一次性升值达到了2%。自此，人民币开始了以贸易需求为基础的“一揽子”货币汇率改革，形成了“管理浮动”汇率制度，期间人民币升值幅度总量达到了18%。2007年美国爆发“次贷危机”，此时的美国不仅对外负有巨额债务，而且国内失业率畸高。美国政府再一次要求人民币兑美元汇率升值。回顾20世纪80年代以来，以美国为首的国际制造业转移过程中，每一次美国政府提出人民币兑换美元汇率问题时，都是美国经济出现了问题，需要中国付出相应责任和代价的时期。

20世纪80年代中国开始承接美国等发达国家制造业转移起，从表面上看，这好像是国际分工的表现，是世界经济发展的自然规律。事实上，这是国际经济发展过程中，美国操纵的发达国家产业结构调整的世界布局，是美国为了获取更多产业转移利益的投机过程。正如新兴古典经济学理论所阐述的那样：国际分工不是简单的资源配置的过程，而是制度和组织竞争获利的过程。美国制造业转移不是为了帮助中国工业化，而是为了获取更多的企业利益，同时，这样的国际制造业转移过程也是一个互相竞争的过程。美国在制造业转移到中国后，将要采取更加严厉的措施抑制中国制造业技术创新和产业升级，以此保证自身制造业转型升级的顺利实现。为此，在国际制造业转移过程中，不断出现美国实施机会主义行为的现象，使得国际制造业分工过程中，潜在的利益难以实现。国际贸易交易费用上升，最终导致双方资源配置的非“帕累托最优”现象。

美国选择了汇率作为抑制中国制造业技术创新的重要因素。美国为了保持自己制造业的强大地位，不断在中美贸易过程中采取各种羁绊措施，妨碍正常的中美制造业产品的贸易。然而，碍于世界自由贸易趋势的压力，美国不得不转换抑制中国制造业发展的手段，迫使人民币汇率升值就成为美国实施机会主义行为的有力武器。由此可以看出，美国近年来多次提出人民币兑美元汇率升值，其实质就是假借人民币汇率问题，实现其政治意图，即阻止中国制造业成为世界第一。这其中的原因，可以用新古典经济学理论进行解释：在同时考虑内生和外生比较优势的情况下，由于两国交易效率的不同，会存在两国之间贸易利得的差异。两国之间的初始分工存在一定的比较优势，但在分工成为现实后，两国的贸易效率是不同的。贸易效率高的国家的不同类型劳动者，将逐渐全部参与到分工生产之中。该国的专业化分工水平也相应地提高，同时，贸易效率高的国家，由于劳动者分工比较彻底，其人员素质也相对较高，技术创新能力也因此较高，当然，其制度规范等方面也处于优势地位，其内部交易成本就低。依此分析，美国通过制造业转移到中国，然后再由中国制造业产品出口到美国，形成一个相对循环的贸易过程。美国是发达国家，其内部分工已经非常彻底，而中国由于只是承接了一部分制造业生产环节，属于国内局部的分工。中美之间的贸易利益只有美国获得。但是，随着中国改革开放近40年的发展，中国国内的分工开始进入到相对彻底阶段，制造业分工体系逐渐完善，原来由美国完全占有的贸易利得，被中国进行了重新划分，降低了美国的贸易利益获得。事实上，20 世纪 70—90 年代，美国贸易利益获得已经明显减少。1970 年美国提出了全球化概念，正是美国通过贸易利得获取经济利益比较丰富的时期。到了 1990 年，中国承接的制造业转移数量不断增加，通过贸易利得的改善，实现了经济增长速度不断提升时，而美国经济由于大量制造业转移，国内制造业出现了“空心化”，经济增长和就业都成了重要问题。美国的国家利益受到了挑战。应该说，美国制造业转移的初衷，是要腾空传统制造业、发展新能源产业，但美国没有预料到中国在承接制造业转移过程中的经济增长会如此之快，以至于在美国还没有实现自身产业完全升级时，中国的制造业发展水平就已经接近了美国的底线。此时，由于美国在 2007 年出现了“次贷危机”，美国要想尽快培育出新能源动力产业，并在短期内拉大与中国的经济差距已经不太现实。因此，美国必然将汇率问题作为施压中国经济增长的重要筹码。

美国将汇率作为筹码打压中国经济，还有另外一些原因：首先是中国的发展打破了中美之间经济增长机制的差异。美国是世界上技术创新最活跃的国家之一，其经济增长的动力源，在于企业技术创新。而中国是依靠"后发优势"，主要是靠模仿美国的技术跟随美国发展。中国依靠模仿美国的技术可以避免美国技术创新过程中所走的弯路。因此，通过模仿和学习美国已有的技术，推动经济增长的速度十分快速。中美两国之间的真实收入差距在迅速缩小。因此，美国要求中国模仿发展所获得的利益给予一定的补偿。从另一角度看，在中国这样的发展中国家迅速追赶的同时，美国等发达国家仍然要保持与中国的发展差距，就必须创新自身的产业和商业模式，要实现这样的创新就需要技术创新。然而，技术创新是一种稀缺的资源，不是在短期内就能发生的，而且，也不是频繁发生的事情。美国在新一轮科技革命尚未发生之前，现有的技术能力已经部分地被"后发优势"的中国所掌握，并运用到了社会生产过程之中，再加上中国政府政策的引导，使得美国已有的技术生产潜力全部释放出来。这无疑对美国经济发展造成了一定的冲击。美国又是长期享有世界头号制造业强国者，为了不尽快丧失自身的制造业强国地位，必然会采取汇率手段抑制中国制造业技术创新和产业升级。其次，中国制造业对美国较高的依存度也是美国利用汇率遏制中国制造业技术创新和产业升级的条件。改革开放以来，中国选择了出口导向的发展模式，在大量承接国际制造业转移的同时，还大量向美国出口制造业产品，试图利用美国强大的消费市场拉动出口增长，通过出口增加实现制造业生产利润，以此推动制造业技术创新研发投入，这样中国就形成了人民币兑美元汇率的长期固定态势。2005 年，中国汇率改革之前的人民币汇率一直是长期盯住美元汇率。这也是中国采用稳定汇率，促进外向型经济发展的必然选择。2005 年汇率改革后，中国人民币与美元汇率虽有一定的浮动，但仍然实行的是人民币"爬行盯住"美元的汇率制度。最明显的盯住汇率政策是在 2008 年 8 月到 2010 年 6 月这一期间。美国"次级债"演变成为全球金融危机后，中国又不得不重新盯住美元汇率，这引起美国政府的不满。由于美国"次级债"作用，美国消费市场不济，人民币盯住美元并不能增加制造业产品出口，2010 年的 10 月以后，人民币兑换美元开始出现升值的趋势。到了 2015 年 8 月 11 日，中央人民银行对人民币汇率进行改革，实行“货币篮子”制度。人民币兑换美元又开启了贬值通道。2015 年 8 月之后，人民币兑换美元的汇率处在不断的波动中。中国进行“篮子货币”改革的目的，是要保持人民币的名义有效汇率不变，保证出口的竞争力。在美国经济增长低迷时期，美国自然会要求人民币与美元汇率脱钩。美国能够用人民币兑换美元汇率大做文章，说到底是中国制造业产品对美国市场的依存度过高造成的。美国是中国制造业产品最大的消费市场，也是中国承接制造业转移最多的来源国。有学者认为这是中美之间的经济互补性，但是这种经济的互补性是在不同层次的产业链条下实现的。美国长期处在制造业产业链条的高端地位，掌握着制造业产品的核心技术并拥有强大的品牌优势。中国制造业产品长期处在低端链条，从事替美国企业加工生产的环节。这样的互补性发展，其实质就是中国对美国的依存，是一种不对等的经济发展模式。而且，这种不对等发展越来越有加深的趋势。美国通过美元汇率波动掌握了国际大宗商品的定价话语权，在技术人才吸引等方面都有独到的优势，使得中国依赖美国的趋势越来越强化。不仅如此，中国长期发展外向型经济，积累了大量的美元外汇储备，也强化了中国对美国的依存程度。中国大量的美元外汇储备，用于购买美国债券。美元贬值将导致中国的美元外汇储备大量缩水。人民币升值成了美国绑架中国企业技术创新和产业升级的“撒手锏”。再者，美国经济萧条也是美国利用汇率制衡中国经济赶超的重要原因。中国与美国长期贸易失衡，使得美国对中国完全成了负债国家，再加上美国国内制造业不断向中国转移，美国国内制造业出现了严重的“空心化”现象。美国国内的就业成了政府遭受指责的主要话题。金融危机出现，造成了美国消费市场迅速萎缩，美国国内经济发展举步维艰。美国在国内金融起步困难的情况下，要解决中美贸易逆差所形成的巨额债务，也只能在短时间内凭借进出口方法加以实现。因此，美国对中国人民币汇率的升值要求特别强烈。

（二）汇率是美国倾轧中国的工具

美元国际货币体系决定了美国对全世界90多个国家是贸易赤字。中美之间的贸易赤字，只是美国贸易赤字的一部分。当然，美国如果愿意将本国的技术出售给中国的话，两国的贸易赤字不会像现在这样失衡。因此，中美之间的贸易失衡，不是中国制造业产品出口的问题，而是美国奉行的社会经济制度所造成的。美国采用汇率手段想解决中美贸易失衡的问题是假，用汇率手段实现其国家战略是真。美国采取的国际关系政策从来就没有局限于经济视角。美国为了稳固其在世界的金融和产业分工的霸主地位，长期在低成本下获取世界范围内的超额利润，不断利用金融和贸易手段，抑制来自竞争对手的挑战。美国所占领的优势地位，绝不会轻易转手让给任何一个挑战国家。日本在20世纪80年代曾经挑战美元地位，遭受到美国的金融和贸易的双重打击，从此，日本经济陷入长期低迷状态，难有起色。"二战"后的美国积极扶持日本经济发展，通过金融信贷和开放市场提携日本经济振兴。到20世纪80年代，日本经济出现了迅速发展，日本成为对美国出口贸易的顺差国家。同时，美国为了削弱日本的对外经贸实力，动用"布雷顿森林体系"条款，召集西方主要国家制定了著名的"广场协议"方案，迫使日元兑换美元升值，从而使日本经济遭受沉重打击。

中国与美国之间的经济发展目前已经处在竞争胶着的状态。一方面，美国依靠技术创新带动经济发展，试图继续担当世界经济霸主的能力逐渐削弱。2007年出现的"次贷"危机，给美国新能源经济发展带来了沉重的打击，短时期内美国很难成为世界先进产业的领头国。另一方面，中国制造业奋起直追，对美国出口顺差难以抑制，经济总产值不断超越发展，已经仅次于美国。中国对美国的世界经济霸主地位的冲击，远比当时的日本对美国的威胁要岌岌可危。美国利用金融汇率手段打击中国人民币是必然的事情。尤其是人民币日益显现的国际化趋势，更加刺激美国人的神经。因此，美国对人民币施压，就是针对中国日益崛起的经济实力和国际影响力进攻的重要手段。汇率问题根本不是中美之间的出口贸易问题，其实质是美国的强权政治问题。美国非常清楚，中国已经处在工业化中后期阶段，如果中国的人民币遭受美元的绑架，从而丧失在金融贸易和制造业领域的影响能力，中国就没有足够的金融资源支持制造业技术创新体系建设。因此，中国也就丧失了追赶美国制造业世界强国的时间窗口，也就难以具备成为世界一流制造业强国的基础条件。

此外，汇率成为影响美国经济利益的筹码，还在于美国近年来积累的巨额债务。美国在长达40年内处于预算赤字状态，其居民早已养成了借贷消费的习惯，不少家庭靠透支消费。2005年和2006年，美国家庭整体消费是入不敷出的，多数家庭储蓄率是负值。2007年美国的家庭储蓄率是1%左右，个人储蓄仅占美国经济总量的2%。在对外经济方面，美国从20世纪70年代，一直处于贸易账户的赤字状态，更值得国际社会担心的是美国“次级债”后，政府为刺激经济又投入数千亿美元的财政资金，同时，2010年美国政府还提出了“全民医疗保险计划”。这些都是美国成为全球最大债务发达国的根源。但美国面对长期的巨额债务，不是靠国内经济增长偿还，而是靠增发美元货币偿还。这充分证明了美元成为霸权货币是有巨大经济利益的。美国不能轻易让美元的国际地位下降的共识，早已经成为美国政府上下一致的策略。同时，美国还想通过美元汇率摆脱对中国最大贸易国家所欠下的巨额债务。中国的崛起使得美元的国际地位明显受到冲击。这是美国利用汇率政策挤压人民币的关键。因此，尽管美国国内也有一些企业为获得进口利得而反对人民币升值，但局部利益不能代表整体利益，一些企业的短期利益不会成为美国改变国家战略政策的理由。与其说中美货币的汇率是美国朝野可以凝聚为统一的一致话题，不如说美国政府以人民币汇率为招牌，引导美国人转移不满情绪。同时，美国还可以通过美元汇率波动，利用美元贬值和升值相结合的手段，既减轻债务还可以稳定美元的霸权地位。美国可以尽快为自己的新兴产业找到突破口。例如，在后金融危机时代，美国在世界范围内宣传低碳经济（Low Carbon Economy），其目的是为自己的新能源技术铺路，是美国又一次试图抢先占领先进能源产业的战略手段。2009年的哥本哈根国际气候大会上，美国就强制要求中国做出自主减排的承诺，同时，向中国等发展中国家大肆推销其新能源技术设备，遭到中国的反驳后，美国只有采取迂回手段，利用汇率手段强行抑制中国的经济发展。

总之，汇率是美国在中美两国之间经济调整过程中，最容易发挥作用的工具。美国要求人民币汇率升值的本质就是为了维护美元的霸主地位。也是在世界制造业逐渐向中国转移过程中，美国能够采取的较为合理的钳制中国制造业赶超的有力措施。中国在承接国际制造业转移的初始，就已经承受了中美货币之间的博弈过程，甚至要面对美国不断反复的、为获得自己最大化利益的经济倾轧。

（三）汇率博弈、资产泡沫弱化中国技术创新

制造业产业转移过程中始终存在中美之间汇率博弈的过程。这是美国制造业转移过程长期使用的手段。美国一方面想通过中国承接一般制造业的转移，来刺激发展自己的高新技术产业；另一方面美国还担心中国的追赶甚至超越，对美国形成威胁，不断使用美元国际储备货币的优势，对人民币进行汇率博弈的较量。

如果不考虑中国与美国两国的财富投资成本变化；不考虑两国之间的相互投资收益率信息的不对称问题；也不细分财富的类别（不区分两国之间的投资是证券投资、资源投资和货币投资等）

假设美国财富持有人和中国财富持有人可以在两国之间进行投资国别的选择，而且，两国财富持有人的投资选择是按照投资收益多少进行。美国财富持有人可以将其拥有的财富，以到中国投资的方式流入到中国。它们所占的比例为 r（$0\leqslant r\leqslant 1$），并按即期的汇率水平 b 兑换为人民币，进入到中国境内投资获取利益。那么，美国财富持有人在兑换人民币进入中国投资后，余下的用美元计价的美国财富数量就成了（$1-r$），也可以说是美国财富持有人，所拥有的全部以美元衡量的财富为 $1-r$，以人民币形式持有的财富为 br。同时，中国财富所有者将其所拥有的财富（以人民币计价的形式）中所占的比例为 c（$0\leqslant c\leqslant 1$）的部分也可以按即期的汇率 h 兑换成以美元表现形式的财富。中国财富持有者所持有中国的以人民币表示的财富比例为（$1-c$）。这样，中国财富所有者以美国资本形式持有的资本为 $c\cdot h$，以中国人民币形式持有的财富为（$1-c$）。

考虑到两国财富所有者都必须要获得收益，美国和中国两国居民愿意持有美元形式的财富，还是愿意持有人民币形式的财富，主要看两方面收

益率的高低。假设中国居民选择持有中国的财富，美国居民也选择持有中国财富（简称“中持中”“美持中”）时，拥有中国财富者能够获得的收益率为 s_1；假设中国财富人选择中国的财富，美国财富人选择持有美国的财富（简称“中持中”“美持美”）时，中国财富的收益率为 s'_1，美国财富的收益率为 s'_2；假设中国财富所有者选择持有美国财富，美国财富所有者也选择持有美国财富（简称“中持美”“美持美”）时，美国财富收益率 s_2。假设中国财富持有者选择持有美国财富，美国财富持有者选择持有中国财富（简称“中持美”“美持中”）时，中国财富的收益率 s''_1，美国财富的收益率 s''_2，那么中国财富和美国财富支付矩阵为：

表8－1　中国财富和美国财富的支付矩阵

		中国财富人	
		持中国财富（1－c）	持美国财富（c）
美国财富人	持中国财富（r）	S_1，S_1	s''_1，s''_2
	持美国财富（1－r）	S'_2，s'_1	s_2，s_2

人民币与美元的汇率博弈过程如下：

从上面的简单分析可知，不论是中国财富人还是美国财富人，他们愿意持有哪国的财富都是不确定的。他们愿意持有哪国的资本财富，主要是看这个国家的财富收益率是多少。当然，企业能否获得足够资金开展创新活动是决定两个国家企业利润高低的重要因素。

美国财富所有者的收益函数为

$$S_F = r[(1-c)s_1h + cs''_1h] + (1-r)[(1-c)s'_2h + cs_2] \qquad (8-1)$$

整理得：

$$SF = r[(1-c)s_1h + cs,1h - (1-c)s'_2 - cs_2] + (1-c)s,2 + cs_2$$

对式（8－1）中的 r 求偏导，得美国财富投资者的最优化一阶条件：

$$\frac{\partial S_F}{\partial r} = (1-c)s_1h + cs''_1h - (1-c)s'_2 - cs_2 \qquad (8-2)$$

令式（8－2）为0，即 $(1-c)s_1h + cs''_1h - (1-c)s'_2 - cs_2 = 0$，得到

$$h = \frac{(1-c)s'_2 + cs_2}{(1-c)s_1 + cs''_1}$$

同理，可得中国财富人的收益函数：

$$S_Z=(1-c)[rs_1+(1-r)s'_1]+c[rhs''_2+(1-r)hs_2] \qquad (8-3)$$

对式（8－3）函数式求偏导，得中国财富投资者的最优化一阶条件：

$$\frac{\partial Sz}{\partial c}=rhs''_2+(1-r)hs_2-rs_1-(1-r)s'_1 \qquad (8-4)$$

令式（8－4）为0，即 $rhs''_2+(1-r)hs_2-rs_1-(1-r)s'_1=0$

得到 $h=\frac{rs_1+(1+-r)s'_1}{rs''_2+(1-r)s_2}$

则得到中国财富人和美国财富人关于财富投资的纳什均衡点为

$$\left[\frac{(1-c)s'_2+cs_2}{(1-c)s_1+cs''_1},\frac{rs_1+(1-r)s'_1}{rs''_2+(1-r)s_2}\right]$$

上述纳什均衡说明，中美两国汇率变动，不仅与中国财富持有者拥有中国和美国的财富比例（也就是中国财富向美国流动程度）有关，而且与美国财富持有人拥有美国和中国财富的比例（即美国财富向中国流动的程度）有关，同时，还与拥有中国财富和美国财富的收益率有关。

这可能出现的第一种情况是：当两国市场均衡时，如果美国财富人在“美持美”“中也持美”时的收益，比中国财富人在“中持中”“美也持中”时的资本收益高，则美国货币升值，中国货币贬值。分析汇率 h，

$$h=\frac{(1-c)s'_2+cs_2}{(1-c)s_1+cs''_1}$$

汇率 h 变化与中国财富所有人持美国形式财富的比例为 c，“中持中”“美也持中”时的中国资本形式的收益率 s_1，“中持中”“美持美”时的中国资本形式的收益率 s'_1 和美国资本形式收益率 s'_2，“美持中”“中持美”时中国资本形式的收益率 S''_1 以及“中持美”“美也持美”时的美国形式收益率 s_2 有关。

两种情况下汇率 h 的变化情况是：一种可能出现 c 为0，即中国财富持有者不持有美国财富，另一种可能是：c 为1，即中国财富持有者将所有财富全部用来持有美国财富。

如果 $c=0$，$h=s'_2$，$/s_1$，即中国财富持有者如果不持有美国财富，人民币与美元的汇率 h 由“中持中”“美持美”时，美国财富的收益率与“中持中”“美也持中”的中国财富收益率的比例决定。正常情况下，当中国财富持有人不持有美国财富，而美国财富持有者持有中国财富时，说明

中国的资本收益率高于美国的收益率，即 $s_1 > s'_2$，所以 h 变小，说明中国货币升值，而美国货币贬值。

当 $c=1$，$h=s_2/s''_1$ 时，即中国财富持有者全部用来持有美国财富时，人民币与美元的汇率 h 由“中持美”“美也持美”时的美国财富收益率 s_2 与“中持美”“美持中”时的中国财富收益率 s''_1 的比例相关。正常情况下，当中国财富持有者全部持有美国财富时，说明这时的美国财富收益率高于中国财富收益率，即 $s_2 > s''_1$，所以 h 变大，说明此时中国货币贬值，而美国货币升值。

以上讨论是理论假设的极端。正常情况下，$c \in (0, 1)$，当中国财富持有者对两种财富收益率认识趋于均衡时，将会在某一比例下把财富分摊到持有中国财富和美国财富，因此，可以令 $\frac{c}{1-c}=\alpha$，这样，$h=\frac{s'_2+\alpha s_2}{s_1+\alpha s''_1}$，$\alpha$ 是常量，为简化分析，可以令 $\alpha=1$，这样 h 可以简化为 $h=\frac{s'_2+s_2}{s_1+s''_1}$。

长期来看，市场处于均衡，不管是中国财富人还是美国财富人，对于“中持中”“美持美”时的中国形式收益率 s_1 和美国形式资本收益率 s_2，是没有太大差别的，可以认为二者相同，即 $s_1=s_2$，则 $h=\frac{1+s'_2/s_2}{1+s''_1/s_1}$。

该公式说明，当资本市场均衡时两国汇率的形成是由两国财富的收益率变化决定的。假设中国财富持有者在“中持中”“美也持中”时的收益率 s_1 比美国财富持有者在“美持美”“中也持美”时的收益率 s_2 高，则人民币升值，美元贬值；反之，则人民币贬值，美元货币升值。

这可能出现的第二种情况是：市场达到均衡，假设中国财富持有者在“中持中”“美也持中”时的财富收益率比美国财富持有者在“美持美”“中也持美”时的收益率高，那么人民币升值，美元贬值。h 代表汇率是：

$$h=\frac{rs_1+(1-r)s'_1}{rs''_2+(1-r)s_2}$$

h 变化受到中国财富人持有美国财富的比例 r，“中持中”“美也持中”的中国财富的收益率 s_1，“中持中”“美持美”时的中国财富收益率 s'_1 和美国财富收益率 s_2 以及“中持美”“美持中”时的美国财富收益率 s''_2

有关。

当 $r=0$，$h=s'_1/s_2$，即当美国财富持有者不持有中国的财富时，美元与人民币的汇率 h 只由“中持中”“美持美”时中国财富收益率与“中持美”“美也持美”时的美国财富收益率的比例决定。正常情况下，当美国财富持有者不持有中国财富，而中国财富持有者持有美国财富时，说明美国的收益率高于中国的收益率。

即 $s_2 \geqslant s'_1$，所以 h 变小，说明美元升值而人民币贬值。

当 $r=1$，$h=s_1/s''_2$，即美国财富者全部用来持有中国财富，美元货币与人民币汇率 h 只由“中持中”“美持中”时的中国财富收益率 S_1 与“中持美”“美持美”时的美国财富收益率的比例有关。正常情况下，当美国财富持有者全部持有中国财富时，说明中国的收益率高于美国收益率，$S_1 > S''_2$，所以 h 变大，说明美国货币贬值，而中国货币升值。

上述情况实际上是表示理论假设中的极端现象，在正常情况下，$r \in (0, 1)$，当美国财富人对两种财富收益率的预期一致，并趋于均衡时，两国会以相对固定的比例将财富分为持中国形式的和持美国形式的。

因此，可令 $r/(1-r)=\beta$，这样 $h=\dfrac{\beta s_1+s'_1}{\beta s''_2+s_2}$

β 为常量，为了方便可令 $\beta=1$，这样 h 可以写成 $h'=\dfrac{s'_1+s_1}{s_2+s''_2}$

长期内市场处于均衡，不论是中国财富所有人还是美国财富所有人，对于“中持中”“美持美”时的中国形式的收益率 S_1 和美国形式的收益率 S_2 是差别不大的，可以认为大致相等。即 $S_1=S_2$，则 $h=\dfrac{1+s'_1+s_1}{1+s''_2/s_2}$

该公式说明了资本市场均衡时，汇率决定主要受到两国收益率变化值的影响。即中国财富在“中持中”“美也持中”时的财富收益率比美国财富在“美持美”“中也持美”的收益率高，则中国货币升值，美国货币贬值；反之，则中国货币贬值，美国货币升值。

在完全信息下，财富所有人都是理性投资人，其投资的目的是最大化地获得利润。当美国财富人认为投资中国财富能比投资美国财富获得更高收益率时，他们一定会选择投资一定比例的中国财富。如果中国财富人也同时选择了投资中国的财富，人民币汇率就一定会存在升值的趋势。如果中国财富人选择持有一定比例的美国财富，此时的人民币汇率就相对比较稳定。当美国财富人认为中国财富收益率低于美国的财富收益率时，他们才选择美国财富进行投资。此时，如果中国财富人选择一定比例的美国财富，人民币就会有贬值的压力。如果中国财富人依然保持中国财富，那么人民币就相对平稳。

中国改革近40年来，承接了美国制造业转移，可以作为美国财富持有人对中国的直接投资。同时，中国以出口导向发展模式积累了大量美元外汇储备，并以国家主权基金形式投资到美国。中美之间经济循环过程中，中国主权财富基金流入美国的数量，要远远大于美国对中国的直接投资。美元应该长期保持升值趋势，但是，美国却长期要求人民币升值。

人民币升值打压了中国制造业外部的生存空间。中国制造业必然要在国内寻找投资机会，造成中国趋利资本流动。同时，美国违背客观现实要求人民币升值，也诱发美国资本对中国的流入。这两种现实叠加在一起形成了中国资本流动性加速现象。最终表现为大量资本对中国的房地产市场、资源和能源市场，甚至对关键农产品市场进行冲击。这也是中国长期处于资源型企业和房地产企业畸形发展，制造业企业研发投资桎梏的主要原因。这就必然导致中国在承接国际制造业中心转移过程中，出现了制造业转移效应的弱化现象，即在承接国际制造业中心转移的过程中并没有能力使得自己的制造业成为技术领先行业。

（四）汇率博弈、人民币高估制约技术创新机理

中国长期以来盯住美元汇率，造成人民币兑美元的汇率长期被高估。从1994年人民币汇率结束“双规制度”以后，人民币汇率逐渐形成了由市场需求参与的定价机制，此时的人民币兑美元汇率开始出现了贬值。这种贬值应该是中国与美国当时实体经济发展状况的反映。因为美国市场需要中国以牺牲自身环境和资源为代价，从事制造业消费产品生产。美国市场没有对中国制造业产品采取明显的限制进口措施，对两国汇率变化也没有进行过多干涉。随着中国制造业的不断发展，中国与美国出现一定的进出口贸易摩擦。美国不断采取非贸易手段限制中国制造业产品进口。到了

1998 年，亚洲金融危机之后，美国的消费市场对中国制造业产品的进口就相对比较苛刻，此时，中国依靠美国市场消费拉动经济增长的困难加大。同样，1998 年后，中国劳动力人口增加的幅度也比较明显，根据“萨缪尔森—巴拉萨效应”，当时的人民币实际有效汇率应该是有所贬值，然而，与传统理论相背离的是，当时的人民币实际有效汇率却是在加速升值，而且一直延续到现在仍是处在升值的趋势中。2013—2015 年是人民币汇率升值幅度非常明显的时期，每年的升值幅度分别是 8%、6% 和 9%。与此相对应的是中国经济增长明显减速。这说明人民币目前的汇率并不是中国经济发展内生产物，而是左右中国经济发展的外在因素。

人民币高估直接影响到中国制造业企稳向好发展。在经济由萧条到复苏时期的转化中，汇率的作用是十分重要的。比较全球经济发展的历史，无论是发达国家还是发展中国家，在从经济萧条走出的过程中，都是采取汇率贬值的措施刺激经济增长。可以说，谁先贬值谁就先获得复苏经济的机会。伯南克对此有深刻的认识。他在《大萧条》一书的序言中就写到，经济大萧条中那些在早期就放弃“金本位”制度的国家是比其他国家经济复苏要快的。他认为汇率政策是影响经济大萧条时期的关键货币政策。

中国人民币汇率，除 2005 年 7 月到 2008 年 4 月，这一段时间是人民币修正对美元汇率低估的时期外，2005 年 7 月之前，基本是采取盯住美元的固定汇率；2008 年 4 月之后的汇率虽然是所谓的浮动汇率时期，但人民币有效汇率的强与弱与美元的强与弱的表现基本是同步的。因为，自从中国 1993 年实施人民币汇率并轨运行以来，人民币基本与美元保持盯住汇率。在美元对其他货币升值时，人民币也跟随着美元与其他货币保持升值趋势。因此，人民币兑换美元的升值，就等于说人民币兑其他国家的货币也升值了。人民币兑换世界其他国家货币的升值，不是中国经济增长或者是中国制造业技术创新强盛所导致的，而是跟随美元升值而产生的外生性因素所导致。也就是说，即便是人民币兑美元不升值，人民币兑换世界其他国家的货币也是升值的。这种现象就是人民币汇率的高估。所谓人民币汇率的高估，是相对于人民币与其他国家的货币均衡汇率来说的。也就是说，在中国不存在经济发展中的内部失衡和外部失衡时，根据市场需求决定的人民币兑其他国家货币比例的高估。如果没有高估，国内就没有失衡，应该是国内不存在失业压力和通货膨胀或通货紧缩的趋势；没有高估，外部也不存在国际收支的失衡。也就是说，按照国际收支理论所验证的，一国经常项目顺差与该国 GDP 的比例不能超过 3%，也不能低于 3% 的范围。然而，中国目前已经存在着相当大的失业压力，每年大量的高校毕业生难以就业，制造业因外需下降导致的停产，都在很大程度上形成了失业压力。政府释放强烈信号要“稳增长”，其目的就是要稳就业。事实上，随着调结构的不断深入，中国 GDP 增速已经放缓，虽说第三产业在整体产业结构中的比例不断上升，但是，所吸纳的净增就业数量还是非常有限的。这些都说明了中国经济内部存在着失衡现象。在中国的国际收支平衡中，虽说中国国际收支保持经常项目顺差，然而，中国经常项目顺差的增速并不是一直上升，而是长期保持一定幅度没有呈现出上升趋势，如 2011 年后，中国海关统计的经常项目顺差就一直保持在 3% 的增幅范围内。虽说中国外部失衡现象不是十分明显，但这样的顺差增速也表明了人民币实际有效汇率的上升。投资理论认为，一国汇率的高估，将导致经济投资脱离实体经济转而投向虚拟经济，或者会出现通货紧缩现象。这也证实了中国形成当前经济趋势的必然性。

人民币汇率高估后，最先受到影响的是对外贸易程度比较高的产业。这就是说，受人民币汇率升值对中国影响最大的是制造业。制造业出口受到了严重抑制，形成了企业难以承受的负担，产品外需受到打击，严重抑制了中国制造业的技术创新投资和制造业产业结构的升级。

人民币高估还直接导致国内消费市场转移，制造业收益雪上加霜，研发资本投入更为困难。我们采用与中国发展阶段相类似的新兴国家的货币与人民币汇率进行对比，可以大致估算人民币汇率高估的程度。因为将中国和发展阶段相似国家的制造业进行对比，可以客观衡量中国的实际产业竞争能力的大小。通过对产业竞争能力的比较，发现与中国发展阶段相似国家的实际有效汇率与人民币实际有效汇率，从 2012 年以来就出现了反常现象，即人民币实际有效汇率就开始出现了比其他新兴国家货币汇率的高估现象。而从 2012 年开始，中国的制造业名义增速的下滑速度明显要快于 GDP 的增速。

人民币实际有效汇率高估直接导致了国内消费的转移，部分消费者对外产品的需求增加，严重抑制了国内消费市场。国内需求是制造业技术创新和产业升级的重要动力之一。人民币汇率高估意味着中国制造业产品的性价比不高。这不仅造成制造业产品出口困难，而且还导致国内消费者到国外选择性价比更高的消费产品。中国制造业研发收益更为紧张，促使制造业向周边发展中国家转移。因此，在人民币被高估背景下，中国在外需和内需方面都会出现严重问题。这对制造业企业技术创新和产业升级无疑是灾难性打击。

这不仅给中国制造业产业升级造成了巨大压力，而且影响了外国直接投资的增加。在中国制造业技术创新急需国外高技术产业来中国投资时，由于人民币兑美元汇率升值，美国制造业因为人民币被高估，丧失原有的利益所得而望而却步。这无疑也对中国制造业技术创新是严重的打击。人民币高估对国内投资的影响也是显而易见的。中国政府在 2008 年以来，为刺激经济尽快复苏，由政府主导进行了大量的投资。作为经济逆周期投资调节的缓冲政策能否取得成效，关键是要看民间资本能否及时跟进。在人民币被高估的背景下，民间投资出现了虚拟化，大量资本流入了资源性资产的炒作。民间投资不能及时跟进政府的投资，长期下去必然会造成政府的财政赤字，酿成政府的巨额财务。长期以来造成了中国资本结构的风险，2011 年中国 GDP 总值达到 47 万亿元的时候，最终消费是 22. 5 万亿元，形成资本总值是 22. 9 万亿元，净出口是 1. 2 万亿元。这样计算出的中国储蓄率达到了 52%。这在世界上是少有的高储蓄率现象。如果按 45% 的储蓄率计算，目前一年的总储蓄也超过了 21. 5 万亿元，再按现行汇率折算后达到了 3. 4 万亿美元。中国每年提供给国际经济使用的储蓄资源至少有 2000 亿美元（郭树清，2012）。

人民币高估特别催生了中国房地产市场的泡沫膨胀。如果房地产与实体经济并行发展，房地产庞大的产业链条或许能够带动经济发展，也是实体经济稳定的重要因素。事实上，中国在 1998—2002 年，经济处于通货紧缩的时期，而这一期间的投资却大幅度增加，例如，2000—2002 年的 2 年时间内，中国房地产的投资增速上升了 21% ~27%。即便是在 2005—2006 年，政府开始进行房地产调控，房地产投资增幅也达到了 20% 左右。这说明，在中国经济处于通货紧缩的时候，房地产的投资不但没有受到通货紧缩的影响而减少投资，反而逆势大幅增加了投资。这不能不说人民币高估对房地产等虚拟资产投资的异常行为。这对中国制造业转型升级以及企业技术创新带来的冲击是可想而知的。

如果进一步分析还可以发现，2013 年以后，中国制造业企业的利润增速已经出现了与房地产投资增速背离的现象。人民币实际有效汇率是经济增长的风向标。房地产也同样是中国经济不断增长，人们收入不断增加的表现。人民币实际有效汇率应该与房地产发展存在内在关系，即房地产是内生于人民币实际有效汇率变化的。因为实际有效汇率影响经济增长和就业，就会对居民工资产生影响，从而影响到就业和工资，再成为影响房地产消费的重要因素。2013 年以来，人民币实际有效汇率与房地产投资的严重背离现象，再一次证明了人民币汇率高估下，房地产以及虚拟资产被炒作的现实性。

不仅如此，人民币高估还直接抑制了中国制造业产品的净出口数量。尽管中国处于经常项目的顺差，然而，像中国这样一个世界第 2 大经济体，在经济不断增长下，经常项目的顺差应该是不断增加的。但是，在人民币高估期间，中国经常项目与国内 GDP 的比例长期处在 3% 的范围内，而且这一比例还有出现减少的可能。人民币高估导致的出口下降还致使中国的“外贸依存度”下降。2011 年之后，中国“外贸依存度”已经出现了低于全球平均水平的现象。这说明中国这样大的经济体对世界市场的利用是有限的和不充分的，对制造业利用世界市场获取利润，从而更好地开展研发投资是有明显局限性的。

第九章　国际制造业转移下中国技术创新演变

本轮制造业中心转移是发达国家和发展中国家之间，新业态的形成和传统制造业升级演变的过程。由于发达国家经济发展和新业态的逐渐形成，制造业由发达国家向发展中国家转移的过程，应该产生两方面的作用：首先是发达国家的新业态的形成并带动产业升级；其次是发展国家经过承接制造业转移所形成的本国技术创新能力提升。发展中国家能否实现制造业技术创新能力提升，要依赖国际货币体系的长期稳定。在当前以美元为主导的货币体系下，美元汇率的稳定对制造业转移带动发展中国家技术创新能力提升起到重要作用。美国在平衡汇率的作用下，可以在全球范围内布局制造业转移进程，通过国际分工程序，利用国际分工和经济开放，谋求本国的经济增长。与此相对应，则是众多的发展中国家在参与经济国际化进程中，利用依附货币政策，与发达国家的货币长期保持一致的汇率。为此，发展中国家只能将本国的潜在资源，开发成为自己的比较优势，从而转化为自己在国际上的所谓竞争力。但是，此次的国际分工是以产品内分工为基本特点的，其基本内涵是制造业发展到一定程度的，是由技术创新所决定的，同一产品生产链条的全球布局。对承接制造业不同生产链条的国家来说，意味着自身资源的被开发和被利用，而不是凭借本国能力的开发和利用。承接制造业链条国家的技术进步与创新受控于发达国家。美国作家菲利普·鲍林 2011 年在《纽约时报》上发表文章指出，21 世纪是亚洲世纪的说法有点过于乐观，因为亚洲是本次国际分工过程中的接受者，包括中国在内的亚洲国家只是处在世界经济发展的跟随地位，其经济发展和技术创新的潜力是很难显现的，再加上本次国际分工是产品内分工，以及产品内各个工序环节和流程区段的分工，如产品内的内部装配、加工、制造等环节的分工。发展中国家承接的制造业转移是通过制造业生产过程中的加工贸易来实现的。它们还需要长期配合制造业转移，不断增强对本国的资源和环境的破坏性开发利用。它们难以成为世界领导国家。但是，作为跟随国家，长期承接制造业转移也为本国制造业技术创新和产业升级演变积累了内在条件。

（一）承接制造业转移积累技术创新条件

制造业转移的历史特点表明，不论是哪一次的制造业转移都是伴随着国际货币体系与国际生产中心同向、同步转移，即制造业生产中心的转移存在国际货币结算体系改变的可能性。英国 19 世纪奠定的“金本位”制度，极大地促进了当时英国经济的发展，通过国际贸易手段，让英国的制造业产品畅销全球。英国在形成强大制造业的同时，也为美国承接制造业转移提供了便利。第二次世界大战前后，美国在承接世界制造业转移中，不断加强制造业产品的国际市场竞争力，也是通过制造业产品的国际贸易，实现了其国际金融中心地位，进一步变成了强大的制造业国家。英国和美国能够成为制造业强国，在于它们破解了古典经济学家所提出的企业生产规模报酬递减的问题。英国工业革命后，纺织以及机械加工行业的生产效率迅速提高，不仅满足了英国当时的需求，还在与英国相邻的欧洲其他国家销售，企业获得了大量的超额利润。之后的英国政府通过外交手段逐渐打开了英国制造业产品在全世界的销售市场，为英国的制造业企业赢得了巨额、超额利润。英国制造业企业长期处于规模报酬递增状态。美国在“二战”后，不断扩大制造业产品在世界市场的占有份额，通过对“亚洲四小龙”的扶持，以及为欧洲重建而采取的输血等方式，扩充了美国制造业产品的市场容量，同时，还通过放开国内市场作为交换条件，大量出售美国装备制造业设备给附属国家，从而使美国的装备制造和一般制造业产品的规模报酬长期递增。美国在承接英国制造业转移过程中获得了超额利润，为美国制造业能够演变成为全球强大的制造业国家奠定了基础。

中国在承接制造业转移过程中，与美国当年承接英国制造业转移的背景是不同的。当时的英国制造业转移到美国，是在第一次世界大战前后，制造业的发展处于工业化初期阶段。所谓的制造业转移是指整个生产环节的转移，是宗主国家向殖民地和半殖民地国家，通过制造业生产输出，获取资源和占领世界市场的时期，是一种血淋淋的剥削行径。相比之下，当前的国际制造业转移是发达国家制造业产业转型升级与发展中国家发展工业化两者协调融合在一起的发展过程。本轮制造业转移的形式，主要表现出制造业产品内部生产链条的分工和布局。这恰好也是发展中国家迫切需要引进的制造业生产环节。因为在制造业转移过程中，不同产品的价值链条的禀赋，需要有一定的技术水平。发达国家的制造业不同的生产链条具有不同的技术条件和生产效率。即便是在同一制造业生产链条，也存在国际范围内生产工序的重新布局和调整，并通过改变原有的生产布局提高生产效率的问题。这为中国承接制造业转移提供了良好机遇。中国不仅可以借此构建和完善自己的工业化生产体系，而且可以为实现制造业技术创新打下良好基础。亨弗莱总结了制造业生产链条技术创新过程中的“四次”技术创新契机，包括工艺流程的技术创新、产品的创新、功能的创新和生产链条的创新。所谓流程的创新主要是制造业工艺流程的改变；产品的创新主要是指产品质量的创新和提升；功能创新是指制造业产品的低附加值生产向高附加值生产环节的转变，例如，从委托加工到自主设计和生产，然后形成自己的产品品牌的过程。所谓的链条升级就是制造业从低端生产链条，转为高端生产链条的过程，也就是企业将现有的生产能力应用到新的产业中去，或者，企业从一个低端价值链的生产，转向另一个高端的价值链进行生产。这种制造业生产链条的升级和转移，需要承接制造业转移国家能够有长期稳定的固化生产链条的能力，否则，承接低端生产链条的国家就难以对现有生产链条进行解构（徐康宁、郑义，2011）。制造业生产链条的转移具有区域性特征。发达国家制造业生产链条布局是由承接国家和地区的资源禀赋条件所决定的。中国在改革开放初期大量承接了发达国家和地区转移的加工制造业和简单的制造业生产链条。这是由中国当时的工业化条件决定的，如人口众多，劳动价格低，资源价格严格偏离价值区间等因素。这些条件决定了美国、日本等发达国家的制造业低端生产链条进入。因此，这次的国际制造业转移存在着不稳定的趋势。中国原有的要素禀赋条件一旦改变，如劳动力价格上升、资源和环境保护得到了加强，国际制造业转移的趋势是可以发生根本性转变的。这在一定程度上，也可以说是这次国际制造业转移的地域风险性特点。中国正在面临着制造业生产链条转移和攀升两种局面共存的时期。中国凭借要素价格低廉承接国际制造业转移的时期已经过去，取而代之的是要素资源价格上升。这就有可能导致制造业生产链条的转移，同时，也存在着制造业生产链条的攀升。

中国正在面临制造业生产链条解构的演变，即面临着国际制造业转移过程中生产链条的转移或者攀升的选择。由于制造业不同生产链条之间存在生产效率以及技术水平的差异，因此，制造业内部存在“结构红利”。中国在承接制造业转移时，当生产投入要素从低层次要素上升到高层次要素过程中，制造业整体技术水平就会提升（Peneder M.，2002）。这正是为什么在改革开放40年内，虽说中国的基础科技创新很少，但是，制造业劳动生产效率的增长非常明显的原因。这也是中国制造业技术演变的基本格局，即中国将比较优势采用嵌入式进入全球制造业价值链条之中，或者是区域技术创新网络之内，然后沿着低端价值链条逐渐向高技术水平攀升。这种制造业技术演变的路径，对中国来说是最有利的捷径。因为，这次制造业中心的转移，正处在全球化浪潮势头汹涌的时代，任何一个国家单独开展技术创新都是不现实的。这不仅是因为企业的生产成本高的问题，而且是企业在全球化浪潮中必须首先解决生存问题。如果企业不及时融入全球化生产链条之中，则根本不可能有生存的空间。“亚洲四小龙”是最早融入全球制造业价值链条，从而获得制造业振兴的国家和地区。中国30多年的改革开放从低附加值的生产链条，嵌入到国际制造业生产体系中，不断向高附加值的生产链条攀升，即从初级的来料加工和贴牌生产，到现在的向研发设计和营销服务等高端生产链条的延伸，也说明了中国在承接制造业转移中，以核心能力增长为目标，坚持内生性技术创新能力提升的发展路径（殷剑峰，2011）。中国最早融入国际制造业生产链条的地区是广东省。广东省最早利用国际制造业转移中的贴牌生产，逐渐演变成为中国制造业大省。据统计，仅广东省顺德地区从事的“白色小家电”生产就占到世界生产量的70%左右，但在产品标签上能够标示出是广东顺德生产的品牌的所占数量不到30%。又如，“中国联宝科技公司”承接了世界五大电脑制造商中的4家贴牌生产业务，但这家公司仍然是一个幕后生产者，如今还只能成为外国电脑商的幕后生产者（韩晶、梁将，2005）。尽管广东省还没有真正演变成为制造业强盛的地区，但它已经成为中国乃至世界制造业较为著名的生产基地之一。遗憾的是，广东省作为中国改革开放的桥头堡，经过30多年制造业生产经验积累，仍然存在大量贴牌生产。他们没有及时从制造业的低端生产链条向高端生产链条转变的原因，应该从中国改革开放30多年的市场演变以及政府对市场的控制关系寻找（张杰、周晓艳、李勇，2011）。中国的改革开放是在计划经济和市场经济并行中不断展开和深化的，因此，政府长期热衷于推行计划经济政策，而且企业也习以为常地接受政府调控经济要素的手段。尽管市场调控的经济要素虽有不断扩张的趋势，毕竟整体经济环境处于强势政府的控制中。应该说各级政府对要素市场的控制，在经济发展初期是起到了高效率配置生产资源的作用，为承接制造业转移做出了积极贡献。但是，政府的参与也对中国要素市场产生了扭曲，特别是在政府主导的招商引资中，各地重视招商引资，曾经成了政府工作人员的重要任务，而同时，各级政府却顾不上引导已有企业开展研发投入，没有及时出台企业研发投入的配套政策，也就是后来各地政府总结的"重视数量不重视质量"。这对中国承接制造业转移中，及时提升企业的技术创新能力是一个很大的缺陷。长期以来，政府很少重视企业技术创新能力的提升，更多关心的是能否引来企业入驻各个层级的工业园区。这从表面上看，是由中国在承接制造业转移中，所进行的国内渐进式改革导致的。要素市场发育程度滞后于商品市场，造成了中国的土地要素、资本要素和劳动要素等存在不同程度上的价格低估问题。实质上，则是人民币兑美元汇率所决定的。因为，中国政府必须尽快积累相当大数量的美元外汇储备，以应对中国融入全球市场后所产生的金融风险问题。这就形成了政府主导下的出口导向的发展模式。围绕这一发展模式，政府采取的出口补贴、出口减免税收等政策，无疑极大地刺激了制造业和企业家密集使用劳动力要素、土地要素，甚至不惜破坏资源环境为代价增加出口额，根本就不可能思考如何提升企业的技术创新能力问题（高帆，2008）。

当前的国际货币体系错配，强化了中国生产要素扭曲的程度。要素禀赋理论认为，一国生产要素禀赋相对比较密集的产品才能具有比较优势。货币体系错配扭曲要素市场，破坏了企业技术创新的外在环境。政府的出口导向模式在很大程度上表现出对知识产权保护的松懈，使得企业研发投入很容易被模仿。企业的创新收益出现了溢出效应，导致企业研发投入无法得到正常市场收益回报。企业技术创新积极性受到严重挫伤。在当前的国际货币体系下，美元在国际贸易中作为国际结算货币，在多方面给制造业企业技术创新造成障碍。第一，使用美元作外汇储备，必然造成政府将外汇储备积累的任务放到首要位置，难以顾及企业技术创新和产业升级问题。长期下去，会形成对美国技术进口的依赖。第二，要保持本币与美元的汇率稳定，需要采取盯住美元汇率。制造业产品出口就会受到美元汇率的影响。制造业产品出口直接影响到企业的利润收入，进一步会影响到企业技术创新的研发投入。第三，美国为了保持美元在世界贸易结算中的主导地位，长期采取美元汇率的强弱兼施的政策。当美国对外债务十分巨大时，会采取美元贬值政策，利用弱势美元政策抵消其他国家对美国的债权。当世界对美元渐渐丧失信心时，美国会采取强势美元政策，让美元升值。这对持有的美元金融资产造成难以承受的损失。国家的主权财富基金损失，直接影响到企业引进美国企业技术能力。第四，面对与美国形成的国际收支的非平衡状态，必须采取金融市场干预措施。这将造成本国金融市场动荡，影响本国金融市场的发育，将直接影响企业在金融市场的融资创新（张维迎，2017）。

国际制造业转移为中国制造业技术创新奠定了基本条件。虽说在中国制造业对外出口贸易中不断出现急功近利的行为。例如，2008 年统计发现，中国规模以上制造业出口存在明显短期行为，即规模越大的制造业，形成产品出口能力越强。国内对大企业的产品需求也十分旺盛。然而，这些制造业一般选择出口而忽视国内需求。同时，这些大型制造业在对外形成出口能力后，基本不重视技术创新的“事后”学习效应（杨汝岱，2008）。在中国制造业技术创新演变中，大型制造业是技术创新的主要力量，一旦摆脱现有国际和国内宏观经济形势的制约，它们将是带动中国制造业技术创新提升的重要主体，也是中国制造业技术创新演变的核心动力。

我们将国际制造业转移与中国制造业技术创新演变机制归结为：本轮国际制造业转移是中国制造业技术创新的基础。中国改革开放引进大量制造业对中国制造业技术创新起到了积极作用，但由于国际制造业转移的特殊性，大量低端制造业生产链条的进入，也造成了中国制造业技术创新的滞后现象。特别是美元国际货币体系下，政府主导的出口导向模式，直接将制造业发展推向了以外需为主的发展道路，影响了制造业技术创新的内在动力。因为，按照经济学基本理论，政府主导经济具有明确的目的性，即就业和增长两大任务。这就造成政府对国内的一些重要经济领域实施供给抑制政策，于是，这些领域消费需求就会被压制，而其他领域的消费需求，则无法赶上供给扩张的速度。这就必然要压低国内整体的消费率，最终驱使该国经济走上外需推动增长的道路。随着世界经济演变和中国经济新常态发展，中国在制造业现实基础上，依靠内需拉动制造业技术创新的力量将会不断增强。

（二）人民币汇率演变下的技术创新

人民币兑美元汇率稳定是成就中国制造业技术创新的重要因素。中国制造业技术创新需要大量社会研发资本投入。汇率波动干扰中国直接融资市场，影响制造业技术创新和产业升级。如果人民币升值，将吸引外资流入，引起中国虚拟产品爆炒。资本不会进入制造业进行技术研发。如果人民币贬值，大量资本流出也会影响制造业技术创新。

从世界技术创新历史看，能够促进制造业技术创新最好的融资模式是股权融资，而不是债务融资。因为技术创新是高风险投资，具有投资时间长、未来收益不确定等特点。债务融资模式主要是靠银行的贷款为制造业进行技术创新提供创新资助。由于银行拥有的资金是所欠存款人的债务，银行投给制造业用于技术创新的资金又是企业对银行的欠款债务。这就将银行置于制造业技术创新的风口浪尖上，让单一的社会主体承担制造业技术创新潜在的巨大创新风险。然而，银行作为一家特殊企业，也需要盈利并且能够承担的风险是有限的。因此，银行能够信贷给制造业从事技术创新的期限也是有限的。这与制造业技术创新高风险特点是不匹配的。相对来说，股权融资由于参与投资者是社会众多群体，能形成更大的风险资金池，就能够承担更大的融资风险，所承受的融资期限也相对较长。股权融资支持制造业技术创新资金的方式能够适应制造业技术创新高风险的特点。目前，美国是股权融资支持制造业技术创新最为典型的国家，此外，以色列也是利用股权融资支持制造业技术创新的典型国家。这两个国家的技术创新能力世界一流（张维迎，2017）。日本和德国主要是以银行债务融资为主。它们的制造业技术创新能力就逊色于美国和以色列。这也是美国的制造业技术创新大多出自于小企业的主要原因。例如，美国利用股权融资方式支持小企业技术创新，在20世纪就发明了“电弧炉”炼钢技术，以及“页岩气”技术等。中国在制造业研发投入方面靠政府研发支持以及银行和股票市场融资，是综合性的融资机制。随着国家构建技术创新机制的逐渐完善，中国证券市场融资以及各种风险投资将会对制造业技术创新产生重要影响。人民币汇率稳定将对中国金融市场起到稳定作用，为制造业研发融资起到保障作用。

历史证明，制造业技术创新融资与货币汇率之间存在着密切联系。英国在制造业技术创新鼎盛时期，英镑汇率是固定汇率，承担了世界“货币锚”的功能。事实上，也只有英镑的汇率稳定，才能扮演其世界强势货币的角色，从而成为国际贸易结算货币。“二战”以来，美元之所以能够一直充当国际货币体系中的全球贸易结算货币，是因为美元汇率能够长期保证相对的稳定。美元起着当今世界“货币锚”的作用。

英镑从19世纪开始实行“金本位”，树立了世界强势货币的形象，经过近百年的演变逐渐成为国际储备货币，使得英国技术创新领先世界几十年。当时的法国、德国和美国是跟随英国采用“金本位”制度的国家，但是，它们并不是彻底的“金本位”制度。这些国家除了主要货币使用黄金铸币外，辅币也使用纸币。这是解决当时黄金开采数量不足问题的必要手段，也是满足国家之间贸易交换的需要。因此，英镑自然就成为世界各国的重要储备货币。据统计，1913年世界各国官方机构的外汇储备总额中，英镑占了40%左右；当时的法国法郎和德国马克加总起来才达到40%；20世纪初期，国际主要储备货币依次为英镑、法郎和马克。当时的英镑、法郎和马克这三种货币几乎占到世界外汇储备总量的80%左右。美国受当时黄金开采局限，虽说实行黄金本位制度，但在世界上并不是通用货币。美元和比利时法郎、瑞士法郎、丹麦克朗加总在一起，所占世界货币的使用数量只有20%。由此可以看出，英镑是坚持实行“金本位”制度，坐上了国际主要储备货币的宝座。

当然，英镑之所以能够成为国际储备货币，或者说其他国家之所以能够遵守英镑的“领导—跟随”惯例，也是英国制造业产品在世界范围内出口形成的。英国强大的制造业产品是其他帝国主义国家生产和消费的必需品。这是各国货币与英镑保持汇率一致的基本原因。各国中央银行与当时的英格兰中央银行相互协调，自觉维持了英镑的国际通用货币的地位。例如，在英格兰中央银行降低或提高英镑的贴现率时，各国中央银行也与英国保持一致，将本国的货币同方向地降低或者提高本币的贴现率。当英格兰中央银行出现黄金储备不足时，英镑兑换黄金出现挤兑现象，有可能动摇英镑在国际通用货币的地位时，各国中央银行或财政部门都会积极帮助英镑渡过难关。可见当时的英镑已经成为各国中央银行的关键储备货币。布罗姆菲尔德以及特里芬在研究1893—1915年世界各国中央银行实施的贴现率政策时，发现当时的英镑与世界主要国家央行采取的贴现率幅度基本是处于同时上升或者同时下降的趋势。各国对英镑的国际货币地位维护是积极的，即便是在英国以外的其他国家，在发生国际收支困难时，这些英镑附属国家也都会采取积极措施，例如，采取反方向操作、贷款和援助等，帮助国际收支困难国家渡过难关，以维持英镑的国际通用货币地位。1890年，英格兰最重要的商业银行巴林银行，由于向阿根廷政府输出了大量贷款，给银行造成了巨额坏账。巴林银行出现了严重的支付危机，造成银行挤兑。当时的法兰西银行和俄罗斯中央银行出资帮助英国巴林银行度过了支付危机。这种自觉与英镑黄金本位制度保持一致的行为，不仅维护了英镑在国际通用货币中的地位，而且保证了国际资本在主要经济体国家之间的大规模顺畅流动。这不仅起到了稳定世界经济发展的作用，也大大拓展了英镑在国际社会的使用空间（Cohen，Benjamin J.，1971）。英国在世界经济持续增长时，为世界制造业产品出口敞开了广阔的市场空间。英镑稳定的黄金本位制度和世界范围内的广泛流动，为世界经济发展提供了充足的媒介，保障了使用英镑国家的债务偿还，使国际进出口贸易更加便利，以满足各国经济发展需要。由于英镑是国际贸易结算货币，这种国际贸易循环机制，保证了英国能够对外大量进行贷款，而不用担心自己的黄金储备的流失问题。因为，英国大量的对外贷款所用的资金只需要英国更多的将制造业产品出口即可。英国成了20世纪初期世界范围内最大的商品和资本输出国。世界上40%的国际直接投资份额是由英国提供。英国在1913年所占有的世界殖民地面积超过了其本土面积的100多倍。英镑作为稳定的国际通用货币不无功劳。

从英镑汇率稳定以及英国制造业技术创新成就看，货币汇率的稳定不仅能够保证本国与世界各国贸易畅通，而且能够实现制造业技术长期处于领先地位。

反观日本20世纪80年代挑战美元失败，更加说明了货币汇率的重要性。“二战”后的日本是美国的重点扶持对象。美国不仅向日本国内进行了大量投资，还开放本国消费市场，为日本的制造业产品提供出口便利。到了20世纪80年代，日本制造业紧随美国之后成了世界制造业领先国家。日本的制造业产品畅销美国市场后，大有赶超美国的势头。日元也跃跃欲试，想替代美元成为国际主要货币。日本政府鼓励日元的国际化进程。20世纪80年代中后期，日元兑换美元逐渐升值，日元大量流出日本，到美国进行海外投资，使用范围不断扩大。可以说，当时日元的国际化程度大幅提高。美国意识到日元的威胁后，联合西方国家限制日元的影响力，先后采用了联合协议和贸易限额等方式，一方面扰乱日元兑美元的汇率比例；另一方面限制日本对美国的产品出口。这样一来，日本的主要贸易伙伴国，特别是美国强烈要求日元升值，不惜以日美的贸易战相威胁，逼迫日元大幅度升值。日本在美国的干预下，被迫调整日元兑美元的汇率，造成日元多次的大幅度升值。日元从1971年的1美元兑360日元，一直上升到1995年的1美元兑80日元。由于日元兑美元汇率的大幅波动，使得日元的资产利率的风险溢价成为负数，同时，日本还在日元升值的压力下，不断抛售日元大量购买美元，使得日元的利率逐渐走低到零。日元陷入了“流动性陷阱”。日本银行在1999年4月宣布实施零利率货币政策，也就是说，日本的货币政策已经丧失调控经济的能力。到20世纪90年代初期，日本的资产价格泡沫开始破灭，使得日本经济长期停滞不前。日本银行也由于正常利润空间被压缩，银行的信贷不能获得足够的利润而不愿意贷款，造成银行业不能及时从大量坏账中脱离出来。日本的制造业发展经历，再次提醒我们：货币汇率稳定对制造业技术创新的重要性。同时，也提醒我们在当前美元为国际主要贸易结算体系下，任何一个国家的货币只能跟随美元，实施对美国有利的汇率比例。不论哪一国家，目前都还不具备挑战美元作为国际贸易结算货币的条件，一旦影响到美元作为国际外汇储备的地位，便要付出一定代价。日本就是由于长期依附美国市场，对美国形成了长期的贸易顺差，受到了美国的贸易制裁，从而引发资产泡沫。日元成了国际游资投机的对象，使得日元丧失了自身真正的价值。日元的变动已经丧失了正常的理性预期，只要美国经济发生变动，不管日本经济处在萧条期，还是处在繁荣期，都会引起国际外汇市场上日元的贬值和美元的升值。再加上，日元虽是国际货币之一，但由于美元的国际地位远远高于日元，日本的大部分国外权益资产也都是以美元计价并生息，因此，美元的变动对日本企业利润空间的影响非常明显，直接影响了日本企业的创新能力。日本经济学家吉川元忠在《日本金融战败》一书中写道，日本的经济地位和日元货币地位的不匹配是造成日本长达10多年经济萧条的主要原因。

历史上经济大国的货币汇率稳定都是持有大量的外汇储备和黄金储备。这是该国主权货币成为国际主导货币的前兆，也是该国能够主导国际关系，包括国际贸易、投资和其他跨国经济活动的开始。吉川元忠认为，英国在19世纪具有这样的条件成为当时的制造业强国。美国在20世纪的后半期也是因为具备这样的条件，成为当今的制造业强国。然而，日本在20世纪70年代，却由于没有很好地利用这一条件，而错失了成为世界制造业强国的地位。日本的错失良机是因为其政治上对美国的过分依赖造成的，以致在80年代末期，被美元的货币政策所击垮，导致了90年代经济泡沫的破灭，随之带来了长期的经济萧条。因此，日本是由于自身所处的经济地位与日元货币地位的不对称造成了制造业国际地位的削弱。

从英国成为制造业强国、美国继英国之后成为制造业强国的历史以及日本与制造业强国地位擦肩而过的分析可知，英国在制造业发展过程中只是简单地在其所属的殖民地范围内创造了一个英镑区，而美国人则是在制造业发展过程中，建立起了一个能够让自己的跨国企业在全球范围内经营的“欧洲美元世界”。日本虽然在制造业发展中一度处于赶超美国的地位，但由于日本长期依附于美国，特别是日元不能成为国际大宗商品结算货币，日本制造业难以与美国相媲美。日本每年进口的能源和大宗商品都必须使用美元购买，这占日本全年进口总量的50%。试想，如果全年进口的半数都需要美元来结算，日本如何能够摆脱美国的依赖？

从英镑和美元的历史演变中可以发现，英镑能够成为国际货币和美元成为国际关键货币的过程虽然存在一定差异，但是，英国和美国在推行本币成为国际货币过程中，都采用了资本输出的措施。英国在本国金融市场没有发育成熟时，采用了资本输出和跨国公司并行的模式对外进行经济扩展。著名的东印度公司就是当时“英镑+公司”对外扩展的典型案例。美国也是采取美元输出和国际卡特尔模式对外扩张，不断强化世界对美元的使用惯性，以此确立美元的国际货币地位。在对外扩张过程中，通过金融和物资两种形态强化本币的国际地位。以金融形态确立本币或者比本币更可靠的黄金定值的信用，以物质形态的资本货物，甚至是相关的技术，确立本币的国际地位。例如，英国在第一次世界大战前，对殖民地以及附属国的资本输出，还包括，美国在第一次世界大战和第二次世界大战期间对交战国的资本输出，还有在第二次世界大战后推行的“马歇尔计划”等，都是促进本国货币国际化使用的良好机会。这种输出还能起到另外一个作用，就是通过资本输出和公司投资带来财富回流。这样的财富回流现象表现在物质形态上就是将世界原材料、中间品和低端最终品回流到本国；表现在金融形态上则是以本币或黄金定值所形成的债务本息的回流。英国和美国采取的资本输出和跨国公司投资兼顾措施，保证了在资本输出阶段和对外投资形成的物资形态回流中，两国的制造业集团或者跨国企业能够控制全球资源配置，从而能够控制生产、决定销售和制定价格。

在当前的国际货币体系下，中国承接制造业转移同样受到货币因素的影响。人民币汇率形成与美国经济互为条件。由于人民币长期盯住美元汇率，美国经济发展决定了美元兑人民币比例是人民币升值，相反则是人民币的贬值。中国的要素禀赋条件是客观适应了美国和中国之间的贸易互补机制。由于中国劳动力资源丰富，服务业还不发达，在接受美国制造业转移过程中，必然要选择那些能够将劳动力配置在制造业产业链条较为低端的产品之中，从而能够凭借极端的劳动力低成本优势，类似倾销式地出口产品。这样跟随美国的经济行为就必然导致作为制造业中心的贸易条件的恶化。企业就会不断地摊薄生产利润，不能抽出足够的资金从事技术创新，这不仅加剧了国内制造业的出口竞争，而且破坏了国内的资源生态环境。不仅如此，中国在当前国际货币体系下，还受到同样发展阶段国家的竞争压力，使得制造业难以从事技术创新活动。如果没有其他国家的竞争压力，中国制造业出口过程中的人民币升值并不必然会破坏既定的国际经济格局，甚至不会影响中国作为制造业中心，对海外需求中心的贸易逆差。人民币汇率所影响的仅仅是贸易顺差国家的国际购买力和逆差国家的实际债务。然而，美国制造业在向中国转移的过程中，同时向印度、越南等国家进行转移，人民币汇率的作用将会发生相应的改变。人民币汇率的变化可能会决定着“世界工厂”的归属。

另外，在经济全球化和国际化分工的背景下，英国制造业转移时期的，以产品供给为国际经济增长动力的时代已经过去，代之而起的是以产品需求为增长动力的时代。美国制造业结构是适应当前以产品需求为发展趋势的，因为美国的制造业结构是技术创新能力和世界消费需求能力共同决定的，而自身的贸易和汇率的变化更加助长了美国制造业结构的变化频率。当美国的技术创新处于上升周期时，世界对美国高新技术产品的需求极为强烈，其他国家对美国的经济信心也更为增强，美国的贸易逆差也会随之而减少，甚至还可能出现顺差。此时，美元汇率将上升。例如，20 世纪的 90 年代，美国出现了 IT 产业革命，世界各国对美国制造业抱着很高的期望，美元汇率也达到了高点。当美国的 IT 出现泡沫并破灭后，美国制造业技术创新出现了停滞，其他国家对美国的认识有了改变，认为美国已经不能在短期内，通过内生的创造性增长来实现财富积累。美国实体经济已经不能再创造大量财富。事实也是如此，美国在 20 世纪 90 年代 IT 产业泡沫破灭后，一直是通过滥发货币的方式创造需求，通过需求扩张拉动经济增长。这必然会造成美国贸易逆差扩大，进而引发美元贬值。中国就是在这样的背景下，承接了大量的美国制造业转移，从此走向了跟随美国制造业并为美国生产消费品的道路。中国的跟随带来了人民币升值压力，长期的对美出口顺差带动了经济高增长，巨额的外汇储备也让国家财富积累进入了世界前列，而人民币却面临着“高储蓄两难”的境地。人民币对外持续升值，对内出现持续增长的高储蓄率，企业投资不断缩减，严重影响了制造业技术创新的信心。

总结人民币汇率影响中国制造业技术创新的路径。我们认为改革开放初期人民币汇率盯住美元是促进中国制造业出口的必要阶段。但是，随着中国国际贸易地位提升，人民币经过多次汇率改革，应该逐渐恢复到其本质价值，即由制造业生产效率所决定的汇率体系。这是英镑和美元在历史演变过程中经历的必然过程。国际贸易对一国货币汇率的影响是双面的。一旦中国国际贸易数量达到了世界顶端地位，人民币的货币地位必然上升。人民币“贸易锚”的作用逐渐显现。技术创新融资环境将大为改观。

（三）人民币增发与低端技术创新演变

作为主权货币的发行起源于商品交易，体现为国家的意志。货币的国家理论认为，货币的起源不是为了实现个人的交易成本最小化，而是主权国家的意志体现。货币使用是具有“无限法偿”能力的，不论任何材质的物品，只要上面附着有国家主权的符号，就都可以作为货币使用。货币的本质是国家主权的信用和权威。因此，主权国家的货币权力特征，使得国际货币体系的演变也不可能按照公平和效率原则的路径进行。国家之间的政治博弈是国际货币体系演变的重要内容（Karl Menger，1892）。

货币的多少可以衡量主权国家的财富效应。主权国家通过货币数量变化可以调整国家之间的财富分配，进而能够调整技术创新能力。经济学家坎蒂隆（Richard Cantillon）在 18 世纪就发现了货币供给数量变化对企业技术创新的影响作用。坎蒂隆认为，货币数量增加后，并不能带来所有商品价格的等比例上涨，而是当人们得到新增加的那部分货币后，愿意在第一时间内购买的那些商品的价格上涨。也就是说，货币供给的增加，对不同商品的价格的影响是不一致的。凯恩斯在《货币论》一书中也验证了这样的理论，认为货币供给数量的变化对商品价格的影响存在滞后现象。货币增加对不同商品价格影响方式、影响程度以及影响时间等都不相同（［英］凯恩斯，1986）。换句话说，一国货币数量的变化是可以调整不同行业和社会财富分配的。同时，货币变化所产生的财富分配效应还是一个连锁性的具有动态变化的过程。由于新增加的货币数量不是同时、等量地到达每一个消费者手里，而是存在一个梯次增加的现象。那些能够首先获得新增货币的消费者就能最早地在社会产品中购买到最为低廉的消费品，到了后来者获得新增加的货币时，他们再去购买社会产品时，其价格已经由于前面消费者的购买而上涨。所以，最先获得新增货币的消费者，要比后来获得新增货币的消费者，能够获得更多的社会实际资源。也就是说，那些最晚获得新增货币的消费者，将要受到因为货币流通速度造成的通货膨胀的影响。这些人用等量的货币却得不到与前面消费者等量的商品和服务（Young，Allyn.，1928）。根据这一原理，假设在制造业生产过程中，由于制造业转移是从最低端的生产链条开始，那么这些低端的制造业生产链条最先获得了新增加的货币，则低端制造业生产将会一往无前地加快生产低端制造业产品而出口，以此来获得更多的新增货币财富。那些技术创新企业由于生产周期较长，将长期饱受社会财富的通货膨胀的困扰，难以筹集足够的技术创新研发资金（赵柯，2011）。

货币促进了世界范围内大规模的劳动分工，使得产品交易的市场范围不断扩大，由一个国家范围扩展到世界范围。由于货币财富可以在世界范围内形成更加细分的流动市场，因此，货币的使用可以深层次地刺激更为专业化的国际分工。货币仍然充当着不同商品持有人之间交易手段的功能。但是，现代纸币的使用让货币发行者和货币持有者之间体现出本质上的债权和债务关系。能够发行货币的国家，相对于必须要持有这些货币的国家来说，就是对这些国家的负债。货币发行国家能够将所发行的货币转移到货币使用者手里，表示发行货币的国家成功地从货币使用者那里借到了相应的商品或劳务等实际资源的使用权。同时，货币发行国家也相当于给该货币持有者一个承诺，即货币使用者可以用货币发行国家发行的货币，来清偿与货币发行国之间未来所发生的一切债务。或者，将来从货币发行国家重新取回这些实际资源。但是，这种债务关系是不平等的，因为货币发行国家掌握着货币印制的权利，而货币使用者只能是被动接受这些货币。货币发行国家可以通过汇率手段，轻而易举地贬损货币持有国家所拥有的货币财富，例如，通过将自己发行的货币以贬值的方式降低该货币的实际购买力。同时，货币发行国家将发行的货币在世界范围内大量流动，众多的货币持有者之间不断反复地流动，根本不可能原封不动地将发行国家的货币流回到货币发行国去。作为货币使用者也不可能用发行国家的货币，重新赎回自己已经出卖的实际生产资源。为此，货币发行国家不会考虑自己获得的实际资源的返还问题，这就形成了货币发行国家的特权。

在货币权力的作用下，20 世纪 60 年代就出现了这次国际分工的迹象。随着世界交通运输成本大幅度下降以及全球信息技术的迅速应用，以美国为首的发达国家开始将劳动密集型制造业转移到东亚地区以及其他发展中国家。20 世纪 80 年代，这次国际制造业转移更趋向于纵深处发展以及更大范围扩张。20 世纪 90 年代，这样的国际制造业布局基本形成，也就是当前的新型国际分工格局：以美国和英国为首的发达经济体，主要从事服务业生产和高科技产业基础研发活动；日本和德国等为代表的次发达经济体，则主要从事比较高端的制造产品生产；中国为代表的东亚经济体，则主要从事低附加值的工业制成品生产；中东一些石油输出国，则从事石油的生产和出口。当前货币体系下的国际分工格局，给东亚经济体利用发达国家产业转移提供了历史机遇。以中国为主要的东道国，大量吸纳了发达经济体的直接投资。这些外商直接投资的生产具有较强的出口导向性，制造业产品大量回流到母国，给那些以服务业为主体的发达国家提供了源源不断的消费品。

美元在“二战”结束后，正式替代英镑成为国际货币体系中的主要货币，为固化本轮国际分工奠定了坚实基础。“布雷顿森林体系”规定了美元的黄金地位，使美元在全球使用赋予了官方意志。1974 年美国又通过说服沙特阿拉伯，签署了石油交易使用美元的协议，要求沙特阿拉伯在石油销售中采用美元计价。美国为了保证沙特阿拉伯长期坚持石油交易使用美元，积极为其开辟到美国的投资渠道，进一步稳固其使用美元的储备政策。同时也是诱导沙特阿拉伯国内的美元流回到美国的手段。美国要求石油出口国家使用美元结算，无疑是将美元与世界重要的战略物资进行了密切的捆绑，强化了美元的国际使用地位（David E. Spiro，1999）。

中国在承接美国制造业转移中，选择了低端价值链环节，无疑也是美国在全球使用美元，从而强化美国制造业地位的结果。由于国际制造业形成的产品内分工趋势，发达国家采取垂直化专业分工，中国只能根据自己的要素禀赋条件，选择制造业价值链条的低端环节进入国际制造业全球价值链之中，通过出口带动制造业的发展。因此，中国为冲销美元外汇释放了大量的人民币，形成货币增发带动的国内通货膨胀。同时，通货膨胀反过来推动制造业加快生产速度，不断增加出口创汇数量，加重了制造业价值链低端技术长期“被俘获”的现象。长期以来，美国通过汇率调整，诱发美元外汇储备流动，形成人民币不断增发的趋势。目前人民币出现对外不断升值，而在国内不断贬值的趋势，直接影响到制造业技术创新融资能力。受国际货币体系影响，中国在2008年的美国金融危机后，为了配合美国“量化宽松”的货币政策，释放了大量的货币流动。各级政府依靠各自的融资平台，大量举债进行了大规模的基础设施投资。大批基础设施投资带动了低层次劳动者（没有接受过高等教育的劳动者）就业数量增加。目前中国的失业率保持在4%左右，看起来是一个很好的就业局面。事实上，各级政府融资平台的投资却带来了国内生产要素价格的上涨。尤其是劳动力价格明显上涨，不是由于劳动生产效率提高自然形成的劳动力高价格，而是由于低层次劳动价格提高形成的。而相对高层次劳动者（接受高等教育的劳动者）的收入却没有因此而增加，甚至，还造成了高层次劳动者相对于底层次劳动者收入的下降。统计显示，2008年之后，中国接受高等教育劳动力收入增幅相对明显下降（白重恩，2017）。总体来看，中国劳动力成本增加的幅度已经超过了劳动生产率增加的幅度。2008年以后，中国生产1单位制造业产品使用的劳动力成本与美国比较有明显增加。这种由于人民币投放增加造成的制造业平均成本增加，不断强化制造业对政府的依赖。它们希望依靠政府能够解决劳动力短缺以及资本成本上升等问题。这造成了中国制造业盈利周期的延长，制造业投入研发的积极性更加微弱。同时，由于政府所主导的投资基本是基础设施建设领域，投资周期长，使用效率低下，造成社会平均资本回报率不高。2016年社会平均资本投资回报率只有1.5%，远低于在银行的存款利率。这就造成了大量社会资金难以形成对制造业技术研发投资。从2016年中国投资增加速度看，当年基础设施投资增加的速度是18%，而中国总投资增加速度只有9%。从2017年上半年投资情况看，1~2月中国总投资增加的速度为10%，民间投资增加的速度也只有5%，而基础设施投资增加速度是27%。

另外，由于美国的货币“量化宽松”政策带来的人民币投放量的增加，也必然会造成世界通货膨胀因素向中国转移。因为，中国是制造业低端产品的出口国，也就是说，中国是最后一个环节获得美元货币的国家。根据坎蒂隆的货币理论，中国必然会遭受美元通货膨胀的影响。同时，人民币对外升值还会造成低端制造业将向国外转移，国内财富积累放缓，更加削弱低端制造业的技术创新能力。然而，在中国作为世界制造业中心不断积累贸易顺差，并形成美元货币财富的同时，人民币总是要呈现出不断升值的趋势。这种升值又反过来影响到制造业中心地位稳定，从而可能丧失掉人民币升值的基础条件。正如张五常所分析的，人民币汇率成了中国长期处于低端制造业中心地位的重要因素。假如，中国只是与美国之间进行制造业竞争，人民币汇率升值一定能够给中国带来好处。但中国是与其发展阶段类似的国家竞争世界制造业中心的地位，人民币的升值就必然带给中国制造业灾难（刘志彪，2007）。由于美国制造业转移有足够的选择空间，即人民币与其他发展中国家的货币和美元比例关系，处在相对均衡点的时候，美国选择了向中国转移制造业低端生产链。人民币单独升值将会使中国的制造业产品，相对于其他国家的产品显得更贵。外国进口商将会避开中国制造业产品，而去购买其他国家的产品。中国的低端生产链条也将不复存在，更谈不上技术创新和产业升级。在中国制造业大量承接低端制造业生产链条的情况下，人民币升值对制造业存在的风险就是：人民币对外升值，中国低端制造业产品出口受阻，大量的低端制造业生产链条技术创新能力就成了问题。不仅如此，一大批低端制造业难以承受成本增加所带来的压力，将开始向国外转移，中国的贸易顺差减少，经济增长放缓。人民币被迫再次贬值，最终形成经济增长的长期萎缩。

人民币投放增加最终还是表现在人民币汇率的变化上。由于中国承接大量的低端制造业生产链条，中国出口的制造业产品相对于发达国家产品大都是初级产品。这些产品具有很高的汇率传递性，而中国又是采取出口导向发展模式，政府对人民币汇率水平的高低具有更强的敏感性。美元汇率的坚挺是美国长期坚持技术创新推动制造业发展的结果。由于美国是世界技术创新领导者，美国每一次技术创新都将采用长期垄断方式维持制造业获取足够的世界超额利润。当世界超额边际利润逐渐减少时，美国开始向外进行梯次性转移。美国的技术占先优势吸引了全球各种资源不断向美国集中，形成了世界技术创新高地。这种以技术高地为保证的美元国际地位将长期难以撼动。

第十章　国际制造业转移下中国产业升级演变

国际货币体系与承接制造业转移国家的产业升级存在密切联系。国际货币体系通过美元汇率影响发展中国家制造业的产业升级。这种影响表现在新兴经济体经济增长十分明显的情况下，其产业的升级仍然举步维艰。例如，进入21世纪以来，一些新兴体的经济增长远快于发达国家速度，但产业结构却没有根本改善。统计显示，2000—2007年，发达国家经济增长速度是年均2.7%，而发展中国家经济增长速度是年均7.4%。中国、印度、印度尼西亚等发展中国家的制造业在世界排名中都在前15名，有些部门的制造业价值增长达到了10%～33%的幅度。中国的经济增长最为抢眼，不仅增长速度快，且已形成了较为完善的工业体系，例如，2009年中国装备制造业销售额已经达到1.5万亿美元；日本是1.2万亿美元；美国是1万亿美元。中国已经构建起了门类齐全、具有一定规模和水平的装备制造业体系。在产品生产能力方面，2012年6月18日中国“神九”与“天宫一号”自动对接；6月27日中国的载人深潜器“蛟龙”号下潜到7062米。在装备制造业和汽车生产领域发展更为迅速。见表10－1和表10－2。

表10－1　2002—2011年中国装备制造工业总产值　　单位：万亿元

年份	2002	2003	2004	2005	2006	2007	2008	2009	2010	2011
产值	1.84	2.53	3.27	4.18	5.47	7.09	9.07	9.35	14.38	16.89

数据来源：陈恒．装备制造：铸就中国“脊梁”[N]．光明日报，2012－9－14.

表 10－2　2002—2011 年中国汽车工业总产量　　单位：万辆

年份	2002	2003	2004	2005	2006	2007	2008	2009	2010	2011
产量	325	444	507	572	728	888	935	935	1826	1842

数据来源：郭丽君．汽车业：经历“黄金十年” [N]．光明日报，2012－9－14 日

但是，中国制造业产业升级问题仍然十分突出。由于美国出现的金融危机，中国制造业产品的出口遇到了很大困扰。几乎是同一时间内，中国制造业出现了倒闭潮。2009—2012 年，中国的轻纺、玩具、箱包等附加值较低的企业纷纷倒闭，而以 iPad 代工企业为代表的富士康等，虽说没有在这次金融危机中倒闭，但这些企业仍然是冲着到中国寻求低廉劳动力而来。富士康在美国金融危机后，从中国沿海城市逐渐转移到河南这样人口密集的内陆省份就足以说明制造业升级的困难性。

（一）货币权利下中国制造业升级演变

中国承接美国制造业转移 30 多年来，政府曾多次提出要制造业升级。中央政府推出外国直接投资的国民待遇政策，要求各级政府对外资企业进行严格审查等都没有发挥实质性作用。一些低附加值制造业从中国沿海城市转移到中西部省份继续存在。同时，中国长期处于出口顺差地位，使得人民币汇率处于不断升值的趋势，造成先进制造业转移到中国的成本增加。

中国制造业升级的演变应该是随着制造业生产过程中的低端投入要素的价格上升，通过资本、技术等高端要素不断地替代，实现新产品的突破或者是价值链条的攀升。目前，中国需要实现由传统的低端制造业生产链条，向高端制造业生产链条的提升，即通过现有的制造业技术和组织管理变革后，逐渐提升制造业产品的品质和功能。这种由产业素质的提高和技术进步，带动产业结构提升的动态过程，就是中国制造业产业升级演变的基本路径（朱卫平、陈林，2011）。然而，中国制造业产业升级存在一些基本障碍。一方面是中国的“外生比较优势”已经被发达国家过分利用；另一方面是制造业转移的模块化限制了制造业升级演变。所谓中国的“外生比较优势”是指在国内资源配置中，由于国际制造业转移将中国原有的

资源潜力激发出来的能力。中国近 40 年的改革开放承接发达国家制造业转移，使国内的要素资源在空间上进行了重新配置，也激发了国内潜在的自然资源和劳动资源。中国最早开放的沿海城市通过开展加工贸易，充分利用了当地资源，甚至是全国资源。但中国的资源只是被发达国家利用，不是自身经济发展中的自我利用，而且还形成了国际制造业转移的惯性。这种“两头在外”的经济发展模式，对中国本土企业造成很大的负面影响。引进外资虽然可以解决中国经济发展中的资金困难，然而，在当前的国际价值链条下，转移到中国的制造业多数是代工生产，是对中国要素资源的利用。外资企业到中国后，由于资金、技术以及市场的被割裂，两国企业难以相互交融和渗透。这种“两头在外”的外向型经济对中国制造业所产生的经济辐射带动作用很有限，造成了中国企业与外资企业的断层现象，背离了中国承接国际制造业转移的初衷。中国东部地区承接制造业转移对制造业产业升级并没有产生促进作用，甚至由于承接了低层次的制造业还会拉低东部地区的产业升级速度（李政、杨思莹，何彬，2017）。即使中国制造业通过引资扩大了市场份额，如果没有产业升级、不能掌握产品核心技术，国际市场份额的增加以及国际贸易扩展也难以摆脱“贫困式”增长的窘境。因为这样的市场份额是靠发达国家品牌设计、技术研发等核心技术获得的，不是本国制造业强盛获得的。长期以来，中国与美国贸易失衡，中国制造业产品获得了美国的庞大消费市场，但最终却遭受到美国实施的纵向压榨。中国不得不以牺牲国民的生活标准为代价，维护美国为主导的国际分工格局。中国长期的出口顺差并不能反映中国制造业竞争能力的提升。比较浙江、广东和江苏三省在 2005—2009 年的出口贸易情况可以说明，仅凭承接制造业转移是不能提升制造业竞争能力的。2005—2009 年浙江省所吸引的外资占广东省的 46%，占江苏省的 45%；浙江省的人均 GDP 也持续高于广东和江苏两省。但浙江省在此期间的出口总额并没有广东和江苏两省的多，只有广东省的 1/3，江苏省的 2/3 的数量。但浙江省的对外贸易顺差基本上和广东省一样，比江苏省略高些。究其原因，是因为广东和江苏两省的出口中，有 2/3 是加工贸易出口，而浙江省出口中有 80% 是能够反映本省制造业能力的一般贸易出口。

在制造业转移模块化背景下，中国制造业产业升级遇到了产业分散转移的困境。这次国际制造业转移是世界科技革命带来的，改变了以往国际分工整体产业转移的局面。模块化转移成为此次制造业转移的基本形式。科技革命使制造业产品出现了多种自然物理属性，产品的可分性不断提高。随着现代材料科学的发展，许多制造业产品的零部件从原来的金属材料变成了塑料材料，零部件的转移性能更灵活、生产成本更加低廉。交通运输技术的进步和发展，使原来昂贵的运输成本迅速下降，物质流通的效率也大为提升。特别是信息技术革命带来的移动电话和互联网等信息工具的使用和普及，不仅大大降低了全球信息交流的费用，而且改变了信息交流和处理技术模式，对制造业产业结构产生了不可逆转的影响。突出表现在制造业产品设计更加趋于模块化，改变了制造业产品设计的集中化模式，取而代之的是模块化为基础的分散化设计模式。制造业产业结构也从原来高度集中的纵向一体化产业结构，演变到相互联系而松散，并且具有纵向分散特征的企业族群模式。发达国家的企业族群，在纵向空间上的扩散就成了国际制造业的转移。因此，制造业模块化设计改变了持续技术创新、竞争范式和产业升级的路径。正是设计模式发生改变，才导致发达国家与发展中国家产业更具背离趋势。例如，英国经济学者约翰·霍金斯在《创意经济》中分析的那样，世界每年由创意经济所创造的产值在 220 亿美元左右，且在以 5% 的速度递增。美国的创意产值在以 14% 的速度递增，英国以 12% 的速度递增。美国的出口产品中大部分是创意产品。美国 2002 年的创意产品产值 5351 亿美元，占当年 GDP 的 5. 24%；英国 2002 年创意产值占 GDP 的 7. 9%。英国目前的创意产业排在国内的第二位，提供的就业人数最多。英国的金融行业虽然产值第一，但其就业人数排在第二位。纽约只有 8 万人从事制造业，而创意工作发展十分迅速，3 个美国人中就有 1 人是从事创意工作。他们在科学工程、建筑设计、文化教育等领域不断推出新的思维和新实践（钟华，2013）。

美元作为国际货币体系的主要货币，以汇率为工具不断扩大美元的货币能力，造成中国制造业产品出口与国际货币体系的不匹配，导致中国制造业产业发展滞后。20 世纪 60 年代开始，东亚就开始奉行以出口为导向的产业发展模式，最终结果就是这些国家相对于美国贸易失衡。这绝不能简单归结为这些国家与美国之间的贸易问题，而是这些国家的货币与美元之间的汇率影响问题。如果简单地把东亚积累美元外汇储备，归结为预防20世纪90年代出现的“亚洲金融危机”，也难以自圆其说。例如，20世纪90年代，日本已经是发达国家，具有足够的外汇储备使用，已经具有了不需要大量积累美元外汇储备的理由。但日本对美国的经常项目账户仍存在明显的顺差。日本在1998年外汇储备是1000亿美元，到了2007年增加到1万亿美元。中国的情况更能说明美元的霸权性质。20世纪90年代开始，中国对美国出口贸易已经出现顺差，在此期间学者还认为人民币出现了高估而不是低估。2005年以后，中国对美贸易顺差大幅增加。2005—2008年，人民币对美元升值了20个百分点，但中国与美国之间的贸易失衡依然存在。此时的外汇积累已经不是为了外汇应急所需。从东亚区域范围分析，如果中国是因为人民币汇率低估导致的出口顺差，那么，其他与中国处于竞争地位的国家贸易顺差就应该是减少的。相反，此时的东亚国家贸易都出现顺差和外汇积累增长。这些国家从2000年的大约1万亿美元，上升到2008年的5万亿美元左右。这说明，美国在制造业转移过程中不断对东亚区域范围内的制造业产业链整合，导致一些轻加工制造业从东亚转移到了中国。这是美国制造业全球布局的改变。美国也有出现资本项目逆差的情况，不过这只能是美元作为国际货币本身造成的。20世纪80年代，美国为了减缓国外的美元债务，也为刺激国内经济复苏的需要，逐渐放松金融管制，允许金融机构高杠杆运作以增加可信贷资金。2001年，美国互联网泡沫破裂，为了刺激经济不至于衰退，美国采取了宽松货币政策，大幅度降低了国内利率。从2001年的年利率6.5%，连续23次降息。18个月后，利率降到了1%，几乎是零利率。美元的流动性增加并形成了大量投机资金。这种情况使得制造业研发资金难以落实，同时，形成的财富泡沫还引发了人们的虚幻财富效应。美国开发了大量的金融衍生产品，造成实体经济资金越来越少。美国的财富效应直接导致了美国对中国制造业低级产品需求的增加。到2000年，中国已经成为美国劳动密集型消费品的主要供给国，也造成了中美之间的贸易失衡。美国的资本流动过剩也促使美国国内的资本大量流动到中国和其他发展中国家。据统计，2000年美国资本流动到发展中国家2000亿美元，到了2007年就增加到1.2万亿美元。需要指出的是，这些资本不是使用在发展中国家的制造业技术升级，而是增加了发展中国家新的加工制造业的投资。这不仅增加了发展中国家投资拉动的资本，使得经济增长模式固化，而且，新增投资还加快了发展中国家能源的开发和原材料等自然资源需求的过快增长，使资源出口国家的贸易条件进一步恶化（林毅夫，2012）。

由此可见，由于人民币不是中美贸易的结算货币，中国在承接美国制造业转移中必然导致 FDI 被强化，例如，政府制定优惠政策吸引美元资本投资，主动让出国内高回报项目被外资占领，而中国的储蓄则变成了出口顺差，换来美元后再买美国债，最终形成“双顺差”。中国的“双顺差”表明国家的资源非优化配置以及福利的损失。这是因为，美国制造业在中国投资要用人民币计算，而中国企业在美国投资则是用美元计算。即中国企业在美国的收入要用美元表示。美元的升值，意味着中国未来在美国投资头寸的增加。美元的贬值是中国未来对美国投资头寸的减少。在“双顺差”情况下，如果美元兑换人民币贬值，说明中国未来的国际投资收入头寸恶化，而美国企业在中国收益并在中国再投资，就会相对出现国际投资收入头寸改善。这就类似于中国的财富向美国转移。如果美国公司把他们在中国的投资收益换回美元汇出，就可以立即冲抵中国在美国的以美元计价的投资收入。这种由美元汇率变化导致的中国国际投资收入头寸变化，改变了中国财富基金原有的价值。因此，以美元为主导的国际货币体系下的汇率变化，涉及国家的核心利益。世界各国对此都有明确认知，所以，很多国家才会不断联合集体干预汇率，以防止因美元的贬值而造成本币的升值。日本的历史事实证明，美元的贬值可以造成对其贸易顺差国家的经济长期低迷。美国则由过去从日本进口消费品，变成了更多地从东南亚国家进口。美国利用汇率变化可以轻而易举地打垮对自己有竞争力的强大贸易顺差国家。

目前的人民币不断升值是美国对中国制造业转移，而中国保持对美贸易顺差开始转折的因素。中国必须关注人民币升值对制造业出口的影响，而美国的贸易赤字不会带给其更多损失。中国制造业产品对美国的出口是在人民币兑美元汇率相对贬值下形成的。人民币升值对国内制造业产品出口会带来明显不利影响。美国对中国的贸易赤字并没有造成明显不利影响。2010 年，美国对外贸易赤字达到了 11.6%，赤字总额为 4878.2 亿美元；其中，对中国的贸易赤字达到历史最高为2955亿美元。2011年美国对外贸易赤字达到32.8%，赤字总额为5580.2亿美元；其中，对中国的贸易赤字收窄为2950亿美元，比2010年减少了5亿美元。这是在人民币不断升值的背景下出现的美国赤字。美国不可能使贸易赤字低于GDP的4%的安全水平。这将对中国制造业带来可怕的俘获效应。中国必须重新制定人民币汇率战略，彻底摆脱国内经济因货币紧缩、货币升值而形成的恶性循环。

在当前的国际货币体系下，中国的储蓄过剩不仅是营利性投资欠缺的问题，而且造成金融体系脆弱或无效。中国过剩的储蓄导致金融机构投资者聚集了大量的居民储蓄，为了补偿国内储蓄者的利息支付，需要在国家外汇担保下，将国内储蓄投资到美元资产上。因此，银行金融机构不仅面对相当大的汇率风险，而且使银行金融机构丧失了对中小企业提供贷款的动力（［法］米歇尔·阿格利埃塔著，赵超摘译，2011）。统计显示，1983—2010年，中国在承接制造业转移投资不断增长的情况下，中国制造业受外资控制程度也在不断上升。1983年外资投资额6.36亿美元，到2010年外资投资额达到1088.21亿美元，增长了170多倍。同时，2003年以后，外资控制中国制造业程度明显上升，达到了20%左右。外资控制中国的市场程度达到了30%。这样的指标已经达到了国际警戒线。外资控制中国制造业新产品的程度更为严重，已经达到40%。外资对中国的技术控制程度是最明显（卜伟，2011）。如果按联合国贸易和发展会议制定的《2009年国际投资协议中的国家安全保护》标准衡量，外资控制中国装备制造业和高技术产业的程度在所有的工业类别中最为严重，见表10-3和10-4。打破依赖美国技术输出的控制，建立中国在技术轨道上的次序发展模式是制造业产业升级的重要标志。

表10-3　中国装备制造业2000—2009年外资控制度

项目＼年份	2000	2001	2002	2003	2004	2005	2006	2007	2008	2009
市场	43.0	44.3	44.9	49.5	51.5	52.9	52.3	51.4	47.8	44.0
股权	37.2	38.2	38.5	41.2	44.1	46.1	46.7	46.2	44.1	41.5
拥有发明专利	23.0	18.1	25.9	27.7	24.9	30.1	33.4	41.4	30.0	—

续表

年份 项目	2000	2001	2002	2003	2004	2005	2006	2007	2008	2009
研发费用	29.5	26.4	27.4	30.6	34.6	36.8	37.1	38.2	32.9	—
新产品产值	43.9	46.3	46.1	47.5	51.5	51.4	52.8	53.6	50.6	—
固定资产净值	32.2	33.1	34.0	37.3	40.0	43.1	43.7	44.4	41.5	39.9
总资产	33.9	37.3	38.3	40.7	43.6	47.3	49.0	50.4	48.3	43.8

根据《中国统计年鉴》（2001—2010）和《中国科技统计年鉴》（2001—2010）相关数据计算得到，其中《中国科技统计年鉴2010》中没有分行业的外资企业统计数据，因此，2009年反映外资技术控制度的3项指标的统计数据空缺。

表10－4　2000—2009年高技术产业被外资控制度

年份 被控类	2000	2001	2002	2003	2004	2005	2006	2007	2008	2009
市场控制度	59.9	61.4	61.9	67.3	74.0	73.1	72.4	73.0	70.4	65.7
专利控制度	30.2	23.7	23.8	38.7	38.8	28.7	42.6	48.3	36.5	28.9
研发控制度	28.8	28.7	32.6	34.1	41.6	42.1	44.2	44.5	41.1	36.9
新产品产值控制度	57.2	64.0	63.5	57.8	68.4	66.5	69.1	70.0	69.5	56.9
总资产控制度	38.1	44.7	36.1	53.7	62.4	64.0	65.2	68.9	67.6	61.5

数据来源：依据《中国高技术产业统计年鉴》（2001—2010）相关数据整理、计算而得。其中，总资产在《中国高技术产业统计年鉴》中的统计口径为年末固定资产原价，这里用“年末固定资产原价”的数据报告总资产控制情况。

中国制造业升级的演变可以归纳为“制造业加工程度不断高级化的过程”，在承接发达国家制造业初期，要素资源价格低下，粗加工和来料加工成为制造业主要产品。随着资源稀缺程度不断提高，特别是政府对资源和环境保护意识增强，制造业生产逐渐朝深加工、机械化、自动化和信息化方向演变（巫强、刘志彪，2007）。尤其是劳动力价格上涨是未来制造业演变的基本因素。统计显示，2008年开始，制造业人工成本上涨速度超过了原材料成本上涨，如2008—2010年，制造业人工成本上涨幅度是11.1%，2010年上升至12.3%。而原材料成本占比由2009年的63.1%，上升到2010年的64%，期间劳动力价格增速超过原材料成本上涨。从行业分析，机械行业的原材料和人工成本上涨幅度分别是7.6%和1.7%。纺织服装是3.7%和1.5%。纺织服装业的人工成本占比相对较高，2010年占比为16.5%。而化工行业人工成本最低，2010年占比仅为8%。见表10-5。

表10-5　2009—2010年非熟练工人平均工资的变化

平均上涨 / 行业	上涨 >20%	上涨 15%~20%	上涨 10%~15%	上涨 5%~10%	上涨 5%	基本持平	下降 5%	下降 5%~10%	下降 >10%
纺织服装	12.5	25.0	27.5	15.0	10.0	10.0	0.0	0.0	0.0
电子轻工	18.5	18.5	20.4	22.2	14.8	5.6	0.0	0.0	0.0
机械设备	8.3	14.7	16.5	34.9	13.8	11.9	0.0	0.0	0.0
化工	7.2	12.0	26.5	22.9	12.0	19.3	0.0	0.0	0.0
能源材料	8.6	5.7	20.0	42.9	8.6	14.3	0.0	0.0	0.0
其他	11.9	12.8	22.9	26.4	9.7	15.0	0.4	0.4	0.4

数据来源：根据财新网：张雪春、徐忠、沈明高，中国劳动力工资上涨，分析整理。

工资涨幅与人工成本占比关系反映了不同行业的劳动力密集程度的相对变化。纺织服装行业受人工成本上涨影响最明显。这些行业的人工成本占比相对较高。在轻工业中的电子制造和化工生产的工资上升较快，但轻工业中的人工成本占比上升相对较慢。这说明电子制造和化工生产这两个行业的劳动密集程度开始下降。另外，在机械设备制造和能源材料生产中仍存在劳动力密集程度上升的趋势。这说明美国金融危机后中国制造业正在向附加值产业升级演变。

（二）人民币升值对制造业升级实证分析

传统金融理论指出，一国的货币汇率相对于出口国家货币汇率的低估可以带动本国制造业产品出口，因此能够带动制造业产业升级。事实上，人民币兑美元汇率的低估，既有促进中国制造业产品出口增长的因素，也有造成制造业产品过剩，甚至形成了“竞次”出口的现象。人民币汇率对制造业产业升级的影响不是一蹴而就的，而是长期叠加形成的影响（周其仁，2010）。不可否认的是，在人民币兑美元汇率低估时期，虽说刺激了制造业产品出口，却也造成了人民币低汇率政策导致的价格信号扭曲。这种价格扭曲搅乱了制造业生产选择行为，造成了制造业不可逆转的固定资产投资和由此决定的产业结构的固化。例如，制造业更加倾向于选择简单制造业生产环节投资，并且不断强化低汇率下出口激励的机制。

此外，人民币汇率的低估还造成中国不同地区经济竞争关系，加上政府绩效考核的激励作用，各地在工资标准，环境保护标准、产品运输成本等方面存在竞争，导致了不同地区同类产品的生产成本差异，产品的价格差异，形成各地竞相压价出口的局面。这种现象反过来加重了人民币汇率长期低估的局势，在一定程度上激发了美元主导下国际货币体系作用的效应（唐翔，2012）。

人民币长期盯住美元汇率是中国承接制造业转移的基础。从制造业加工贸易条件与收入贸易条件两类数据分析，1980 年以来中国价格贸易条件总体呈现不断下降趋势。2007 年价格贸易条件，比 1980 年下降了 32.8%。但收入贸易条件却呈现不断上升。2007 年收入贸易条件比 1980 年上涨了 42 倍。这表明中国在出口价格条件总体下降的趋势下，进口商品的能力还在不断提高。1994 年人民币汇率改革后，加工贸易条件有所改善。1998 年由于“东南亚金融危机”又开始盯住美元，贸易条件有些反复。但 2005 年之前的人民币汇率调整，对贸易条件改善是起到积极作用的（陈建奇，2011）。2005 年 7 月 21 日，中国采取通过名义汇率调整，实现人民币实际汇率升值措施；2008 年下半年，由于美国金融危机，又重新选择盯住美元制度。总体上，2005—2008 年，开启了人民币汇率调整的窗口，人民币汇率升值趋势比较明显。这对中国制造业升级演变将产生两方面影响：一是人民币升值对制造业产品出口不利，将弱化需求拉动下制造业产业升级演变；二是人民币升值可以激励制造业对外直接投资，是制造业通过“走出去”带动产业升级的重要途径。这两者的作用效果可以进行实证检验。

1. 实证检验方法描述

为了检验人民币汇率变化对制造业产业升级的影响，我们根据随机扰动对系统变量的影响，采用西姆斯（C. A. Sims）向量自回归模型（VAR模型）进行分析。该分析综合采用脉冲响应分析和方差分解分析，能够最大限度地避免传统计量研究方法中，忽略内生变量和异方差之间相互影响的问题。该模型比较适应汇率变化与产业演变之间的动态关系分析。在构建VAR模型中，将体系中研究指标的内生变量视为内生变量滞后值的函数，用于衡量变量之间的非结构性关系。同时，采取Granger因果检验、方差分解、脉冲响应等措施考察变量之间的内在关系。

我们将滞后P阶的VAR模型写作：

$$Yt = A1Yt - 1 + \cdots ApYt - p + HXt + \mu t \qquad t = 1,\ 2,\ 3,\ \cdots T$$

该公式中的Yt，是维度为k的内生变量的列向量。$Yt =$（$y1t$，$y2t$，$y3t$，…，ykt）。公式中Xt，表示外生变量的列向量，其维度为d；Xt可以是常数量、线性趋势项，或者是其他非随机变量。P就是滞后的阶数。$A1 \cdots Ap$代表待估矩阵，其维度为$k \times k$维；H也是一个待估矩阵，其维度为$k \times d$维；T表示总的样本个数，是一个具有k维扰动的列向量。它们之间可以具有同期相关性，但不与自身的滞后值以及等式右边的变量相关。

2. 实证变量选取方法

（1）制造业产业结构变量选取

考察制造业产业结构比较复杂，涵盖了不同类别的制造业。研究采用了OECD和Sanjaya Lall对制造业进行分类的标准。在按照国民经济行业分类标准（GBT 4754—2002）进行分类时，采用生产技术含量多少来区分，将规模以上的企业分为两组：一是低技术制造业；二是中高级制造业。为保证所考察企业的各年份数据完整，全面反映制造业内部结构演变的实际情况，我们把所考察的工业类别按照行业特点进行细分。按照通常做法，在确定制造业总产值结构方面时，该研究将采用了中、高技术工业总产值之和与低技术工业总产值之和的比值；用公式表示就是：$Y = \sum Yh / \sum YL$。公式中的Yh表示相同期的中、高技术工业总产值；YL代表低技术工业总产值。该公式可以衡量制造业产业结构的演变状况。

（2）人民币实际有效汇率选取

REER 表示人民币实际有效汇率。我们把考察期内人民币对主要贸易伙伴国货币的汇率变量作为权数，把选定的基期汇率进行加权平均从而得出 REER。从理论上分析，REER 可以综合反映汇率的真实水平。该类文献研究中也常常使用 REER 分析一个国家货币相对于多种货币的价值变化。我们获得的 REER 数据来源于世界银行数据库，同时，将 2005 年数据当作基期。世界银行 REER 数据库的标准做法是按照间接标价法表示人民币实际有效汇率的变化：实际有效汇率上升意味着人民币标价的外国商品和劳务的价格相对下降。人民币在外国的购买能力相对上升。这就是人民币的实际升值，外币的实际贬值。相反的情况则是人民币实际有效汇率下降，意味着人民币贬值。也就是以人民币表示的外国商品和劳务的价格相对上升。人民币在外国的购买能力相对下降。这就是人民币实际贬值，而外币实际升值。

（3）数据的来源与处理情况

该研究主要使用《中国工业经济统计年鉴》《中国统计年鉴》以及《中国经济普查年鉴》中的制造业分行业数据。我们将年鉴中所缺失的数据，根据实际情况进行了一定的样本修复。我们以 2010 年作为研究的基期，将世界银行网站得到的人民币实际有效汇率，进行了价格指数的平减。其目的是要消除价格变化对模型估计效果的影响。由于中国从 20 世纪 90 年代对美国出口出现了明显增长趋势；人民币汇率改革在 20 世纪 90 年代基本完成。因此，我们选取 1990—2013 年的数据，并将数据进行对数化处理，以尽可能地消除时间序列中存在的异方差和降低数据的波动性。选择使用 Eviews6. 0 软件对 LNREER、LNY 进行数据分析。

3. 分析描述过程如下

（1）首先进行变量平稳性检验

首先进行时间序列变量的平稳性检验。其目的是要保证变量的随机过程特征的稳定性。即保证按照时间序列进行统计的数据不会由于时间推移产生数据性质变化。该研究采用“单位根”检验方法，检验时间序列平稳性。目前进行“单位根”检验一般使用 ADF（Augmented Dickey

Fuller）或者 PP（Phillips－Perron）方法。该研究的平稳性检验采用 ADF 方法。因为，ADF 方法较 PP 方法在检验异方差和自相关方面更具有敏感性。此外，该研究在选择滞后期时依据 AIC、SC 准则。表 10－6 为具体检验结果。

表 10－6　各变量在不同类项的平稳性

变量	检验类别（C，T，K）	ADF 检验值	1% 显著下水平临界	5% 显著下水平临界	结论
LNREER	（C，T，1）	－2.8374	－3.7696	－3.0049	非平稳
DLNREER	（C，0，1）	－3.7537	－3.7696	－3.0049	平稳
LNY	（C，T，1）	－1.1410	－4.4163	－3.6220	非平稳
DLNY	（C，0，1）	－4.5087	－3.7695	－3.0049	平稳

注："C"是估计方程常量，"T"是时间趋势项，"K"是滞后阶数。

分析表 10－6 中数据发现，使用 ADF 检验 LNREER 和 LNY 之后，可以发现"t"统计量的值均大于 5% 的置信水平下的，"单位根"检验的临界值。因此，可以认为 LNREER 和 LNY 具有非平稳时间序列特性；然而 LNW 和 LNY 经一阶差分 ADF 检验后，"t"值均小于 1% 置信水平下的临界值，因此，该原假设被拒绝。这可以认为 LNREER 和 LNY 经一阶差分是平稳序列。

（2）选取 VAR 滞后阶数和稳定性分析

在 VAR 模型的构建过程中重点要考虑其最优滞后阶数选取问题。当研究选取滞后期阶数太小时，其误差项的自相关性就可能很严重，必然会影响到参数估计的一致性。当研究选取的滞后阶数太大时，虽然能一定程度消除误差项自相关，并能相对完整地反映模型的动态性，但是，它将造成自由度减小而影响参数的有效性。另外，如果选择的滞后期不恰当，还可能导致"伪回归"现象发生。该研究是根据 AIC 准则、SC 准则、LR 准则和 HQ 准则等，确定 VAR 模型的最优滞后阶数。在准则的利用方面，如果 AIC 和 SC 准则所确定的最优滞后阶数相同，就直接确定为最优滞后阶数。如果两者确定的最优滞后阶数不相同，再综合考虑模型的经济意义并根据 LR 准则和 HQ 准则最后确定最优滞后阶数。表 10－7 显示了模型的最优滞后阶数以及各信息相关数据。

表 10－7　各准则变量及模型最优滞后期

滞后期	LR	PPE	AIC	SC	HQ
0	NA	0.0002	－2.8359	－2.7364	－2.8143
1	60.6190*	1.02e－05*	－5.8227*	－5.5243*	－5.7579*
2	2.9229	1.26e－05	－5.6244	－5.1270	－5.5165
3	4.1637	1.42e－05	－5.5409	－4.8445	－5.3897

注：*表示依据相应准则确定的滞后阶数。

根据表 10－7 中的显示，该研究根据 AIC、SC 和 LR 以及 HQ 信息准则，确定的最优滞后阶数为 1 阶。因此，可以确定 LNREER 和 LNY 的 VAR 模型的最优滞后阶数为 1 阶。该研究使用 Eviews 6.0 软件，在模型滞后阶数为 1 阶下进行模型的估计分析。该研究模型的估计结果："括号中数字"是标准差；"方括号中数字"是 t 值。

$$LNNEER = 0.6644 + 0.7066 \times LNNEER_{t-1} + 0.1631 * LNY_{t-1} + \mu_t \tag{10-1}$$

(0.237)　　(0.123)　　(0.123)

[3.228]　　[5.742]　　[1.334]

Adj. R^2 = 0.623　　F 统计量 = 16.574

$$LNY = 0.6687 - 0.0559 \times LNNEER_{t-1} + 0.9107 \times LNY_{t-1} + \mu_t \tag{10-2}$$

(0.351)　　(0.048)　　(0.048)

[1.904]　　[－1.157]　　[18.960]

Adj. R^2 = 0.949　　F 统计量 = 205.843

研究方程（10－1）和方程（10－2）内容得出，在自然对数水平下，制造业产业结构与人民币实际有效汇率之间在滞后 1 期的情况下是正影响关系；而人民币实际有效汇率与制造业产业结构，在滞后 1 期的情况下为负相关影响。但是，人民币实际有效汇率对制造业产业结构的影响作用相对较小；同时，制造业产业结构和人民币实际有效汇率在自身滞后 1 期情况下出现了较强的影响。从 t 值的显示看，在 1% 的显著水平下，方程（10－2）中的各项参数显示较好，显示不太好的就是 LNNEER 滞后一阶的估计值。研究 VAR 模型的系统平稳性和显著性时，可以发现单项的单参数估计值对其整体系统影响较小。在利用 AR 特征的多项式根进行稳定性检验中，根据所有 AR 根模的倒数都小于 1，即根模的倒数在同一单位圆内，判断模型的稳定性。由于 VAR（10，1）模型的特征方程两个根分别为 0.845 和 0.773，即它们都在单位圆内，因此认定 VAR（10，1）模型是稳定的。

（3）协整检验分析

按照 Engle 和 Granger 提出的协整理论，如果 {Xt}、{Yt} 都是同阶单整的两个时间序列，且这两个时间序列的某种线性组合是零阶单整，存在零均值，即 {Xt}、{Yt} 存在协整（cointegration）关系。对于非平稳时间序列模型，具有协整关系就能够反映变量间长期稳定的均衡关系。该研究将协整检验分为基于回归系数的 Johansen 协整检验和基于回归残差的协整检验。常用的检验方法包括 CRDW 检验、EG 检验和 AEG 检验。因为该研究只涉及两个变量，所以采用 EG 两步法检验。采用 OLS 估计回归方程模型，把 LNNEER 作为被解释变量，把 LNY 当作解释变量进行回归分析，结果显示如表 10 – 8 所示。

表 10 – 8　LNNEER 对 LNY 的回归显示

	系数	标准差	T – 统计量	概率
LNY	– 0.2486	0.2028	20.96980	0.0000
C	5.7913	0.8790	2.330208	0.0324
可决系数			0.962779	
F 统计量			439.7324	

R 序列是残差，再对 R 序列进行单位根检验，结果显示如表 10 – 9 所示。

表 10 – 9　R 的单位根检验

变量	检验类项（C、T、K）	ADF 统计	1% 显著下水平临界	5% 显著下水平临界
R	（C，0，0）	– 1.969673	– 2.699769	– 1.961409

对 R 检验结果发现 ADF 统计量为 – 1.969673，并且在 5% 显著水平下，小于 Mackinnon 临界值，因此可以拒绝原假设。残差序列不存在单位根，说明是平稳序列。同时 LNY 和 LNNEER 之间有协整关系。也可以说，LNY 和 LNNEER 之间存在稳定的长期均衡关系。

（4）脉冲响应显示

脉冲响应是检验随机扰动项被冲击后，内生变量的反应情况，或者说，对随机扰动项施加一个冲击后，内生变量的当期值和未来值所产生的影响。VAR 模型包含的信息丰富，不属于定式理论和结构化模型的范畴，利用随机变量冲击，分析内生变量的当前值和未来值的变化程度以及对整个系统的影响比较合理，也能够确立变量在系统中的重要度。根据这一原理，把 VAR（10－1）模型进行 Cholesky 分解，对 LNNEER 和 LNY 分别给予一个标准差大小的冲击，观察图 10－1、图 10－2 显示的当期值和未来值所产生的影响。

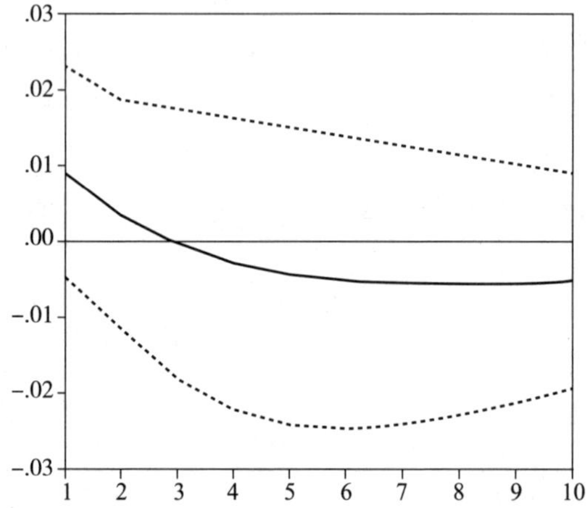

图 10－1　LNNEER 对 LNY 一个标准差冲击的脉冲显示

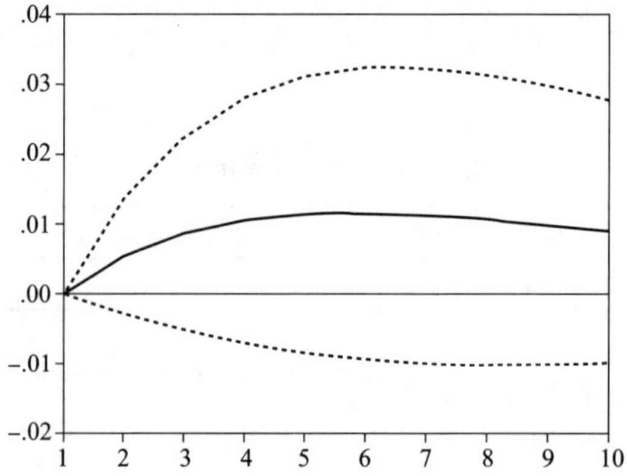

图 10－2　LNY 对 LNNEER 一个标准差冲击的脉冲显示

图 10－1 和图 10－2 中，横坐标轴代表着一个标准差冲击过程的滞后期间数（单位：年）。图中的实线部分是脉冲显示的情况。虚线部分是在相应脉冲显示两侧增加 2 倍标准差，或者降低 2 倍标准差的置信带。

图 10－1 中的实线部分是在对数水平下，制造业产业结构对人民币实际有效汇率在一个标准差大小冲击产生的脉冲显示值。虚线部分是在脉冲显示图像两侧增加 2 倍标准差，或者减低 2 倍标准差的置信带。图 10－1 显示制造业产业结构对人民币实际有效汇率产生了正响应。从第 1 期到第 3 期，这种正响应逐渐开始减弱，到第 3 期减弱到 0。之后的响应一直处于负响应趋势，并稳定在－0.005 左右。综合分析，人民币实际有效汇率的上升，对制造业产业结构的前期提升，具有正向推动作用，对之后的制造业产业结构提升就变得较为微弱。

图 10－2 表示在对数水平下，人民币实际有效汇率对制造业产业结构一个标准差单位冲击后的脉冲显示情况。图 10－2 显示人民币实际有效汇率对制造业产业结构的扰动并没有立即做出响应，但此后对其响应程度呈现逐渐变大趋势，在第六期达到最大值后，在 0.0089 处于稳定趋势。这说明制造业产业结构升级对人民币实际有效汇率的上升具有一定的正向效应，而且具有一定时间的滞后性。

（5）方差分解显示

采用方差分解方法主要是区分系统中内生变量的波动情况，从而发现内生变量变化的原因。具体原理是根据每一个内生变量的成因，把内生变量区分成与方程信息（随机误差项）相关的各个组成部分，然后探究各信息对内生变量的重要程度。也就是说，利用方差分解方法可以产生预测方差。通过对预测方差的分解可以进一步研究变量内生变量演变规律。

我们对 VAR 模型中，LNY 和 LNNEER 进行方差分解，得出如下变化成因，见表 10－10。

表 10－10　对 LNY 方差分解

时期	标准差	LNNEER	LNY
1	0. 0341	7. 1715	92. 8285
2	0. 0455	4. 6059	95. 3941
3	0. 0528	3. 4143	96. 5857
4	0. 0581	3. 0623	96. 9377
5	0. 0621	3. 1818	96. 8182
6	0. 0651	3. 5370	96. 4630
7	0. 0673	3. 9857	96. 0143
8	0. 0691	4. 4466	95. 5534
9	0. 0704	4. 8766	95. 1234
10	0. 0714	5. 2561	94. 7439

从表 10－10 中可以看出，在制造业产业结构波动的第 1 期，人民币实际有效汇率对其预测误差的贡献度，达到最大值 7% 之后，逐渐缩小至 3%，但是，从第 5 期开始，人民币实际有效汇率对其影响缓慢变大。这说明制造业产业结构的波动受到了人民币实际有效汇率的影响，影响程度大小类似于 U 形。

表 10－11　LNNEER 的方差分解

时期	标准差	LNNEER	LNY
1	0. 0869	100	0
2	0. 1074	99. 7514	0. 2486
3	0. 1168	99. 2397	0. 7603
4	0. 1215	98. 5483	1. 4517
5	0. 1240	97. 7677	2. 2323
6	0. 1254	96. 9769	3. 0231
7	0. 1263	96. 2331	3. 7669
8	0. 1269	95. 5705	4. 4295
9	0. 1273	95. 0038	4. 9962
10	0. 1276	94. 5338	5. 4662

从表 10－11 中可以看出，人民币实际有效汇率的波动，在第 1 期只受自身波动的影响，即人民币实际有效汇率变化，并不是一开始就受到制造

业转移的影响。制造业产业结构对其波动性冲击的影响，在第二期逐渐显现出来，并且有逐渐增大的趋势。这说明制造业产业结构的变化对人民币实际有效汇率产生的影响是一个漫长的过程。但是，制造业产业结构对人民币汇率的影响是逐渐增强的。

4. 实证结论总结

通过以上将人民币实际有效汇率与制造业产业结构影响进行实证分析，我们总结出如下几点结论。

（1）中国制造业产业结构升级，对人民币实际有效汇率的上升，具有持续性推动作用。通过 VAR 模型输出结果可以看出，在自然对数水平下，制造业产业结构优化升级 1%，大约能够带动人民币实际有效汇率 0.16% 的上升；从脉冲响应函数分析可知，制造业产业结构升级，对人民币实际有效汇率的上升，具有一定的正向效应，而且，这样的正向效应是逐渐形成的并出现不断增强的过程。这与制造业产业结构本质属性有很大的关系，即产业结构在一定时期内具有较强的稳定性。这在方差分解分析中，也同样得到了验证。概括地说，中国制造业产业结构的升级，不能立即对人民币实际有效汇率的波动产生影响，但是，对其影响是逐渐增强的。或者说，随着中国制造业产业结构的不断升级，人民币处于逐渐升值的过程之中。

（2）人民币实际有效汇率的上升，对制造业产业结构升级具有一定的负向影响，但整体影响较小。首先，从模型输出结果来看，人民币实际有效汇率上升 1%，制造业产业结构则会下降 0.05%。脉冲响应图显示人民币实际有效汇率的上升对前期的制造业升级具有正向推动作用，但制造业发展后期就转为较弱的负面影响。这与模型输出结果基本吻合。通过方差分解发现人民币实际有效汇率的波动对制造业产业结构变化的贡献度在 3%～7%之间，影响并不大。这说明制造业产业结构的波动主要来源于自身发展。

综合分析后，我们认为人民币升值之所以对中国制造升级产生微弱显著性，是因为人民币汇率变动长期受制于美元汇率的波动。人民币汇率升值并不能左右中国制造业产品出口变化。事实上，不管人民币是否升值，中国制造业出口的基本数量都没有发生显著的变化。由于人民币长期盯住美元汇率波动，美元主导的国际货币体制决定了中国制造业升级。当然，中国制造业经过30多年发展，已经演变成为世界制造业大国。随着世界贸易所积累财富增加和经济体量不断扩大，中国制造业生产效率提升也是客观存在的，因此，中国具备了制造业产业升级的条件。同时，中国制造业升级为人民币升值奠定了物质基础。随着制造业生产效率提升，人民币升值的趋势不容忽视。我们认为中国承接国际制造业转移，已经到了由低端技术链条向高端技术链条攀升的转折点。或者说，中国已经到了制造业升级演变的临界点。

第十一章　中国制造业技术创新承载产业升级路径

制造业技术创新和产业升级存在交互演化作用关系。技术创新是制造业产业升级的重要因素。技术创新是指新技术的产生或生产工序的改变等，对提升制造业产品功能、品质和生产工艺起到推动作用，然而，制造业技术创新并不是产业升级的唯一条件。制造业升级包括生产要素升级和产品质量的升级，这不仅需要制造业技术提升，更需要政策和制度的配合。中国承接美国制造业技术转移过程中，也有不少生产技术在中国得到了改善，但对制造业产生升级的带动作用却是有限的。中国制造业产业升级不仅是由简单制造业向高级制造业转移的问题，而且是制造业内部，例如，轻纺、化工和“装备制造业”之间的结构合理化以及它们之间的技术水平的提高。由于制造业内部的技术、组织和制度的差异，制造业升级本质上是一个非均衡过程。制造业内部存在装备制造业技术扩散和技术带动效应，也就是存在装备制造业带动能力问题。

（一）层叠效应、技术偏好、价值创造与承载产业升级

中国承接制造业转移形成了复杂的产业升级演变过程，在此过程中不仅存在路径依赖、技术锁定和结构不可逆等效应，而且还存在技术扩散的层叠效应（information cascades）。技术层叠效应是指在技术能力有限的情况下，一旦某一种技术被首先使用并成为市场中的主要流行技术，该技术也就最先成为市场中的最优技术。这就是技术使用过程中的占先优势。假设在生产过程中同时出现两种新的技术 A 和 B。这两种新技术的出现对市场上的现有技术就造成了威胁。由于信息不对称，市场对 A 和 B 两种新技

术并不是十分清楚的情况下，没有人知道 A 技术好，还是 B 技术好，也不知道这两种新技术是否好于现有的技术。在消费市场上，人们对新技术产品的好奇以及对新技术产品优良品质的追求，优先选择了某一种产品。例如，A 技术产品首先被选择。这样 A 生产者和早期使用者，就对 A 产品信息更为关注。A 的技术如果确实比现有技术要好，将被逐步推广和应用。那些最早投入应用 A 技术的企业和 A 技术产品的最早使用者的行为，就代表了对 A 技术的决策选择。这些最早选 A 技术的企业和消费者，都将变成强势主体。因为，随着 A 技术信息的不断丰富，后来的企业和消费者就不愿意在 A 技术和 B 技术的选择上费时间。他们往往是出于节约时间成本和规避风险的考虑，一般会跟随选 A 技术使用。之后的跟随者更是不假思索地选择 A 技术。这样长期演变下去，A 技术就比 B 技术更具有吸引力。人们不会再考虑当时选择 A 技术，是不是仅仅由于最早的偶然选择问题。由此可见，制造业技术的层叠效应分为三个层次：第一层次是具有偶然性的人们，对 A 和 B 技术之间的选择；第二层次是在使用 A 技术的过程中，使用者能够将技术“封锁”在 A 技术上；第三层次是在众多使用者的认可下，形成了长期的 A 技术模仿，成为惯用的“流行技术”模式。我们将这一过程用来分析制造业技术创新与产业升级之间的关系，发现制造业内部技术扩散也同样存在“层叠效应”，其基本的演变路径是：如果制造业内部能够在初期形成技术网络外在性，或者说，如果“装备制造业”的技术能够不断给“轻纺制造业”和“化工制造业”带来技术利润，则“轻纺制造业”和“化工制造业”将会强化对本国“装备制造业”技术的“层叠效应”。即中国的“装备制造业”技术将在“轻纺制造业”和“化工制造业”技术需求中占先。然而，中国承接制造业转移中，最先转移到中国的粗加工和一般制造业生产模式，最容易形成与国内生产要素禀赋契合的生产方式，并首先在国内形成很广泛的生产基础。因此，制造业传统生产模式已经成了中国的惯性生产模式。不少地区已经形成了稳定的生产结构，要想获得制造业产业升级存在一定困难（杨克磊，2010）。

由于技术创新能力的实质是制造业生产过程中的全方位能力提升，尤其是各种保障技术创新能力提升的制度体系等，直接影响到制造业技术创新能力。例如，人民币汇率制度就是调节和配置国内生产资源，甚至是能够改变制造业生产方式的因素。尽管资本、劳动是制造业生产的内生变量，它们对制造业的影响强于文化、地理环境以及自然资源等外生变量，但是，资本、劳动等变量在短时期内是难以改变的，对制造业产业升级的影响是缓慢而且漫长的。汇率制度是能够真正影响资本、劳动以及文化、环境和自然资源的关键要素，是能够决定技术进步所需要的物质和人力资本合理配置的重要因素。汇率可以在短期内调整物资和人力资本配置，甚至可以改变文化、环境和资源等约束。汇率通过配置物资和人力资源，可以调整技术进步的方向和速度以及控制市场消费的偏好。因此，在制造业技术创新带动产业升级过程中，必须将技术和汇率制度综合分析。制造业升级是众多产业演化和互相促进实现的。每一个产业的演变都是产业内部所有企业之间的相互促进和影响实现的。因此，制造业升级必须要实现制造业核心产业升级。由核心产业带动内部的系统升级。汇率是统领国内全局又能协调外部市场的核心要素，不仅可以调动企业生产效率，而且可以将产业内部的众多企业主体协同演化。更为重要的是，通过产业内部众多企业主体协同演变，反过来更能提升企业生产效率，促进高效率企业扩展和低效率企业收缩以及新兴产业的兴起和落后产业的淘汰等。此外，汇率还可以将产业间出现的不同创新进行系统演化。因为制造业技术创新程度需要在产业群体内进行衡量和评价，不同行业内部和产业之间存在一定技术差异，汇率通过协调国际和国内市场，协同产生国际和国内的统一评价标准，让市场给予新技术以公平的裁定。这就可以使技术创新得到整体市场的认可。

中国制造业技术创新带动产业升级是一个不断演变的过程，是技术能力和技术偏好共同作用的结果。技术能力是中国制造业长期积累形成的技术创新本质内容，包括创新文化、创新组织和创新人才等。技术偏好则是汇率支配下，受要素禀赋制约的低端技术的适应性。制造业技术能力和技术偏好相互作用，互相影响，两种演化力量交织在一起，共同决定制造业升级的速度和方向。技术能力决定了技术供给，因为制造业自身的技术基础影响到外资技术层次的供给。技术偏好是制造业根据自身要素禀赋特点，所迫切需要的实用技术。这犹如技术的供给和需求两个方面，双方是对立而统一的关系。技术供给一定要与技术需求相匹配。从技术供给看，中国已经成立了101个国家和地方联合工程研究中心，建成了116个国家和地方联合工程实验室，793家企业技术中心得到国家认可，6824家企业技术中心得到省级认定。同时，国家推出了新兴产业创投计划，近百家创业投资企业得到政府的支持。仅2011年中国就设置了952项科技支撑计划专项，524项“863”计划专项。2011年中国R&D支出达到8610亿元，比2010年增长21.9%，占国内生产总值的1.83%。2011年中国受理国内外专利申请达到163.3万件，较2010年的100万件有明显进步。2011年仅受理国内专利申请就有147.9万件，占90.5%。2011年授予专利权96.1万件，国内授予的专利权86.4万件，占89.9%。2011年授予发明专利权17.2万件，10.6万件发明被授予国家级专利发明权，占61.5%。中国在2011年底获得有效专利274.0万件，仅在国内获得的有效专利就达到220.2万件，占80.4%；获得的有效发明专利69.7万件，国内获得的有效发明专利31.8万件，占45.7%。2011年中国签订技术合同达到25.6万项，技术合同成交额4763.6亿元，比2010年增长21.9%。从制造业技术层次看，中国2012年的高技术制造业增加值比2011年增长16.5%，这个速度高于规模以上工业增速的2.6%。2012年六大高耗能行业虽有增加，但增速在放慢，低于规模以上工业增速1.6%（谢鸿光，2012）。制造业企业逐渐重视了研发投入，2011年企业研发经费总投入占全社会研发经费投入的70%以上。2011年中国的科学论文被引用率上升到世界第7位；2011年中国有效发明专利数位居世界第3；中国技术交易市场也以每年20%的速度增长，2011年达到了4760亿元（张蕾，2012）。中国2011年全社会投入研发经费为8610亿元，企业投入的研发经费占到70%以上。这说明制造业技术能力不断提升，技术供给的前景看好。中国制造业自主创新投入不断增加，在诸多领域形成了一定的自主创新能力，但在一些关键技术领域美国技术供给仍是重要技术来源。中国制造业技术创新仍存在一种惯性思维，即“三段式战略”，从技术引进到实现国产，再到自主创新。但是，在当前国际货币体系环境下，中国的技术来源相对集中于美国，导致中国缺乏技术战略主动性。这就为制造业技术创新带动产业升级能力提升设置了障碍。

从技术需求看，由于制造业长期过度依赖于存在型的技术进步和过分依赖外资拉动经济增长，国内资本没有得到充分利用，投融资机制没有得到完善和发展，在技术供给环境不断改善时，总体依靠外部技术的惯性难以遏制。制造业利用外汇进口机器设备替代本国设备的现象十分普遍，进行二次集成创新的能力也没有明显增强。这说明制造业技术需求偏好还处在由封闭经济向开放经济过渡的阶段。制造业生产链条由低端向高端攀升还需要摆脱依靠要素禀赋发展的思维框架。

中国制造业技术创新承载产业升级能力提升不仅仅是技术供给能力和技术偏好的问题，更深层次的问题是政府在制造业发展过程中过分重视物质生产，轻视产品价值创造的结果。由于受制造业出口创汇思维的影响，政府强化了制造业出口创汇支持，弱化了社会生产力变化的自律性和自适应性，造成制造业长期低效运行而积重难返。在国际制造业转移的背景下，中国的“世界工厂”称号，是由于发达国家技术发展造成的，是世界工业化门槛降低的结果，也是适应了中国开放时期的比较优势。目前已经出现了制造业生产力变化的不适应性问题，例如，中国为适应劳动力资源的比较优势，各地承接了大量加工制造业环节，由于这次的制造业转移处在信息技术环境下，制造业价值构成的核心开始由工业经济向知识经济演进，即从生产环节向研发和营销演进。发达国家不仅锁定了制造业生产技术，而且锁定了产品价值的构成，即通过专利、品牌和商标等占有了产品价值构成的重要成分。这就形成了中国制造业出口产品中有90%是贴牌产品；20%手机产品、30%计算机产品和20%～40%数控机床产品利润被国外专利持有者拿去。中国成为“世界工厂”，但世界资源性产品价格却在上涨，而制造业产品的价格却在持续下降。这说明依赖数量型产品增长已经走到了终点，中国制造业产品必须要走价值创造模式。

中国制造业技术创新承载产业升级能力，不仅要看制造业融入国际产品内分工体系的链条端点，还要跟上全球性生产价值构成锚不断偏离传统价值模式的速度，即由于信息技术和网络技术迅速发展，营销渠道和定制模式已经成为产品价值构成的重要内容。中国要形成制造业产品的价值自律机制，就必须抓住信息技术变革机遇，依靠网络实现制造业技术创新承载产业升级。

（二）制造业技术扩散与承载产业升级

中国制造业大致可分为“装备制造业”“轻纺制造业”和“化工制造业”三类。“装备制造业”是国民经济第一部类产业，为“轻纺制造业”和“化工制造业”提供终端生产设备及相应技术。制造业内部技术创新扩散途径是：“装备制造业”提供技术设备给“轻纺制造业”和“化工制造业”。“轻纺制造业”和“化工制造业”通过购买“装备制造业”机器设备，提升产品工艺水平、增强产品功能，实现产业升级。制造业升级的本质就是“装备制造业”技术创新成果不断向“轻纺制造业”和“化工制造业”进行技术扩散的过程。

中国装备制造、轻纺制造和化工制造存在技术扩散不匹配的现象。装备制造是国民经济主导产业受政府的资助力度大，其产品一般是瞄准重大工程，代表了高端生产力发展趋势。装备制造的技术来源主要依靠自主创新，也有部分技术是来自发达国家。政府对装备制造的保护程度也相对较高，对装备制造产品出口设置一定的限制门槛。轻纺制造和化工制造相对于装备制造来说，属于一般应用产品生产，政府对轻纺、化工的资助力度较小，保护的程度也没有装备制造高。政府对轻纺和化工两类产品出口非但没有限制，而且设计多种激励措施鼓励出口创汇。这样就存在一定时空内制造业内部技术供需之间的不对称，即“装备制造业”已有的技术能力不能与“轻纺制造业”和“化工制造业”技术所需相互匹配。政府对“装备制造业”给予大量资助，使得“装备制造业”技术创新具有政府的功利思想，甚至，有时还存在浓厚的政治色彩。“装备制造业”的设备产品未必受到轻纺和化工行业的青睐。这就产生了“装备制造业”和“轻纺制造业”“化工制造业”三者之间的信息隔膜。而“装备制造业”本质上是需要与轻纺和化工之间进行“实义匹配”才能持续发展，即“装备制造业”需要满足国内轻纺和化工设备的需要，才能保持国民经济“三大部类”之间的正常发展。相对来说，“轻纺制造业”和“化工制造业”却是“过程匹配”。即轻纺和化工两部类产业对于购买国内“装备制造业”设备，或者是购买国外“装备制造业”设备不明确。这要根据市场对终端轻纺和化工两类产品的需求状况才能确定，或者说，要政府对轻纺和化工两类产品销售定位情况。由于政府定位轻纺和化工两类产品是出口创汇。因此，“装备制造业”“轻纺制造业”和“化工制造业”三者之间在产品购买逻辑上出现了时空对接错位，例如，装备制造、轻纺和化工三者之间的出售和购买时间、期限等出现了不匹配。这就造成了“装备制造业”生产的设备在国内没有需求，不能带动轻纺和化工两部类生产发展。“装备制造业”带动轻纺和化工的技术创新能力被弱化，从而造成制造业升级的困境。这种现象就是制造业内部技术扩散的不匹配。它必然造成制造业内部技术扩散机制的低效率，或者是技术带动作用不稳定。同时，由于制造业内部受政府资助程度不同，制造业内部不能形成完整的市场机制传递技术要素。而轻纺制造和化工制造受国际贸易市场影响，相对呈现出较为完善的市场化机制。因此，轻纺和化工两部类生产就很容易与发达国家同类技术产生匹配效应。中国轻纺和化工大量使用美国同类技术，制造业承载产业升级的能力被俘获。

特别是电子信息技术发展，制造业内部交易时空范围不断扩大，中国制造内部出现信息不匹配现象更加明显（荣朝和，2017）。航天设备以及高铁运输设备是装备制造业代表产品，对轻纺制造和化工制造在生产和销售时空上的分离程度更高，进一步形成了“装备制造业”“轻纺制造业”和“化工制造业”三者之间的技术供给与应用的时空分离。“装备制造业”带动“轻纺制造业”和“化工制造业”升级能力更加被弱化。

中国依靠外资技术扩散提升产业升级方面并不理想。中国在承接制造业转移过程中依靠市场换技术，利用 FDI 扩散技术，并以此带动制造业不断升级。实际上 FDI 不能自动实现技术扩散。虽然技术在很大程度上是体现在有形的设备和装置上，但技术的本质内容是无形的，如技术诀窍、技术方法、技术程序以及技术经验等。技术作为一种特定的知识，属于隐性知识范畴，因此，制造业本质的技术知识只能是企业组织内部产生，不能通过市场交易而获得。企业知识的创造需要显性知识和隐性知识的动态化转化实现。隐性知识转换到显性知识的过程就是隐性知识的外部化。当企业能够将隐性知识进行编码并进行传播时，就实现了显性化知识；显性知识转换成隐性知识的过程就是知识的内部化。显性知识演变成隐性知识是企业员工能力提升的必要阶段。隐性知识经过企业员工内心的融合与升华就是企业技术创新活动。中国在承接制造业转移中，外资企业一般是通过如下机制对中国企业进行影响：一是将产品生产标准和服务标准、产品与工艺设计图纸、设备使用资料以及培训讲稿等材料移交。这种移交是外企显性知识转变为中国制造业隐性知识的过程，但接受人员对显性知识的解读并能及时转换为自己的隐性知识是困难的，更不用说能够在实际操作中使用，因为，从显性知识到实践操作，所用的不是一种隐性知识，而是多种隐性知识结合，再经过一定实践活动，才能将隐性知识固化为操作技术。二是外资企业进行的技术培训，只是实现显性知识转移。从显性知识到隐性知识的过程是更加困难的培训。三是从显性知识到显性知识的过程，即承接企业将外资企业的要求，包括产品和服务标准，生产质量标准、产品与工艺设计，设备使用资料等，结合自身企业情况建立新的技术与管理档案过程；四是外资企业和国内企业员工共同生产活动，一起积累隐性知识，相互近距离学习过程。外资企业这样的技术扩散，不是为了转移技术，而是为了通过技术分享，提升产品生产质量与数量。因此，外资技术转移是一般制造业生产过程的附属内容，而不是装备技术的转移，且技术转移的层次非常有限。

外资企业的技术转移不仅是有限的，而且，依靠市场换技术难以形成装备技术转移。日本和韩国在利用外资开展技术创新过程中，并没有采用市场换技术的方法学习外国技术，而是通过学习外国企业的样品，通过技术许可、引进外资技术人员以及派出技术人员培训等措施模仿外国竞争对手，也就是说，日本和韩国是首先建立自己的企业内部学习机制，有计划、有步骤地模仿学习并最终实现自主创新。中国制造业也有通过与外企竞争，不断学习从而提升学习和创新能力的案例，如，华为和中兴以及中国汽车制造等，都是在与外资企业竞争中逐步提升了自主创新能力。中国已经成为世界制造业中心，不仅要制造一般消费品，而且要保障装备技术的先进性和不断扩散，形成对“轻纺制造业”和“化工制造业”的带动能力。

制造业技术创新是一个范畴性概念，包括所有技术之间的联系和突破，即便是制造业内部的产业链条中的节点改变，也是属于技术创新内容。因此，技术创新更多的是以链条形式存在于制造业生产过程。制造业体系包括不同的技术链条，它们之间相互支持，作用不同，核心技术和非核心技术共处于生产过程之中。因此，技术创新的本质是制造业生产过程的技术链条的创新。制造业的基本技术链条可以分为两类：一是以产品功能或者技术标准链条，这是将各种技术链条连接在一起的主要链条。二是以技术进化或者以技术基本框架为线索，能够将科学理论和技术联系在一起的技术链。这两种技术链条最终都是要反映到产品的功能方面（刘康、曾繁华，2011）。技术创新带动产业升级需要整体生产链条的升级。制造业生产技术的个别环节的创新难以带动整体制造业产业升级。不仅如此，制造业技术创新带动产业升级还需要可靠的市场需求拉动。技术创新链条的改变可以产生技术创新资源的整合和优化配置，产业组织形式可以发生变化，使制造业研发投入成本降低，在研发投入成本减少的情况下，就可以实现满足消费者的意愿。在这种情况下才能实现制造业升级。市场需求的数量增加或者消费市场的调整都可以使制造业市场获利能力增加，技术创新能力有望提升，产业升级得以实现。但中国长期出口市场局限于发达国家的一般性日常用品消费市场，即便是日常生活用品中的高端产品也是依靠国外设计和品牌，这样下去制造业技术就不具有带动制造业升级的能力。另外，受出口驱使，中国制造业产品生产链条往往被美国等发达国家所掌握，“装备制造业”难以渗透到“轻纺制造业”和“化工制造业”生产链条之中。

根据林德的“重叠需求理论”：两国开展产品贸易的多少是由需求重叠的多少决定的。两国消费需求重叠的部分越多，能够进行贸易的产品就越多（Linder S.，1961）。克鲁格曼也提出：要素禀赋密集度相似的两个国家只要存在产品差异化就能够开展贸易，并能够形成双方的有效需求。这就是说，作为承接制造业转移的国家，不要把自己局限于一般劳动密集型产品生产。在条件具备的情况下，可以在制造业高端产品领域开展更为广泛的贸易，即使是技术含量更高的产品也可以在要素密集度相似的国家之间进行贸易。也就是说，中国在和发达国家开展贸易时，并不一定要将自己局限于低端产品销售领域，但是，在国际货币体系下，中国处在长期积累外汇储备以应对经济稳定的发展层面。中国首先考虑的是要换取美元，而美国市场能够直接赚取美元，且具有很大的消费市场。因此，中国长期以来主要将制造业低端产品销售到美国市场。这不仅严重约束了对外贸易的广泛性，还造成“轻纺制造业”和“化工制造业”长期使用美国技术的惯性思维。“装备制造业”带动技术创新和产业升级能力减弱。

同时，中国大量引进的外资，很多都是轻纺和化工制造的出口合作伙伴，与中国的装备制造不存在技术联系。由于引进的这些外资制造业一般是“轻纺制造业”和“化工制造业”等消费品生产企业，对中国“装备制造业”并不能产生直接的技术溢出和带动作用，相反，却激发“轻纺制造业”和“化工制造业”的极力模仿，在一定程度上加深了轻纺和化工制造业对外资制造业的依赖程度。外资对中国内向型制造业垂直分工能力的提升也没有产生正向效应，只是为中国的准外向和内向型产业提供了出口和学习的机会，促进了中国轻纺和化工产业的外向型发展。由于外向型制造业主要集中在中国东部沿海地区，准外向型和内向型制造业主要集中在中西部地区，还由于出口创汇的压力，东南沿海地区的制造业长期处于“波及”停滞状态，使得中西部地区难以及时接受全球制造业价值链的“波及”。也就是说，中国在承接制造业转移中，没有充分利用装备制造的带动作用，形成国内的产品价值链。区域之间的生产链条也不能相互协调，对中国装备制造的带动能力大打折扣（陈明森、陈爱贞，赵福战，2011）。试想，如果没有现在的国际货币体系，政府也不会受出口积累美元外汇的困扰。国际制造业转移的基本传导机制也应该是：首先，国际制造业资本进入，提升中国制造业的资本结构，装备制造优先发展，带动制造业外向型发展，产生制造业的进口贸易和出口带动效应。这不仅可以促进中国贸易增长和贸易结构优化，还可以引发中国技术结构和产业结构变化。存在技术落差的情况下，国际制造业带来的技术会通过“示范效应”“前后向关联效应”“竞争效应”等带动中国装备制造技术进步，同时，“轻纺制造业”和“化工制造业”会利用装备制造技术加入国际制造业全球生产网络。装备制造技术的带动效应成为产业升级的重要源泉。

当前货币体系下，中国承接制造业往往是政府发起的，是一种自上而下的少数人选择或决策影响多数人的过程。企业往往是放弃自己的偏好迎合政府的需求。这就会形成“轻纺制造业”和“化工制造业”的重复引进，同质化结构严重，剪除了“装备制造业”带动“轻纺制造业”和

“化工制造业”内在演化，从而带动产业升级的路径。中国制造业整体技术创新受到干扰和压抑，带动产业升级能力锐减。自上而下安排的制造业引进不利于以企业为主体，以市场为导向的技术创新活动，更导致企业处于出口竞争压力下，难以考虑构建有效的技术创新激励和约束机制。

这就不难理解，中国虽有大量科研经费投入，而制造业技术创新仍不尽如人意的事实。中国制造业投入的研发经费70%来自政府，存在研发投入严重漏损的问题。科研资金用于项目本身的只占40%，而美国、日本和德国是企业研发投入占70%，是企业根据市场需求开发新技术和新产品，研发产品更加具有商业价值。中国研发投资过多是用在设备更新方面，在软件投入方面很少，研发人员价值难以充分体现。政府主导的研发，引导企业把眼睛盯住政府而不是市场。研究机构运作费用一部分来自政府拨款，大部分是各部委的竞争性项目支持，造成部门分割的研发投入机制，降低了研发效率，多头的供给研发资金，让科研人员忙于摆平各自资金供给者的不同要求，不可能集中精力突破一个更为技术性难题，更不用说集中有限的资源进行原始创新和集成创新了。部委课题的专业性、利益性，根本不能反映科技发展和社会发展急需，并且容易造成重复投入，长期以来造成科研数量增长，自主创新能力没有明显提升，且产生不少的科研经费寻租行为（卢现祥，2015）。事实上，政府主导下研发投资在“轻纺制造业”和“化工制造业”领域也产生了不少的技术发明，但让发明转换为创新却存在困难。发明可以是政府集中力量搞攻关实现技术突破，但要使创新在市场中实现利润，必须给创新者带来好的回报。世界上不少国家都有很好的发明，但都是由于缺乏生产和应用机制（如缺乏装备技术，不能形成商品，或者缺乏需求市场）而销声匿迹。中国古代“四大发明”是世界最伟大的发明，但由于没有应用机制，也没有形成中国的生产力。美国在19世纪30年代重视发明应用却出现了制造业产品独霸世界市场多年的局面。因此，要实现“装备制造业”技术创新带动“轻纺制造业”和“化工制造业”技术创新协同发展，从而达到制造业技术创新承载产业升级的目的，还需要制造业三大部类技术创新能力提升和技术的有效扩散。

第十二章　国际货币体系下制造业技术创新和产业升级措施

从国际制造业转移的历史分析，东亚在承接美国制造业转移中，虽然没能够达到美国制造业强国的水平，但这些国家的工业化转型还是比较令人满意，如新加坡和中国台湾地区等是最早承接美国制造业转移的国家和地区，制造业产业升级取得了明显成就。与之相比较，马来西亚、菲律宾等国家，虽然工业化道路发展并不慢，但由于缺乏制造业产业升级的支撑，经济仍处于比较落后的局面。从世界制造业发展现状看，美国制造业仍然遥遥领先，是世界第一强国；德国和日本应该是属于世界第二阵营。而中国、英国、韩国和法国属于世界第三阵营。据世界银行估计，2013年，中国制造业增加值为23306.8亿美元，在全球制造业中占20%多，位居世界第一。然而，中国制造业增加值率仅为21.5%，低于工业化发达国家35%的平均值（金振娅、袁于飞，2015）。这说明，中国制造业多数还处于价值链低端，附加值低，例如，一部售价数百美元的苹果手机，中国企业才能赚到几美元。另外，中国还有很多制造业是高耗能产业，如钢铁、水泥等都是资源消耗产业，环境问题突出。如何在现有的国际货币体系下，推进制造业技术创新和产业升级成为中国未来振兴经济的关键。

（一）人民币国际化带动技术创新和产业升级

1. 人民币国际化摆脱金融混乱体系

中国制造业受制于美国技术，其作用途径是美元作为国际贸易结算货币，建立了中国和美国之间的“贸易—资本”循环机制。中国对美国出口，换来美元，回流到美国投资。从“二战”结束一直到现在，美元的国际地位一直没有得到根本动摇。美元在贸易结算、外汇储备等各项国际事务中都在发挥重要作用。McKinnon（2001）将这种现象称为“美元本位”的国际货币体系。美元供给不受黄金储备的约束，大量的美元供给造成世界范围内的流动性增加，导致世界金融危机频发，例如，1994 年的墨西哥金融危机、1997 年东南亚金融危机、1998 年巴西和俄罗斯金融危机，2001 年阿根廷债务危机、2009 年迪拜金融危机和 2010 年的欧洲债务危机等都能发现美元的存在（何国华、邓增洪，2013）。美元利用人民币汇率大做文章，忽然让人民币贬值，转念又逼迫人民币升值，严重影响到中国制造业技术创新和产业升级所必需的金融市场稳定。2008 年金融危机后，美国连续实施三轮“量化宽松”的货币政策，造成国际热钱大量流入中国。据统计，1959—1973 年，美元基础货币的月平均增长率长期保持在 0. 38% 的合理水平上，然而，“布雷顿森林体系”瓦解后的 1973—2008 年，美元基础货币投放的月均增长率上升到 0. 57%；2008—2012 年上升到 2. 89%。中国的股票市场、国债市场和资源型产品成为美国热钱炒作的主要内容。热钱快进快出形成中国资本市场的虚假繁荣，资本市场低迷，企业融资受到很大的冲击。

人民币盯住美元不断造成汇率过度调整，制造业产品出口受到很大影响。美元是国际贸易结算货币。美国出口商品是美元标价，中国出口商品也是美元标价。当两国货币汇率发生变化时，美国出口商品可以及时跟随美元汇率调整价格，而中国出口商品由于盯住美元不能及时调整价格。美元的国际地位导致了两国出口厂商定价方式不对称。也就是说，美国出口商采用生产者货币定价（PCP），中国出口商采用当地货币定价（LCP）。这种出口定价不对称，导致汇率传递的不完全性。在当前的国际货币体系下，为实现经济均衡，人民币往往被迫过度调整。汇率超调会导致国际收支的自动调节机制失效。人民币汇率对出口价格传递不完全性，使得人民币升值时，不能调节国际收支失衡问题，同时，还影响到人民币汇率改革，影响人民币汇率市场化进程。此外，美元的国际化结算抵消了中国货币政策的有效性。中央人民银行为了增加出口贸易，需要与美元保持稳定的汇率。对外汇市场干预，外资的流入会影响货币政策效果。美元作为国际货币，美国存在大规模增发美元货币的冲动。2005 年人民币汇率步入升值轨道以来，从1美元兑换8.27元到6.21元人民币。大量外部资本流入中国，人民币升值预期不断增加。中央人民银行为稳定汇率，大量购进美元放出人民币，造成市场上人民币投放过量，流动性增强，各种资源型产品的炒作层出不穷。政府难以引导资本进入制造业开展技术创新活动。

2. 人民币国际化具备基本条件

中国的经济总量已经具备了人民币国际化的条件。从中国经济总量上看，国民生产总值总量位居世界前列。1980年GDP是7632.04亿元人民币，到1990年实现翻一番后，GDP达到18547.90亿元人民币。2000年GDP是48595.29亿元人民币。2004年GDP达到了67279.44亿元人民币。2005年的GDP总量超过意大利，紧随美国、日本、德国、英国和法国之后，排世界第六位。中国成为仅次于美国的第二大世界经济体。从对外贸易上看，1980—2005年，中国出口贸易总额从200.2亿美元到14221.2亿美元。进口总额181.2亿美元到6601.2亿美元。2002年以后，中国对外贸易以20%的速度增长。2005年之后，中国对外贸易额持续增加。中国在世界范围内的贸易重要性已经超过主要发达国家。从外资引进上看，1980—1984年，在中国的外商直接投资项目达到3724项，投资金额103.93亿美元。2004年外商直接投资件数和金额分别达到了43664件及1534.79亿美元。到2005年底，中国吸收外商直接投资额达到1672.12亿美元。

中国不断加大对外投资力度，2005年底，对外投资累计达到了505亿美元。2013年中国直接投资1078.4亿美元，成为世界上第三大对外直接投资国家。2014年1—9月中国对外直接投资749.6亿美元，同比增长21.6%（赵春明、解亮品，2015）。从外汇储备看，2000年中国外汇储备就达到了1655.74亿美元。2005年9月底外汇储备达到7690.04亿美元，与2000年相比增长了近3.65倍。2015年外汇储备3800多亿美元。从人民币周边国家使用情况看，人民币与俄罗斯、韩国等周边国家都签署有货币互换协议，标志着人民币在周边国家的使用已经步入常态化。人民币在广西和越南等边境贸易中已经担负起贸易计价和结算的功能。目前该地区交易数量90%用人民币结算。港澳地区使用人民币更为普遍。人民币在周边国家和地区正在行使交易媒介、储藏手段、货币支付的功能。2004年人民币现金在周边国家和港澳地区自发使用，产生的滞流量就达到了216亿元。近几年，政府采取措施积极推动人民币的国际合作，人民币使用量大增，具备了国际化的条件。

从政治影响上看，中国具备了影响人民币成为国际货币的实力。货币的国际化不完全取决于经济实力。例如，日本经济实力在20世纪90年代曾经达到世界第二，仅次于美国，但日元的国际影响能力却没有排在世界第二位。实际上，国际货币体系主要货币中，日元的排位是在欧元、马克等货币之后。这与日本的国际政治地位存在一定联系。国际货币的建立是市场和政府共同作用的结果。经济实力是市场推动货币成为国际货币的基础，是构成货币使用过程中的回流机制和货币使用范围的条件。政府的作用是国家权威对货币流通机制的保证。同时，货币发行国政府还需要不断拓展本国货币在伙伴国家流通使用的范围。现代纸币体现了货币发行者对持有者的负债，其实质是纸币背后的发行者借到了货币持有者的现实资源使用权。由于纸币发行和货币持有之间的债权关系具有不平等性，发行者要维护这种不平等性，就要有一定的承诺和政治影响能力（赵柯，2011）。中国已经是世界第2大经济体，国内拥有庞大的潜在消费市场。中国还是世界上通过外交手段展示经济实力的成功者。中国的国际经济和政治地位都在上升。人民币国际化的目标正在成为现实。

人民币国际化可以改变中国以出口为导向的发展模式。人民币国际化后，制造业将会着重国内消费市场的开发，不再单一为国外生产消费品。中国制造业对国外技术的依赖就会减少，代之而起的是为满足中国市场消费而开发新技术。特别是人民币成为国际通用货币，中国将吸引大批科研人员返回中国，大量人才储备对技术创新和产业升级具有战略意义。中国是13亿多的人口总量，制造业品牌能在中国市场树起来，就能够成为世界的品牌。中国制造业转型升级的愿望就可以实现。中国净出口下降将意味着中国贸易转型时代的到来。中国将改变原来的制造业产品出口主要是为了积累美元外汇储备的局面。

人民币国际化有明显进展。2014年上半年，人民币跨境贸易结算使用规模为3.27万亿元人民币，其中货物贸易的跨境结算中，使用人民币2.09万亿元，服务及其他贸易的跨境人民币结算1.18万亿元。2009年跨境贸易使用人民币结算占中国对外贸易总结算的比例为0.02%；2014年上半年跨境贸易使用人民币结算占中国对外贸易总结算的比例为16.9%。不仅如此，人民币的大宗商品的计价功能也开始启用。中国于2014年8月批准“上海清算所”，从事掉期人民币清算业务，规定了铁矿石和动力煤掉期交易采用人民币计价。采用人民币结算的对外直接投资规模和外商对中国直接投资的规模都有明显增加。中国制造业使用人民币对外直接投资规模越来越大。2014年达到865亿元人民币，同比增长293.9%，采用人民币结算的外商对中国直接投资总额也明显增加，达到3834亿元人民币，同比增长137.4%。中国的“QDII政策”（合格境内机构投资者）、“QFII政策”（合格境外机构投资者）和“RQFII政策”（人民币合格境外投资者），尤其是“沪港通”政策进一步扩大了人民币使用范围，将更加扩大人民币在资本项目下的使用范围。在证券投资方面，进一步开放中国资本市场。2014年底统计批准的“RQFII”投资额达到2756亿元人民币。中国与24个国家的央行或货币当局已经签署货币互换协议。2014年底的互换货币总额达到了2.72万亿元人民币。从2008年开始，人民币与其他国家的货币互换发展迅速，中国与亚洲、东欧和拉美这些发展中国家签署多个货币互换协议。从2013年开始，中国逐渐发展到与西欧国家签署货币互换协议。人民币在世界上的影响能力逐渐增强。中国人民银行先后于2014年7月和阿根廷央行签署货币互换协议，2014年8月和俄罗斯央行签署货币换汇协议草案。根据国际清算银行统计，2013年4月使用人民币交易的日均交易数量为1190亿美元，其中，440亿美元属于“离案市场”交易。这说明人民币市场发展迅速。2014年6月，中国香港离案人民币存款余额就有9259.1亿元。在离案人民币市场中，离案人民币债券发展较早，2014年6月离案人民币债券余额达到7506.7亿元，同比增加42.9%，见表12－1。

表12－1　2012—2013年中国与各国贸易结算使用人民币比例

	美国	欧元区国家	欧洲（非欧元区国家）	东盟	东北亚	中东和北非	非洲其他地区	澳大利亚
2012年	0.2	11.9	2.5	11.5	3.3	4.9	2.2	6.7
2013年	0.5	15.7	5.9	18.2	6.9	24.0	2.6	4.7

数据来源：SWIFT。

人民币在世界范围内开始作为国际货币储备发挥作用。中国逐渐开放了银行间债券投资，经批准允许外国投资者购买的银行间债券达到了6000亿元。参与这项购买的主体有半数是外国中央银行和主权财富基金。也有一部分在中国香港发行的人民币国债，卖给了外国中央银行等政府机构。尽管只有将近1%的人民币能够成为全球外汇储备，但中国政府正在积极推动发展。世界上至少有40个国家和地区的央行或货币当局购买了人民币资产，还有更多的央行正在准备投资人民币资产。多国主权财富基金成了中国公开市场中的最大投资者，其中29家已经公开宣布在“离岸”或“在岸”市场持有人民币。例如，尼日利亚央行将10%的外汇储备资产转变为人民币资产；澳大利亚储备银行也计划将5%的储备转变为人民币债券。2017年，国务院又新出台招商引资政策，允许外商资本直接投资进入中国证券市场，这对人民币国际化无疑是极大的促进。

人民币更加开放。2009年人民币进行跨境支付结算试点；2011年放开境内机构使用人民币进行对外直接投资，允许境外投资者使用人民币到境内直接投资。2014年进一步规定了“沪港通”相关人民币跨境结算细则；2014年准许跨国企业使用人民币资金的跨境集中运营，以利于跨国企业统筹配置、集约使用境内外资金。2015年10月建立了人民币跨境支付上线系统，更加便利了人民币国际支付。

人民币使用更加广泛。世界上有100多个国家使用人民币。1700多家金融机构使用人民币开展全球支付业务。人民币已经成为世界第4大支付货币以及第2大贸易融资货币。人民币跨境使用业务从无到有并逐渐变大，发挥着越来越大的作用，为中国制造业产品贸易降低了汇率风险，同时，给企业足够精力用于技术创新。但人民币国际化是一个长期过程。人民币稳定与中国经济实力和未来发展潜力不可分，也离不开货币制度、汇率制度改善。人民币国际化更需要实现资本项目可兑换，实现人民币外汇市场真正自由兑换的支持。

3. 人民币国际化稳妥推进

在人民币国际化进程中，要防止国内外两个市场、两种价格带来的套利套汇问题。人民币国际化应该是有利于推进国内金融市场化发展，但是，人民币在岸价格的市场化程度低，而离岸价格的市场化程度高。两个市场中的人民币价格差异较大，将导致在岸市场人民币和离岸市场的人民币不同价格之间的套利行为。如果此时开放中国的资本项目，大量的流动资金就会从人民币价格低的市场，向人民币价格高的市场流动，从而投机获利，引起金融市场不稳定，从而影响企业研发投资活动。例如，2014 年 4 月人民币出现贬值，人民币在岸市场和离岸市场之间出现了大量套汇资金。人民币贬值后，银行代客买卖，涉外收付款业务仍有高额的净收入。因为，银行代客涉外收付款的净收入与人民币在岸价格和离岸价格差异有关。在人民币跨境交易中，存在购汇方不是为了长期持有人民币，而是为了以中国香港人民币的离岸市场和内地人民币的在岸市场之间的汇率差异，进行投机套汇获取利益。它们在境内金融市场将外币兑换成人民币，然后在中国香港市场将人民币兑换成外币，以赚取汇率差价。这种跨境套汇给实体经济带来的危害表现在：第一，由于这种外汇出入没有国际贸易作支撑，套汇活动的一部分属于虚假贸易，造成贸易量的虚增和 GDP 统计高估，对中国经济增长趋势形成误判，最终造成宏观经济调控政策的偏差；第二，跨境套利活动造成中央人民银行难以掌握货币流动量。套利所引起的资本频繁出入国境，中央货币政策的收紧银根和放松银根，都可能不是真实地反映经济基本情况，导致政策失控。第三，套汇将给人民币汇率带来冲击。赚取汇差为目的套利一定会形成外币持续流入趋势，人民币升值压力变大。人民币升值预期和汇差套利预期能够相互叠加，最终会放大不良效应。一旦升值预期逆转，汇差套利大幅减少，将会直接影响人民币在境外的市场存量。人民币国际化进程放缓。

保证海外市场人民币足够存量，可以通过国际贸易项目下的输出机制，将人民币流入海外市场。资本项目下形成人民币流出机制还有障碍。资本项目下，用人民币结算的外商直接投资总额，远比用人民币结算的中国对外直接投资要多。目前是更多的人民币通过资本项目回流到中国，而且，通过资本项目回流的人民币增长速度长期为 100%。资本项目下人民币回流，在很大程度上抵消了贸易项目下人民币的输出。这不利于人民币海外存量的增加，再加上通过贸易结算推动人民币输出模式，大多是发生在周边国家和地区，而且多数是经济发展落后于中国的国家和地区。因此，对跨国生产链条中控制着主导权的西方发达国家，中国还没有足够的能力要求它们在贸易中放弃美元而使用人民币结算。

目前，要保证人民币在贸易项目下能够进行可持续性的输出，还要注意到中国由经常项目顺差，向经常项目逆差转变过程的承受能力。如果中国仍然处在对外出口劳动密集型制造业产品层次上，虽然能够对外保持一定的顺差，但是，人民币在经常项目下输出到国外就成为一个难题，还必然是回到挣美元到美国去投资的局面。这就需要中国加快推进更高层次上的招商引资工作，利用外资能力推进制造业技术创新并尽快调整制造业产业结构。政府要尽快解决离岸市场发展存在问题，例如，离岸金融市场投资种类少，资金流动性不是很充分，整体的清算系统还没有完全统一等。因为，中国的离岸人民币存款规模已经达到 2 万亿元左右。离岸人民币债券余额也达到 7520 亿元。中国批准的“RQFII”投资额度也有 2503 亿元，但与发达国家相比仍显种类偏少。中国的离岸金融市场还存在人民币离岸市场的波动性大等风险。离岸市场中人民币的短期产品所占比例不断上升，长期限产品所占比例逐步下降。人民币在离岸市场不足就会产生过度的流动性，例如，2013 年第二季度、2014 年第一季度，当国际资本流出内地和中国香港地区时，中国香港地区处于卖出人民币换回美元的氛围中，而当国际资本流入内地和中国香港地区时，中国香港地区又处于购买人民币的氛围中。这种在离岸金融市场人民币供给稳定的情况下，受国际资本流动造成的人民币需求波动，必将对中国“离岸”金融市场带来不良影响。尽管中国与周边国家签署了一定量的货币互换协议，采用“RQFII”和“沪港通”的形式建立离岸人民币金融市场和在岸人民币金融市场的联系。但要保证离岸金融市场稳定，还要通过增加人民币供给、稳定离岸人民币的存量，才能真正做到缓解离岸人民币存量不足导致的流动性风险。同时，还要提高人民币统一清算的能力，最大限度降低离岸人民币交易成本。统一清算系统，不仅是在不同离岸中心之间结算人民币业务的统一体系，而且要实现在不同辖区内的司法体系的统一，最大可能减少使用人民币的风险。为此，要通过金融改革尽早实现人民币价格在国内的市场化。中国在重视跨境和境外金融市场建设的同时，更要加强国内金融市场改革，保证国内金融市场与跨境和境外金融市场的衔接，防止境内、外人民币价格变化，对国内金融市场形成冲击效应，从根本上消除人民币升值预期和跨境套利和套汇的潜在动机，更好地推进人民币国际化进程，防止和避免人民币无序流动造成的金融风险。另外，对资本项目下的人民币流出要实施监管，同时，推动国内制造业积极对外直接投资。

4. 直接投资+资本流动实现人民币国际化

制造业对外投资是推动人民币国际化的重要因素。中国制造业到发达国家投资可以实现与发达国家面对面学习的愿望，为攀升全球产业链上游提供了机遇。中国制造业到发达国家直接投资还可以增加中国在国际贸易结算货币使用中的话语权，也有利于推动人民币计价功能的实现。目前，人民币的国际化，可以先考虑在亚洲地区，利用中国制造业贸易结构与之差异化的特点，促进贸易渠道下的人民币在亚洲地区广泛使用。同时，对非洲通过政府援助和优惠贷款等项目，扩大人民币的使用范围。中国与欧美地区之间存在资本项目非均衡，承接直接投资大于对外直接投资，可以推动优势制造业在该地区进行直接投资。中国在欧美国家投资要尽量使用人民币投资结算，拓展人民币在欧美地区的使用空间，稳健推进人民币的离岸市场建设，强化人民币境外循环使用的机制。离岸市场不一定就能形成人民币国际化，但离岸市场建设可以帮助人民币债券的发行开辟以人民币投融资渠道，形成人民币离岸债券基本收益模式，尽快构筑境外人民币基准定价基础，拓宽境外使用人民币渠道。建立离岸人民币统一投资清算体系，方便境外对人民币的使用，同时，及时监管人民币回流状况，限制回流规模（何平、钟红，2015）。

英镑、美元的国际化过程都是采取了适时的资本输出。它们在国内金融市场还不是十分完善的情况下，利用跨国投资和资本跟随战略取得了成功。它们推动企业"走出去"对外投资过程中，充分利用了资本输出的特点，即在金融形态上是本币的输出，而在物质形态上输出的则是货物和技术。资本输出伴随企业对外投资过程，必然带来随后的回流效应。这种回流效应是表现在物质形态上的原材料、中间品和低端最终品的回流；表现在金融形态上则是以本币或黄金定值的债务本息。更为关键的是，这样的资本输出和随后的回流可以实现本币的国际化。中国可利用跨国企业投资为载体，伴随资本输出，建立以本国企业为核心的全球产业链。因为，在国际市场中，掌握了从资源采集到中间品分包，再到最终品销售的国家，就可以控制销售品牌、销售渠道和核心技术，也就是拥有了资源配置、利润分配和使用本国货币结算的权力。日元国际化过程中缺乏足够的对外直接投资，而丧失了成为制造业强国的机会（殷剑峰，2012），从反面启示我们对外直接投促进人民币国际化的重要性。日本一直实行“贸易结算＋离岸市场”方式推动日元国际化。1984年，日本开始推动日元国际化，其中的原因，在于美国想通过日元的国际化，使日本开放资本市场并利用日本的国内需求。当然，日本的狂妄驱使也是重要原因。日元为推行“贸易结算＋离岸市场”采取了多项措施。例如，1960年，日本为应对汇率风险，实施进出口贸易用日元结算对策；1984年，日本为推动日元离岸市场，开放了资本项目。1997年亚洲金融危机后，日元名声扫地，加上结构性因素的制约，没能成为贸易结算货币，倒是出现了“离岸”市场倒逼资本账户开放。因此，日元不论是作为国际储备货币，还是国际计价结算货币都没有成功。因为，1995年，日元在全部国际储备货币中的份额为6.78%，2009年则下降到3.01%。而当时的英镑所占份额为4.29%，美元是62.17%，欧元27.3%。日本也承认在推行国际化后，日元成了“载体货币”，是国际金融市场套利的工具。中国要防止走日元老路就要走企业对外投资伴随资本输出模式。否则，采用人民币“贸易结算＋离岸市场”模式还会走到增加美元外汇储备的老路。因为，中国在进口贸易中使用人民币跨境结算，使用美元数量变少，而出口贸易结算使用美元结算，又会造成外汇储备增加。在出口贸易中使用人民币仍存在障碍，因为，中国的贸易合作伙伴大都是美国、欧洲发达国家。它们绝不会放弃美元货币使用权。此外，世界大宗商品定价模式仍采用美元。还由于中国出口仍是外商企业占主导地位，他们更偏好使用美元结算。这就说明，中国实现人民币国际化必须走对外直接投资＋人民币流动模式。

目前中国对发达国家和地区的直接投资主要集中在欧美国家和地区。

但中国对欧美国家和地区的投资数量还比较少，还没有形成较大的投资规模。从图 12－1 和 12－2 可以看出，中国从 2006—2016 年主要对外直接投资地区集中在欧盟、美国、东盟和俄罗斯。2006—2012 年，中国对外直接投资数量很少，基本保持在 30 亿美元左右。2012 年以后中国对外直接投资呈逐渐增加趋势，特别是对欧洲和美国直接投资增加幅度较大。从对外直接投资的行业看，中国对美国的直接投资主要集中在建筑业、房地产、采矿业和制造业。中国对美国制造业直接投资规模相对较小。从投资国别看，中国对欧洲的直接投资多于对美国的直接投资。这说明中国对外直接投资的结构还有待进一步改善。中国需要加强对美国和欧洲等国家的制造业直接投资比例。这不仅可以增加中国制造业向世界制造业强国学习的机会，而且可以推动人民币在美国和欧盟等国家大规模流通，进一步推动人民币国际化步伐。

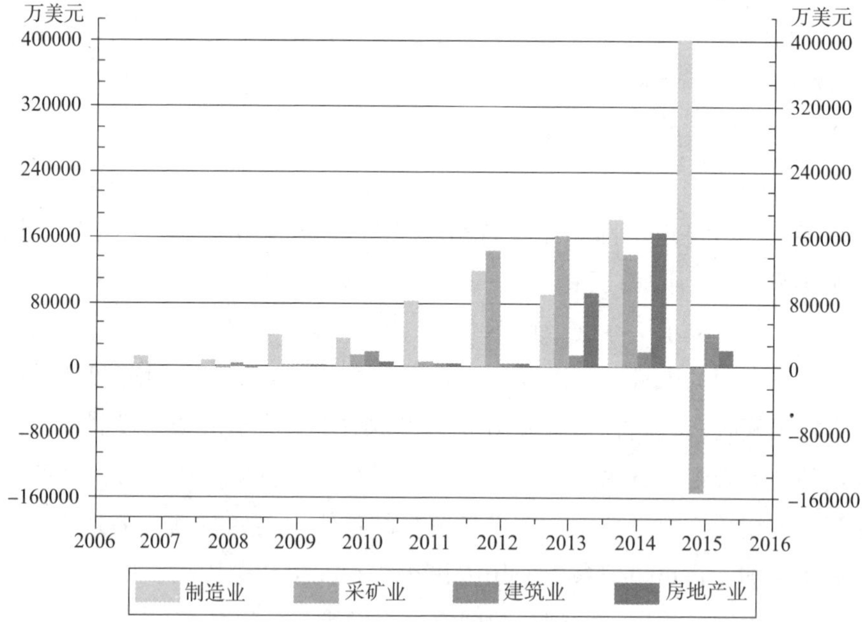

图 12－1　中国对美国境外投资重要行业情况

数据来源：wind 资讯。

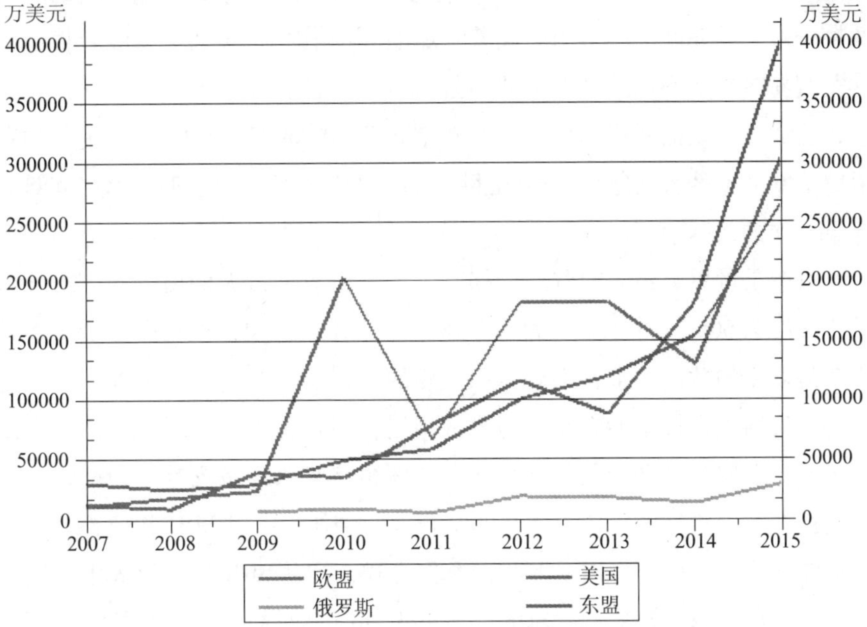

图 12－2　中国对世界主要国家和地区制造投资情况

数据来源：wind 资讯。

5. 中欧合作实现人民币国际化

中欧金融合作也是推动人民币国际化的重要措施。美元国际化让美国不仅能够自己发行国际货币，而且能够用自己的货币偿还外债。因此美国最不担心本国贸易逆差和财政赤字。不仅如此，美国还可以采取美元贬值的方式，减少外国拥有的美国债务。20 世纪 90 年代，美元贬值减轻了美国的债务负担，却让许多持有美元的国家遭受到损失（Robert Gilpin，2002）。美元的贬值预期形成后，世界上美元的流动性过剩，热钱对资源性产品热炒。例如，2002 年 1 月的世界石油价格是 20 美元/桶；到了 2005 年 9 月就上涨到 65 美元/桶。到 2008 年 7 月石油价格上涨到 147 美元/桶（赵柯，2016）。石油价格上涨传导到一般商品就形成通货膨胀。美元泛滥造成以美元为主导的国际货币体系不稳定，贸易国家之间的汇率不稳定。2005 年以后，美元对人民币贬值速度大于人民币对美元的升值速度。例如，2005—2007 年 11 月 23 日，人民币兑美元升值 10.89%，但，人民币兑欧元从2001—2005年贬值1/3，达到9.59%。从而造成中欧之间的贸易摩擦。由于美元在国际货币中起着“锚货币”作用，美元的持续贬值也给欧美贸易带来汇率风险。由于欧洲公司以欧元计算成本价，以美元计算收入，造成公司账面亏损。例如，欧洲空客公司，2007—2010年，美元的贬值就给欧洲空客公司造成了30亿欧元的损失。这些事例说明中欧之间具有金融合作的共同愿望。

欧盟是世界上最大的贸易伙伴。中国是世界上最大的出口国，对外贸易依存度为60%。中欧双方都希望国际货币体系稳定，推动国际货币体系改革是双方的共同诉求，都对美元这样的“锚货币”有一致的期待。中美贸易的失衡也直接牵涉到欧洲的经济稳定。一旦美国债务崩盘，欧洲大量的美元外汇储备将会陷入危险境地，欧盟也将难逃经济灾难。因此，中欧之间存在共同治理国际货币体系的契合点。例如，在以SDR替换美元作为全球储备货币方面，可以采取政治合作方式，推动SDR作为世界大宗商品定价的使用货币，并推动“SDR”在私人部门之间的使用。此外，还可以通过政府协议，转换双方贸易和储备使用的货币种类。在货币需求方面，通过经济合作的方式，也可以不断扩大人民币和欧元在双方贸易结算中的应用，也可以加强资本领域的合作，互相开放国际投资市场，拓展企业之间的合作空间。中国对外直接投资的领域已经有很大扩展，已经能够到欧美发达国进行投资。特别是在“欧债危机”的背景下，中国对欧洲投资飞速发展。中国2013年的对外直接投资统计公报显示，2004年中国对欧盟直接投资数量还比较少，当时的投资流量仅为0.73亿美元，投资存量也只有5.37亿美元。到2012年投资流量和存量分别达到61.2亿美元和315.38亿美元，8年时间内增长了几十倍。这样大规模直接投资就必须具备高质量的金融服务，因此，中欧双方具有资本市场对接的基础。2015年1月28日，欧盟委员会又启动了28个成员国的资本市场联盟（CMU）活动，将建成28个成员国内部统一的资本市场，消除欧盟内部的跨境投资壁垒以降低其融资成本。这对中国企业进入欧盟成员国并在欧盟融资提供了很好的机会。2014年，中国电网和中国建设银行的中国香港子公司在欧洲发行了价值16.3美元的欧元债券。中国船舶工业集团公司发行了价值5亿欧元（约合5.7亿美元）债券，其中的欧盟银行融资占80%。中国十八大提出以直接融资为主的金融发展战略，两者具有相同的金融管理理念，对金融市场互联互通具有重要意义。

中欧联手治理全球金融结构。欧盟是世界上最为发达的经济体。中国是世界上最大的发展国家。欧元是国际货币体系的重要组成部分，是国际货币储备的重要货币。中国转换外汇储备货币，对中国财富基金的保值增值以及维护欧元的国际地位都具有重要意义。中国在“欧债危机”中，为恢复欧元危机提供了帮助。欧盟在人民币加入 SDR 中起到了支持作用。例如，欧盟在国际货币基金组织份额和治理结构改革中，同意放弃高估的部分份额以及执行董事的两个席位，增加了新兴经济体国家的发言权。在人民币加入 SDR 问题上，欧盟敦促美国允许人民币加入 SDR 篮子货币。2015 年 12 月 18 日，美国国会通过了 IMF 改革方案，将 IMF 份额增大 1 倍，从 2385 亿 SDR（特别提款权）增至 4770 亿 SDR，将整个份额向具有经济活力的新兴市场国家转移 6 个百分点。中国从 3.996% 升至 6.394%，从第 6 位跃升到第 3 位。目前，欧洲成为建立人民币清算机构最多的地区，中国人民银行与欧洲央行签署了货币互换协议等。中国与欧盟以及英国、法国和德国等主要成员国建立了财政对话机制。2015 年 6 月 30 日，中法之间签署了《开发第三方市场合作协议》，就是以资本为纽带，将中欧双方的比较优势结合，共同开发第三方市场。例如，欧洲是加入中国倡导的亚洲基础设施投资银行最多的地区。中国也加入欧洲复兴开发银行，双方建立了中欧共同投资基金。这样的金融安排体制，使中欧之间实现了利益共享、风险共担资本合作。这种合作比中美之间的贸易合作更为密切，因为，直接投资带来了不同国家和民族之间的文化和价值观念的沟通，必将带来两者的长期经济金融合作发展。

6. 发展实体经济带动人民币国际化

人民币国际化的根本还要靠实体经济发展与制造业产品贸易。制造业生产链条可以形成对制造业生产要素、产品和销售网络的控制，是合理的货币国际化的渠道。对比日本的日元和德国马克的货币国际化过程，可以发现，德国以制造业贸易实现马克国际化的道路是成功的，而日本以资本市场开放措施实现日元国际化的道路相对比较曲折。第二次世界大战结束后，德国和日本的经济条件基本相似。欧元诞生前，马克作为国际储备货币的比重不断上升，而日元作为国际储备货币的比重则节节衰退。货币价值的稳定取决于该国的国际收支状况，而国家的货币政策和政治意愿则是辅助性相工具。德国马克的背后是强大的制造业竞争能力。德国的金融市场与美国金融市场相比，并不是十分发达和具有深度，但德国具有完整的现代制造业体系。德国制造产品一直处于世界领先地位，而且，德国制造业产品出口是以德国马克计价。这就提升了国际金融市场对德国马克的真实需求，形成了德国马克的强大竞争力。事实上，一国货币的国际需求是该国的制造业产品所产生的需求造成的。由于存在国际分工，国际市场对世界产品的需求复杂化，世界多数国家对同一种外国货币的需求就产生了国际货币，进而形成国际储备货币，成为外汇市场的载体货币（徐奇渊、李婧，2008）。德国马克的国际化与美国美元的依靠输出金融产品形成的巨额货币需求不同。德国马克是靠德国的高端制造业产品的出口形成的国际需求，例如，德国的汽车配件、机械设备、化工以及钢铁产品出口占德国出口总量的一半以上。这些产品都在世界制造业产品中居于高端优势地位。与德国制造业国际需求旺盛相对照，英国则处于制造业贸易萧条阶段，由此，英镑的国际地位则随之下降。所以，德国马克已经超过英镑的使用地位，成为继美元之后的第二大储备货币（Jacob A. Frenkel and Morris Goldstein，1999）。日本对日元的国际化是蓄谋已久，试图成为美元之下的第 2 大世界储备货币。但日本主要是通过金融交易方式对外输出日元，例如，日本和美国联合设立日元和美元合作委员会，并欣然同意美国提出的日本金融自由化建议，目的是通过日本金融自由化实现日元国际化。为此，日本先是制定了《外汇及外贸管理法》禁止对外资本交易，之后，又放开资本项目管制。20 世纪 90 年代，日本的金融化推动了日本外汇资本大量输出到美国购买地产和房产等固定资产。日本长期积累的美元外汇储备则转变成了对美国的长期固定资产的投资。日本海外资本的膨胀吸引了日本银行进入，随后，日本银行资产也迅速膨胀，但日本银行资产并没有对日元的国际地位形成决定优势。因为，在国际市场中谁掌握了国际市场资源采购、到国际生产的分包、再到最终消费的生产链条，谁就拥有了资源配置和国际利润的分配权力，当然，谁的货币才能成为国际货币。尽管日本对美贸易长期顺差，但这是美国制造业大量对日本进行直接投资所形成的贸易顺差，应该是美国的制造业生产能力。同时，日本将对美贸易积累的美元储备到美国投资地产和房产等固定资产，削弱了日本制造业的投资能力。日本制造业必然被掌控在美国制造业生产链条中，根本对美企业没有议价能力，只能使用美元交易。比较德国和日本货币的国际化经历可知，开放金融市场或者允许资本项目自由流动并不是一条成功之路。日本的金融市场开放虽然比德国金融市场要高，但事实证明，德国货币的国际化是比较成功的，缺乏实体经济贸易的货币很难走向国际化道路。

（二）对外直接投资带动技术创新

1. 出口导向实现技术创新和产业升级局限性

作为发展中国家承接国际制造业转移，利用本国的密集要素形成国际贸易比较优势，积累外汇储备财富成为未来发展的基础，但并不一定能得到很好地发展。这需要发展中国家在国际货币体系下，思考适合本国发展的道路。中国的出口导向模式，获得的明显利益就是积累了大量的外汇储备，完善了基础设施建设，但却难以解决制造业技术创新和产业升级的困境，同时，中国大量的出口贸易顺差对应着美国进口的大量逆差，造成了世界贸易的失衡。当前的国际货币体系是中国产生“双顺差”的关键要素。汇率变化是“双顺差”的根本原因。人民币跟随美元汇率，在相对于美元贬值的条件下，中国能够有效参与国际分工，转化国内的比较优势，成为形成“双顺差”的重要因素。但是，中国长期的“双顺差”增长，已经带来负面效应。20 世纪 90 年代是中国国际收支平衡的分界线。90 年代以前，中国国际收支表现为逆差和顺差不同方向的平衡组合。1982—1993 年是逆差与顺差的配合，其中有 5 年是经常项目逆差和 4 年的资本项目逆差，后期转化为“双顺差”。1994—2005 年经常项目一直处于顺差状态，累计顺差达到 4133 亿美元，年均顺差达到 344 亿美元。中国在接受直接投资方面基本保持顺差，年均顺差达到 359. 1 亿美元，期间的外汇储备也处于加速增长状态。2002 年增长 742 亿美元；2003 年增长 1168 亿美元；2004 年增长 2066 亿美元；2005 年增长 2089 亿美元。1994—2005 年，中国的加工贸易累积结余发生巨大变化。1994 年加工贸易累计结余 359 亿美元；2005 年达到了 6000 亿美元。1994 年中国接受外资 956 亿美元；2005 年达到近 8000 亿美元。数据表明，中国“双顺差”主要是由加工贸易和承接外商直接投资产生的。

1990 年中国的加工贸易出现顺差。1993 年，当时的人民币还处于高估状态，中国外汇储备增长低于估计值。这是因为，1992—1993 年出现了两年的经济过热现象。人民币兑美元固定汇率使物价上涨快，产生人民币实际汇率的高估，虽然期间有大量的外商直接投资流入资金，但经常项目逆差使得这两年的外汇储备低于估计值 55%。1994 年，中国推行汇率改革政策，将官方汇率并轨到外汇调剂价实行贬值，并配合宏观紧缩。到了 20 世纪 90 年代中期，中国的出口创汇迅速增加。1998—2001 年，加工贸易大量盈余，经常项目出现顺差，此时，外部对人民币产生了贬值预期，资本项目开始收缩。1998 年，中国出现了自 1994 年以来唯一的一次逆顺差组合，外汇增长低于估计值。2000 年外汇实际储备比估计低 25%，说明人民币汇率出现了高估。2005 年前后又出现外汇储备超过估计值的现象，说明汇率的低估（卢锋，2006）。这些事实证明，在现有的国际货币体系下，中国承接制造业转移，采用出口带动模式，实现制造业技术创新和产业升级，所取得的效果并不是十分明显，或者说，在美元为主要贸易结算货币的背景下，中国制造业不可能摆脱“被俘获”或者是跳出对美国技术依赖的陷阱。

另外一种思路，就是通过人民币升值增加国内购买力实现制造业升级，但人民币升值直接导致制造业产品出口减少。由人民币升值造成制造业企业收益减少，影响到研发投入。理论上对制造业技术创新和产业升级不会产生积极影响。2012—2013 年是人民币升值幅度比较明显的两年，根据商务部 2013 年 2 月 12 日公布的，按照世贸组织统计口径发布的数据，2012 年中国货物贸易额是 38667.6 亿美元，比美国少 156.4 亿美元。中国净出口对国民生产总值的贡献是非常重要的因素，根据国家统计局的数据，2009 年净出口对 GDP 的贡献率为 -44.8%，2011 年净出口对 GDP 的贡献率为 -5.8%，2012 年净出口对 GDP 的贡献率 -2.2%。这说明期间的净出口对国民生产总值贡献出现了下降趋势。

在以美元为主导货币的国际货币体系下，中国依靠出口导向模式，推动制造业技术创新存在技术依赖陷阱，再加上发达国家的制造业转移的技术限制，原来设想的市场换技术收效甚微。不仅如此，出口导向模式引致国际贸易摩擦，特别是遭到美国的强烈抵制。未来美国政府还将继续限制中国制造业产品的进口。对此，中国可以采取跨国投资的形式，将制造业直接设立在国外进行生产，再通过外国销售渠道进入发达国家市场，或者，将相对比较优势的制造业建在发达国家生产。这样可以更直接与发达国家制造业同台竞争。

2. 制造业对外投资具备条件

中国制造业已经积累 38 年，在实用技术研究领域有一定的进展。目前，中国专利申请总量居世界第一位。日内瓦知识产权组织发布报告指出，中国在实用型和工业品外观设计方面的专利申请占世界第一位。2012 年，世界总申请专利数是 214 万件，其中，中国大陆专利申请 52.6 万件，居世界第一。美国和日本分别为 50.3 万件和 34.2 万件。2012 年世界商标申请总数为 420 万件，中国大陆所申请的商标总量占世界总量的 61.8%（宋斌，2012）。2010 年企业发明专利申请占整体发明比例达到 52.9%。应用技术中有一些核心技术实现理论突破，如“飞腾 1000”国产中央处理器芯片成为世界最先进计算机“天河一号”的核心构件。“天河一号”超级计算机二期系统可以每秒 4700 万亿次的峰值速度和每秒 2566 万亿次的“Lin - pack”实测性能位居世界第一。“天河一号”的 CPU 和 GPU 相融合的高效模式是中国独立研制。中国还自行研制有“65 纳米介质刻蚀机”。中国提出的“TD - SCDMA”和“TD - LTE—Advanced”技术标准成为国际“3G”和“4G”核心标准（柴野，2012）。中国“白云电器集团”的智能微网技术的应用居世界领先地位。中国制造的机器人“心灵手巧”、工业控制“DCS 器”、锂离子动力电池等，具有世界优秀品质。特别是机器人可以在装配生产线上发挥机器搬运和材料焊接等功能，可以与欧美、日本等发达国家相媲美，在德国的汉诺威工业博览会上受到好评。纯电动轿车和混合动力高级轿车研发世界领先。上海汽车制造集团的“E50”电动汽车；“许继集团”的特高压电网技术等产品均代表了中国制造业在技术创新方面的顶尖水平，还有风能的开发和利用也处在世界一流水平（陈劲松、王握文、曾广福，2015）。此外，中国曙光公司研制的“星云”超级计算机、联想公司设计的“深腾”超级计算机标志着中国在装备制造业技术和大型基础装备技术领域实现重大突破，为“中国制造”向“中国智造”转变提供了世界一流的“创新发动机”，也为中国制造业走出国门向发达国家投资奠定了基础。

中国制造业对外直接投资要按照比较优势，动态化、分步骤地“走出去”。例如，中国的纺织工业过去是劳动密集型制造业，主要依靠中国的劳动力丰富的优势，开展生产和出口，随着中国劳动成本的上升，劳动力丰富的现状已经发生了改变，同时，由于纺织工业技术水平的提高，部分生产环节已经成为技术密集型生产环节。与此相对应，中国在纺织工业的原材料供应方面显得缺乏优势。这样的情况可以考虑将部分高端纺织工业到国外进行直接投资，甚至可以考虑在欧美工业“空心化”之际，进入这些国家进行投资建厂，与发达国家纺织业进行面对面的竞争，更有利于中国纺织工业形成学习型组织，增强与国际制造业竞争的能力。据统计，中国纺织品出口量占总出口量的20%，生产过程中的面料进口占出口总值的1/3，再加上需要进口纺织设备和支付合资出口企业的其他支出，最后的出口附加值只有1/3。此外，中国在服装设计、品牌等方面也不具备优势，还有国内环境保护加强，中国纺织品企业对外直接投资具有一定的可行性。事实上，中国对外直接投资发展十分迅速，见表12－2。

表12－2　中国2010—2016年对外直接投资和招商引资　单位：亿美元

类别 年份	对外直接投资	增幅	吸引外资	增幅
2010	590	36.3	1057	17.4
2011	601	1.8	1160	9.7
2012	772	28.6	1117	－3.7
2013	902	16.8	1176	5.25
2014	1029	14	1196	1.7
2015	1180	14.7	1263	5.6
2016	1701	44	1200	－5

数据来源：根据2010—2017年《中国证券报》整理而得。

表12－2中反映出中国制造业对外直接投资已经步入快车道。2016年对外直接投资达到了历史上最高峰值的1701亿美元，投资增幅达到了

44%。这不仅是中国实现“一带一路”战略推动的成绩，也是促进制造业对外直接投资带动企业技术创新的必由之路。“一带一路”的提出是要解决世界各国基础设施的建设滞后问题，重建“海上丝绸之路”和“陆地丝绸之路”，建设中国与世界各国“互联互通”的贸易通道，其本质是给中国制造业打通世界贸易渠道，搭建中国制造业与世界制造业共同竞争的平台，也是促进中国制造业技术创新的复兴之路。

当前国际经济形势出现“贸易保护”的趋势，美国新政府提出了重振制造业的号召，未来美国对中国制造业产品的贸易壁垒将越来越多，加上中国制造业品牌和技术都不占优势。因此，中国制造业主动寻找对外直接投资机会也是历史的必然。2003 年 1 月 16 日，世界贸易组织和经济合作与发展组织，在巴黎联合发表“全球贸易测算新方法——附加值贸易测试法”，按照该方法计算中国对美贸易顺差减少了 25%。中国已经不是对美国出口最多的国家，真正对美国出口最多的国家是日本。这说明，中国继续走低附加值出口的发展战略是不行了。目前，中国制造业对美国和欧洲的出口产品，大多是由于进口技术密集型中间产品而生产的高品质产品。这再次证明，发达国家对制造业产品需求不断升级，中国制造业也要保持强有力的技术创新，才能保持制造业出口市场（Schott P.，2007）。

中国制造业积极对外直接投资，要构建制造业承接与技术创新相结合的发展模式，逐步降低制造业对外部技术的依赖。中国制造业面临着新的工业革命，要以新的管理思维模式应对世界制造业变革。这次工业革命以数字化制造、新能源和新材料的应用为标志，将开启一个新的历史时代，将对中国制造业中心的地位产生冲击，对此，中国要在经济、法律等层面做好变革。政府要转变角色、放权给企业组织生产管理活动，不能一味追求发展速度，要提升发展质量，强调创业环境营造，通过“大众创业”促进企业技术创新数量的增加。

中国制造业对外直接投资要改变跟随发展思维惯性。中国历史上面临超越的机会也有，由于跟随思维根深蒂固，两次都失去了发展的机会。例如，18 世纪晚期开始的第一次工业革命是在中国“康乾盛世”后期发生的，当时中国 GDP 位居世界第一，由于中国社会制度与世界工业革命不能融合发展，跟随之后是失去了成为世界强国的机会。20 世纪初期的第二次工业革命是中国封建时代结束时期，动荡的社会又一次失去了工业化机会。美国带头采用制造业生产线，彻底改变了世界生活方式。中国在跟随中又一次失去超越机会。因此，制造业技术创新不仅是企业活动，更是社会意识和人的主动性释放。政府在推动制造业对外直接投资中，要注意人的价值创造活动，要随着企业“走出去”建立企业的价值观念。恩格斯所说的“劳动创造人本身”就是要求人的价值实现，要与社会生产同步发展。中国长期的“粗放式”生产过程，可以说是在制造业深层次价值观念上的缺失，才导致部分制造业不思进取，甚至制造一些不受欢迎的产品。生产活动中人的价值淡漠引起企业本身的生产观念淡漠，是导致制造业生产效率低下的不可忽视的因素。如中国工业增加值率为26.5%，而发达国家多数在35%以上。美国工业增加值率甚至达到了40%。中国产品的增加值率是日本的4.37%，美国的4.38%，德国的5.56%。中国单位GDP能耗是世界平均水平的2.78倍（徐光辉，2011）。

中国制造业对外直接投资的同时，也是将大量积累的对外债权不断释放和使用的过程。对外直接投资同时要建设好国内的金融市场，尽量扩展金融市场的深度和广度，疏通投资和储蓄不畅通的体制，通过国民财富收入调整，构筑稳固的债权国基础，增强国家财富效应。通过债权国权力的强化，增强制造业对外直接投资的博弈筹码，加大对外直接投资能力。对外直接投资还要与减少债权投资相配合，增加对外股权投资力度。由于美国对中国投资实行有选择开放政策，中国利用股权投资可以越过美国设置的投资壁垒，同时，利用好美国实施实业再造计划的机会，及时将制造业推到国外学习技术创新。还要通过调整对外资产结构，利用外汇储备在海外市场投资，利用海外兼并拓展海外市场，带动制造业技术创新。还可以进行资源能源的收购，将中国的债权优势转换为资源优势，实现由资产的被选择向选择者的转变，提升全球配置资源能力。

概括起来就是通过对外直接投资，构建制造业技术的承接与技术的创新相结合的模式，构建资源供给的债权实现模式，改变由被动积累外汇而不断形成过度出口低附加值产品局面，实现制造业走出国门倒逼其技术创新。对外直接投资要分析国内制造业在全球价值链中的位置，进行有选择的投资，根据中国制造业发展水平以及阶段性特征，按照国际惯例对外投资，如中国不同经济圈所代表的产业集群所嵌入全球价值链分工层次不同，如航空航天、生物医药类的高科技产业以及一些家电中的高端制造业等在全球价值链中占有一席之地，可以作为产业升级目的对外投资；钢铁、水泥等低附加值类的制造业可作为消化过剩产能为目的对外投资。对外直接投资要尽量选择海外价值链高端环节，提升国内制造业产业链条的位置，带动国内制造业技术水平的提升和价值升级。对外投资要逆向突破，选择国内具有相对比较优势的制造业向全球价值链高端投资，利用高端技术的逆向溢出效应和学习效应获得发达国家的先进技术，同时，要选择制造业下游产业链，以转移劣势技术，从而优化国内制造业。

（三）人民币汇率改革促进技术创新

1. 汇率波动要反映制造业能力

“布雷顿森林体系”崩溃后，1976 年 4 月，国际货币基金理事会通过一项决议，称之为“牙买加协议”。协议中确定实行浮动汇率制度；黄金退出货币流通范畴；允许美元货币之外的其他国家货币充当储备货币。这个协议表面上是对“布雷顿森林体系”的改革，特别是允许多国货币成为国际储备货币，像是对“布雷顿森林体系”采用单一美元作为国际货币的补充。但是，国际货币的使用具有惯性因素，世界各国已经拥有大量的美元外汇储备，不可能短时间内进行储备货币的调整。当然，美国的经济实力也并没有衰落到不可救药的程度。因此，“牙买加体系”并没有改变世界贸易结算使用美元作为国际主要结算货币的局面。当代国际货币体系进一步确立了美元的国际财富地位。美元汇率形成是在美国的操纵和国际货币基金组织的制度约束下资产选择的结果。“牙买加体系”下各国继续加强了美元作为储备货币的使用，成为各国展示给世界的重要财富资源。这也是众多发展中国家一味追求美元外汇储备，从而使本国货币长期盯住美元，进而形成长期经常项目顺差的主要原因。

这种与美元汇率挂钩的制度限制了本币汇率波动的范围，也造成了本国制造业技术创新和产业升级过程中的被动局面。政府为提升本国外汇储备财富效应，常常采用让本币相对美元贬值的方法，促进出口赚取美元外汇。国家贸易出口获得的外汇财富增加，不能表示该国的真实财富增加，只是代表了本国经常账户盈余。其本质是本国对外国债券需求的增加，或者说是形成了本国的大量债权。这些外汇储备最终要回流到国外进行实际投资。但这一循环过程却造成了货币发行国家对货币使用国家的实际资源和环境的利用。真正的财富拥有者是货币发行国家。如果考虑到货币发行国家通过财政和货币政策调整汇率所造成发行国家的货币贬值，将对货币使用国家造成巨大的财富流失（姜波克，2001）。因此，以美元为主要货币的国际货币体系，汇率波动是导致世界资源错配，世界经济效率低下的重要原因。汇率的资产组合理论已经证实了这一结论。美国普林斯顿大学布朗森（W. Branson）教授将资产分为流量和存量两种形式，并假定本币资产和外币资产不能完全替代，而汇率风险又使“非套补利率评价”不成立。两个国家各自在自己的资本市场上衡量其财产，经常账户会影响两国资产总量，而资产总量又是影响两国货币汇率的重要因素。假如，本国只有三种资产，包括本国货币 M，本国发行的以本币计值债券 B，外国发行以外币计值的债券 F。外币计值的债权短期内不变，外币债券的本币价值等于 Fe（e 表示直接标价下的汇率）。不考虑债券的利息对总资产的影响。如果预期未来的汇率不变动，影响持有外国债券收益的只有外国利率变动。此时，本国的总财富可以表示为 $W = M + B + eF$。可见汇率是能够改变一国财富的重要因素。由于投资者要考虑投资收益和风险两种因素决定持有本国货币、债券和外国债券三种财富。而本币决定于本国政府，利率决定货币需求量，当资产总量增加时，投资者会按比例分配资产配置，对货币的需求相应增加。债券市场中的本国债券也由政府决定，并与本国利率成正相关，与外国利率是负相关，与资产总量正相关。外国债券是出口贸易顺差形成的，如果贸易顺差短期内不变，则外国债券供给也是一定的。本国对外国债券需求与本国利率是负相关，与外国利率是正相关，与资产总量正相关。在资产平衡过程中，贸易顺差或者逆差都将改变资产组合从而改变贸易国家之间的汇率关系。

中国 40 年改革开放形成大量贸易顺差，人民币兑美元汇率也呈现出不断升值趋势。2015 年 5 月 4 日《华尔街日报》报道了 IMF 对人民币的升值趋势评估报告，认为过去 10 年内人民币已经累计升值超过 30%，并认为这种升值是合理的。与之相反的是美国的观点，认为人民币仍然被严重地低估。2015 年 3 月，美国财政部长雅各布·卢认为，中国似乎停止了利用干预手段压低人民币汇率，也只有在人民币汇率升值压力加大的情况下，才可以看出来中国是否真正地改变了汇率政策，并以此想阻止人民币进入 IMF 特别提款权篮子货币（韩显阳，2015）。事实上，中国人民币汇率面临的问题是对外升值和对内贬值，内外货币购买力不平衡。产生这种局面的原因是人民币逐渐升值趋势，诱发中国制造业对外投资的同时，引进外资速度在放缓。统计 30 多年的引资总量在 1.77 万亿美元左右，所设立的外资企业 90 万家。2011 年以来，中国引资增加的幅度并不大，基本保持在 1160 亿 ~ 1260 亿美元，而期间的对外投资增加幅度却相对较快。中国在资本项目下出现逆差上升的现象，反衬出经常项目顺差。这种现象驱使了人民币升值，并造成了制造业出口顺差增幅放缓。这种资本项目逆差和经常项目顺差并存的局面，所反映出来的人民币汇率升值趋势，不是制造业技术创新和产业升级的本质反应。解决这一问题的关键，是必须尽快实行人民币市场化定价，让人民币汇率变化能够真实反映制造业技术创新和产业升级能力。

2. 汇率升值倒逼低端制造业升级

通过考察出口产品的中间产品价格所占比重，可以将制造业产品出口分为垂直专业化分工较高和较低两类。垂直专业化分工程度比较高的制造业对汇率变化没有影响。垂直专业化分工较低的制造业，受汇率变化相对显著。垂直专业化分工高的制造业，大多是资本和技术密集型行业。这些也大多是具有一定技术含量的加工贸易行业。由于加工贸易具有大进大出的特点，人民币升值对产品出口会增加一定成本，但对加工材料进口存在降低成本的优势。因此，人民币升值不会对这类制造业产品出口造成显著影响。再者，技术类加工贸易主要是“三资”企业在做，在面临人民币汇率变动时，外资企业可以使用各种金融衍生工具避险，例如，采用跨国企业的内部交易就可以减少汇率变动影响（孟祺、王斐波，2009）。垂直专业化分工较低的制造业主要是采掘业、纺织业和其他劳动密集型产业，由于垂直专业化分工考察的是出口产品中，中间产品的贡献度高低。因此，垂直专业化分工低的制造业受汇率变动的影响较大，特别是劳动密集型制造业生产主体多是中小型制造业，一般处于全球价值链的低端，国内增值率低，出口的金额相对出口量也较低，有时还出现“增量不增价”的现象。但是需要注意的是，由于中国劳动力价格低，劳动密集型产品出口价格远低于其他国家同类产品出口价格。人民币升值就削弱了这些低端制造业的竞争力。这可能在一定程度上会影响一部分人就业。鉴于此，政府要选择适当的时机及时调控人民币升值。例如，在“一带一路”背景下，政府调控人民币升值倒逼低端制造业升级，既可以保证制造业对外直接投资的基本利益，又可以树立人民币在“一带一路”沿线国家的政治地位。因为，美国为加强美元在国际货币中的霸权地位，正在实行收缩性财政政策以促进美元升值。人民币一定幅度内升值是长期跟随美元汇率波动政策的延续，也是在“一带一路”建设中发挥人民币“锚货币”作用的有利时机。所以，人民币适当升值虽然对整个制造业升级不会产生明显影响，但对低端制造业转型升级却具有重要意义。

3. 汇率改革要保持金融市场稳定性

2005 年 7 月，中国实行市场为基础，参考“一篮子货币”调节的改革方案，实行“管理浮动”汇率制度。2007 年 5 月、2012 年 4 月和 2014 年 3 月实行了在银行之间的外汇市场上，逐步放开兑换美元的价格与当日中间价格的波动区间。2015 年 8 月，中国人民银行又调整了人民币汇率中间价的报价机制。人民币兑美元汇率出现较大幅度波动。这是由于人民币长期盯住美元，跟随美元升值形成的扭曲中间价的必然波动。此次波动后，人民币汇率形成机制又向市场化迈进一步。8 月的波动是人民币兑美元中间价报价机制的调整，也是人民币长期形成的贬值压力的释放。调整之后的人民币汇率形成机制更具市场化，而且也更具平稳性。人民币在过去 5 年内的年均波动幅度基本保持在 4% 以内，与世界主要货币的年均波动幅度在 10%，新兴市场国家年均波动幅度 24% 相比，属于低波动性的货币（曲哲涵、吴秋余，2015）。

汇率改革本身是一把双刃剑，既可以对经济产生正向影响，也可以对经济产生负向影响。当存在汇率变化的“一价机制”时，即汇率在“金本位”制度形成时，才能形成调整国际贸易关系的因素。当今世界虽说全球化趋势日趋明显，但国际金融市场的“一价机制”并不存在。在美元替代黄金成为国际货币体系中的主导货币后，以主权国家为基础的贸易定价体系和以信用货币为基础的金融定价体系已经形成。尽管这两个定价体系存在一定程度的联系，但两者的价格运行则是平行的，不是相交的关系。这种情况下利用货币贬值企图改变两国的贸易关系，以增加出口量不是一件容易的事情，受到损害最多的是金融市场。因为金融市场波动最终会影响企业技术创新。例如，日本一直试图利用日元贬值增加出口刺激经济。但在经济全球化下，日本生产要素需要大量进口，日元的贬值造成制造业产品成本上升，再加上日本的劳动力成本较高，日元贬值很难增加出口。最终，受日元贬值影响的是金融市场。在日元升值时，原来日元对其他货币的利差会消失，由日本流向全球市场的资金回到日本套利，特别是日元跟随美国实施的“量化宽松”货币政策。这些资金推高其他国家的资产价格后，又会突然撤离，将导致地区金融危机，从而直接影响制造业技术创新。

人民币汇率改革后要保持汇率的相对独立性，实行可以浮动的汇率政策。这既是世界第二大经济体该有的表现，也是避免跟随汇率导致金融危机的必然选择。更为关键的是，汇率相对独立有利于制造业技术创新和产业升级。不少学者从反面证明了这一结论。张杰、郑文平等实际测算人民币汇率盯住美元时期是不能提升制造业技术创新水平的。人民币长期盯住美元，中国虽存在大量贸易顺差但制造业出口产品质量却没有得到提升。例如，中国在2010年总对外贸易额就已经超过德国，成为对外贸易出口最大国；2013年中国对外贸易总体规模超过美国跃居全球首位。然而，中国对外贸易出口产品的质量却没有提高。中国的电器设备及零件，纺织产品、矿产品以及仪器设备等，2000—2006年的出口质量总体处于持续下降态势。电机电器设备，运输设备以及仪器设备这些产品是先下降后上升。然而，在分析中国在2005年实施汇率改革，实行“一篮子货币政策”后的出口产品质量变化，可以发现，2005年之前采取人民币盯住美元政策是制造业出口产品技术含量得不到提升的主要原因。2005年汇率改革后，人民币与美元挂钩的程度被主要发达国家的货币部分替代，中国制造业出口产品质量继而有提升的表现（张杰、郑文平，翟福昕，2014）。

汇率不仅影响制造业产品出口还影响国际资本的流动。中国可以根据贸易顺差形成的人民币升值窗口，顺势提升制造业技术创新，实现制造业链条向资本密集和技术密集型转换，同时，运用汇率杠杆可以改变原来采用外汇储备数量的变动应对外资流入的措施。因为，政府大量购买美元外汇储备以应对外资流入是非常被动的，对国内金融市场稳定十分不利，还会造成国内通胀压力，不能为制造业技术创新提供稳定的金融环境。

4. 汇率改革调整出口顺差结构

尽管中国存在一定时期内引资和对外投资之间的不平衡问题，但中国全局问题是存在“双顺差”。汇率改革目的就是要在一定程度上消除“双顺差”，为减少劳动密集型外资，进一步引进技术密集型外资创造条件。这种经常项目顺差和资本项目顺差并存现象，一定程度上来自经常项目顺差，而更多的是来自资本项目顺差。如果将“双顺差”形成用 S - I = X - M 分析，则可以看出“双顺差”是由 FDI 的挤出效应形成的。在人民币盯住美元的情况下，FDI 投资收益回报率非常高，保持在 22% ~33% 范围内。中国在美国购买债券收益只有 3% ~4%。我们所说的 FDI 挤出效应，是指外资大量到中国投资，将中国国内的高储蓄进行了大量的吸收利用，进而转换为制造业产品出口顺差，形成国家财富基金，最后形成中国购买美国债券的资金而流入美国。同时，在政府的鼓励政策下，各地区纷纷开出各种优惠条件，争相吸引外资进入。这就形成了由 FDI 挤出效应所形成的大量出口顺差。由于中国出口顺差的 70% ~80% 是购买美国债券，而形成顺差的原因又存在 FDI 的挤出效应。这不仅说明中国的财富基金没有真正用到制造业技术创新领域，而且说明中国制造业升级存在被外资所俘获的严重问题。

解决这些问题要靠人民币汇率改革。中国长期处于计划经济，政府形成了干预市场的惯性，造成市场经济发育不完善。政府的权力导致了内外资制造业的非公平竞争，为 FDI 提供了“超国民待遇”条件，而相对削弱了对本国制造业的保护和支持，导致市场配置资源功能失调。不仅如此，中国对 FDI 实施“超国民待遇”政策还产生了国内消费不足和加剧了外汇储备外流。因为，现有的 FDI 投资机制存在金融流动的滞后性，中国被迫采取不断增加外汇储备的方式，应对金融流动性滞后的局面，再由于 FDI 主要用于出口换汇，这就形成了中国长期内需不足（徐明棋，2011）。加剧外汇储备外流的原因在于，中国外汇储备增加使得持有成本不断增加，被迫以债券形式流入美国。这些都加剧了中国制造业研发资金的短缺（UN. Report，2009）。

人民币汇率改革调整顺差结构就是要不断完善人民币兑换美元汇率的中间报价的市场化和基准性，让中间价能够更好地反映市场对汇率走势的预期，进一步放宽汇率波动幅度，发挥市场对人民币汇率的调剂作用，使人民币汇率能够反映经济效率指标。例如，政府可以配合汇率变化推出有效措施鼓励外资中的高端制造业进入，抑制外资中的低端制造业进入。当然，由于人民币兑美元汇率是从固定汇率向浮动汇率的转变过程，国际化程度低，监管能力低，在进一步提高人民币汇率的灵活性时，要谨慎采取完全浮动汇率制度。中国在经济转入新常态以后，要在一定时期内稳定人民币汇率。这是因为，稳定的人民币汇率有利于中国引进高端制造业投资，也有利于中国在“一带一路”背景下的对外直接投资。同时，美联储近期也宣布暂时不加息，短期内也有利于稳定人民币汇率。为应对汇率改革对中国银行业造成流动性冲击，可以尽快发展一些能够对冲汇率风险的金融工具和产品，以减少银行业冲击，增强企业应对汇率风险的能力。

人民币汇率改革还要兼顾国际投资收入头寸的变化。现代国际货币体系造成的基本现实是，中国在海外的资产和负债的差额就是国际投资收入头寸。美国也是海外资产和负债兼有的国家，而美国的海外资产是用当地货币计价，海外负债用美元计价。人民币兑美元汇率稍有变化就会造成中国和美国之间的海外资产和海外负债的重估。人民币汇率的变化必然导致中国国际投资收入头寸变化。价值重估效应对中国财富效应影响非常大。2002—2007 年，出现的“两万亿美元失踪”问题就是典型案例。中国和美国在 2002—2007 年的国际收支平衡表显示：美国每年的贸易逆差平均为 4000 亿～5000 亿美元。美国这么多的贸易逆差，从理论上分析，应该是美国的国际投资净头寸恶化，事实上，美国的国际收支头寸并没有实际上减少 2 万亿美元。问题在于，美国对中国的海外投资是用人民币计价，而中国对美国的投资是用美元计价。美元相对于人民币贬值会造成中国的国际投资头寸的恶化。美国以人民币到中国投资，则相对改善了国际投资头寸。中国和美国之间国际投资头寸的变化类似于中国的财富向美国流出。假设，美国人以人民币在中国的投资收益换回美元汇出，立即可以冲抵中国以美元在美国投资的收益。在美元为国际主导货币的情况下，如果人民币汇率不升值，将会延续外汇储备增加，财富受损的老套路，如果人民币快速升值将对制造业产品出口以及宏观经济产生“即时受损”影响。对此，应该选择人民币与制造业产业升级协同并进的措施，在推进制造业技术创新和产业升级过程中，不断突破人民币国际化障碍。

中国要密切关注人民币在国际市场的变化趋势。目前国际上呼吁人民币升值的声音很高，例如，约翰·威廉姆森及威廉·克莱恩都认为人民币低估40%，只有不断升值才能使中国的经常项目盈余降至GDP的3%。当然，他们呼吁人民币升值并不是想让人民币能够成为国际主流货币。中国要做的就是深入改造现在基本处于管制之下的金融系统，包括建立更高市场化程度的人民币汇率形成机制。此外，中国还要尽快适应大量外国财富以人民币计价形式流入所带来的管理变化，积极培育足够的金融产品以应对未来外国财富投资的需求。

5. 汇率与资源价格协同改革

人民币盯住美元造成中、美两国国际收支的长期失衡，其本质是中国单方面资源输出的结果。在当前的国际货币体系下，美元发行是为了满足世界各国对美元的货币需求。各国货币要求与美元保持固定的汇率。这种现象的实质就是美元汇率绑定了各国货币。中美之间长期处于国际收支失衡状态。美元汇率的大幅波动会造成中国资本大规模流动，会增强中国对美元外汇储备的需求。例如，2017年以来美元汇率升值，中国资本大量流向美国，造成了中国外汇储备相对减少。为了保证足够的美元外汇应对金融市场的不确定性，中国必须增加经常项目顺差数量，以弥补美元外汇的流出。这就是说，美元相对人民币升值一定会强化中国的现实物资资源流入美国。同时，中国的经常项目顺差还会造成美国一定程度上的通货紧缩。美国为了减小通货紧缩压力，必然会实施通货膨胀政策以增加就业。

因此，只有中国的美元外汇储备能够回流到美国购买国债，而美国又不断将回流的资本对中国进行直接投资，两国的国际收支才可以平衡。但美国在发行信用货币时是没有国际收支平衡约束的。这种靠信用能够换来现实物质资源的交易，极大地诱发美国的机会主义行为。

因此，人民币汇率改革要考虑中国现实物资资源流出。人民币 1994 年实行管理浮动汇率。1997 年由于亚洲金融危机采取盯住美元汇率，之后由于美国债务积累，美国开始实行弱势美元政策。美元兑欧元先后贬值了 31%。美元兑日元贬值了 20%。中国在此情况下仍继续保持盯住美元政策。这与中国资源环境脆弱的特点形成了矛盾。汇率引导国内外资源流动的货币价格信号失灵。中国进出口与汇率之间的关系出现了弱化。例如，1998 年到现在，人民币兑美元名义汇率基本不变，而 2000 年、2002 年和 2003 年，中国出口继续增长，达到了 27.9%、22.3% 和 34.6% 的高增长。1997—1998 年，人民币实际汇率增幅最大，进口非但没有增加，反而下降。1999 年是人民币实际汇率下降，进口没有下降反而增加。特别是 2008 年美国金融危机以后，人民币处于不断升值中，中国对外贸易顺差却在不断上升。这造成国内资源价格与国际市场资源价格扭曲。例如，2006 年 5 月 24 日，国内石油、柴油价格每吨上调 500 元人民币。按调整后的出厂价格，国内汽油和柴油价格与国际价格平均差价是 1500 元人民币每吨（于立新、杨婧，2006）。人民币升值的原因，表面上看是贸易顺差增加，FDI 增加形成的，但本质上，人民币升值并不是经济内在演变动力推动，而是资源环境价格扭曲造成的 FDI 一般加工制造业的大量涌入，以及出口过度造成的。中国贸易顺差一部分是以牺牲资源环境为代价换来的，是对资源环境的过度消耗。这种过度的消耗资源是不可能用美元货币再能够换回的。由于汇率是联系国内外货币的媒介，一国货币如果不是世界货币，其贸易就必须先用本国货币衡量本国商品价格，然后，将此价格兑换为外币表示的价格换回外币；再用外币购买外国商品。汇率影响国家之间商品的实际交换比例。

中国汇率不仅影响贸易顺差造成资源外流，而且影响到国内整体经济运行。汇率政策既是调整工具又是结构工具。贸易顺差不仅是汇率问题，也是实体经济出口结构不合理的反映。例如，中国的顺差就是区域经济发展不平衡以及内需不足的反映。因此，汇率改革与资源价格改革相结合，可以防止汇率调整不到位所导致的资源性原材料价格调整幅度过大，对出口形成壁垒的现象。目前，国内资源性原材料价格低于国际价格，一定程度上为跨国公司内部转移价格提供了方便。但也不能造成国内资源价格过快上涨。资源价格上涨太快会抑制当前经济增长，对制造业产业结构调整不利。要按市场规律提高资源性原材料价格，通过价格调整反过来降低汇率升值预期，为汇率调整提供实际的经济基础。2006 年，中国两次调整能源价格，汽油、柴油上涨了 20% ~25%，形成成本性通胀，加上外汇储备造成 M2 投放过度，膨胀预期形成，造成经济增长形成的人民币升值被通胀抵消，而通胀预期是资源型价格人为压低造成的。因此，汇率小幅调整有利于进口国内急需资源产品，减少国内、外资源价格差，减少国内资源价格上涨对本国企业的冲击。因此，汇率改革要增加汇率弹性，实现灵活汇率制度，协同资源性价格调整。

中国经过 30 多年的贸易积累，人民币存在相应的升值趋势。但中国资源价格的严重扭曲，增加了汇率升值压力。因此，汇率改革要综合考虑宏观经济、社会发展和国际收支等，兼顾银行以及相关配套措施，还要考虑周边国家金融稳定等因素。为避免汇率升值影响经常项目顺差，中国在进行汇率改革的同时，要拉动内需进行弥补，强调内需的方向和重点，优化投资结构，缓解对资源产品需求紧张形势，从重化工向日常消费投资转变，提高生活质量，积极培育农村消费市场。

（四）完善金融市场促进技术创新

1. 金融改革促进制造业技术创新推演

帕加诺认为金融改革可以从提升制造业比较优势、改变要素禀赋条件、提升技术水平等方面发挥作用。金融改革程度高对依赖金融比较强的资本密集型与技术密集型制造业产品生产和贸易更具比较优势，出口数量增加。相反，金融改革程度低则对金融依赖程度弱的劳动密集型制造业产品生产有利。证明这一结论，可以将总产出描述为总资本存量的线性函数。如下公式表述：

$$Yt = Akt \tag{12-1}$$

在人口规模不变，折旧为 δ，社会产品用于投资或消费的情况下，总投资为

$$It = kt + 1 - (1-\delta)kt \tag{12-2}$$

如果没有资本流动，只有国际贸易下，总储蓄 = 总投资是一国资本市场均衡条件。考虑到资本运行中的漏损为（$1-\theta$）：

可以把总投资写为

$$It = \theta St \tag{12-3}$$

将式（12－3）代入式（12－2）得到如下：

$$kt + 1 = (1-\delta)kt + \theta St \tag{12-4}$$

假设 C_1 和 C_2 是两个不同的国家，其投资公式是：

$$KC_1(t+1) = (1-\delta)kCt_1 + \theta 1SC_1t \tag{12-5}$$

$$KC_2(t+1) = (1-\delta)kC_2t + \theta 2SC_2t \tag{12-6}$$

式（12－5）和式（12－6）显示，当两个国家初始资本积累 t 水平相同时，$kC_1t = kC_2t$。金融发展出现差异，在 $t+1$ 时期两国的资本积累水平就不同。金融发展水平高的国家储蓄率较高，储蓄转换为投资利率也高。该国的资本比较优势比较显著。相反，金融发展水平低者，资本比较优势不显著。该推理过程证明了希克斯的结论，即技术创新需要足够资本进行长期投资才能产生。金融改革促进金融市场流动性，为制造业技术创新提供资金保证。同时，技术应用也需要资本市场的灵活和流动。因此，技术创新在金融革命发生以后才可能真正地发生。

2. 采取措施突破“金融国家”约束

中国制造业技术创新与国内金融市场的发展密不可分。不论是英国第一次工业革命后能够成为世界制造业强国，还是美国第二次世界大战后制造业的崛起，都离不开本国强大的金融市场的发展和支持。虽说世界货币基金组织在 20 世纪 50 年代以制度的形式规定了美元的世界主导货币地位，但不可否认的是，美国当时的金融市场非常发达，并且已经演变成为世界资本集散地。美国不仅可以吸纳世界资本的投资，而且是世界制造业产品的销售地，因此，美国被称作是“世界经济的发动机”。20 世纪 80 年代以

来，美国利用虚拟经济发展，树立了强大的“金融国家”地位。世界上其他国家在不同层次上依据各自的制造业比较优势，逐渐演变为跟随美国发展的“贸易国家”。“金融国家”能够掌握全球金融规则制定权。目前美国是唯一能够利用金融市场调控全球金融资源、制定世界金融市场规则者。“金融国家”在世界经济发展中发挥了重要作用，例如，英国作为第一次世界大战前后形成的“金融国家”，对世界“贸易国家”发挥了明显的经济带动作用。当时的“贸易国家”包含两层意思：一是指本国的金融市场相对封闭，不能起到引领国际金融市场发展，不能制定金融规则的国家；二是那些制造业相对发达，依靠制造业产品出口拉动经济增长的国家。美国在“二战”前后能够演变为“金融国家”就是因为其在制造业出口达到一定规模的情况下，及时进行了国内金融市场改革。英国和美国能够在世界经济发展中充当“金融国家”角色是其制造业和金融服务行业协同发展的结果。

回溯世界经济发展历史，世界经济霸权的更替过程一直是金融业在起重要作用。尤其是美国 20 世纪 80 年代以来产业结构的高度化、软化或虚拟化，很明显与美国金融帝国演变相呼应。与其说美国是经济霸权国家，不如说美国是金融霸权国家。美国金融霸权更突出地展示出能够将金融软实力和制造硬实力结合在一起发挥作用的功能，而且金融软实力的作用具有逐渐增强的功能。这也是美国动用一切力量努力实现的核心战略（李晓，2013）。事实上，早在 20 世纪 70 年代，“布雷顿森林体系”出现崩溃迹象时，美元国际货币体系所反映的美国霸权结构就已经发生了重大变化，即美国由经济霸权国家向金融霸权国家的转换。“布雷顿森林体系”的崩溃并没有改变以美元为主导的国际货币体系，相反，美国凭借拥有的富有深度和广度的开放金融市场，确立了美元在国际贸易结算体系中能够发挥关键性货币，形成了以美元为核心的短期和中长期国际信用周转体系，即国际“美元体制”。美元体制的形成正是反映了美国世界霸权结构的变化，实现了美国全球霸权战略的转变。美元体制形成后，美国一直推行金融自由化和金融全球化，其目的要把世界各国纳入到美国金融霸权所主导的经济体系中。此外，美国还利用东亚地区与美国长期形成的“出口—美元”循环机制，固化美元在该地区的使用。美国利用中东石油出口国形成的“石油—美元”定价体系，确立美元在世界各国的国际储备货币地位，不惜动用武力维护已经形成的美元霸权地位。

美国占有金融领先的地位，留给中国的就只有靠人类的精神信念和以此为基础形成的，能够超越美国霸权的，被世界各国接受的制度规则。这种制度规则应该可以替代美国的霸权制度。这就是中国依靠自身理念形成的，能给各国带来福利的制度规则，即“一带一路”规则。它既可以形成市场经济规则下的全球性贸易、金融系统的包容而吸引各国加入，又可以实实在在地给各国基础设施建设做出贡献。这是现阶段能够体现经济全球化本质的最佳途径，也是跳出美国金融霸权形成的贸易和资金循环体系的新思维，其本质是将实体经济海外投资与国内金融改革结合起来的创新思维。

中国是世界出口大国，现存国际货币体系对制造业技术创新影响的程度相对较高。国际货币体系影响到中国的“四大不平衡”：中国对外贸易不平衡；虚拟经济与实体经济发展不平衡；人的发展与自然资源供给不平衡以及中国与发达国家之间的不平衡。解决这“四大不平衡”需要形成美元、欧元和人民币三足鼎立的局面。因为，美国作为经常项目逆差国家，其货币地位相对下降。中国是世界上长期经常项目顺差国家，连续 30 多年的经济增长，为人民币走向国际核心地位奠定了基础。世界在对现有国际货币体系高度依赖的同时无法约束美元的泛滥，将导致美元的慢性危机。未来需要中美之间合作创建稳定的货币体系，中国可以起到稳定美元汇率的作用。美国可以支持中国在亚洲发挥主导作用。同时，中国金融业改革开放；美国先进制造业放松管制。这样既可以加快中国制造业技术创新步伐，也可以维持美元的国际地位。

3. 金融改革与实体经济相配合

英国和美国都是金融和制造业发展相互协调、相互支撑最终演变成为世界制造业强国。美国制造业发展历史上，金融和制造业发展相互协调一致的时期都是国内经济增长强劲时期。一旦美国制造业发展出现与金融发展不协调，就会产生经济增长乏力。20 世纪 80 年代之后，美国重点发展互联网模式下的高技术制造业，一般性制造业逐渐转移到中国。与之相对应的是美国金融虚拟产品发展迅速，出现了美国金融与实体经济矛盾，导致了2008年美国“次级债”危机，最终演变成世界性金融危机。以至于当时的美国总统奥巴马连任时，重点提出了重振美国实体经济的口号，为制造业企业减轻税负，试图通过税收杠杆鼓励制造业回流美国。2008年美国金融危机后，奥巴马政府还在全美国布局创建了15个制造业创新中心，让美国继续成为世界制造业革命的领跑者。美国是制造业强国也是金融帝国，其金融市场是世界上最为完善的市场。即便是美国这样完善的金融市场，如果没有制造业作为支撑，其市场虚拟性也会发生严重危机。中国是一个发展中大国，人口密集，制造业技术落后，必然是先发展制造业，然后发展金融市场。考虑到中国改革开放近40年的积累，中国已经到了金融和制造业协同发展的关键时期。目前必须改善中国金融市场滞后现象，如效率低下、教条化管理制度等。金融改革与实体经济结合还要关注金融市场的深度、广度以及市场弹性。国家的金融市场越是发达，制造业融资的成本就越低，其货币在世界范围内流通的规模就大。所谓的金融市场深度和广度，就是依据资本的自由流动性高低而定。金融市场产品丰富、资本流动性强说明金融市场具有深度和广度。美元之所以能长期成为国际货币，就在于美国拥有全世界最强大的金融服务体系和最完善的金融市场，可以向世界输出金融产品和服务。

中国在金融与实体经济结合中，要更加重视金融市场的改革。30多年的发展也充分证明了这一观点。例如，1995年，中国就提出了经济增长方式的转变，但直到现在也没有取得预期的效果。中国共产党十七大会议就提出“提高自主创新能力，建设创新型国家”战略目标。十八大提出创新驱动战略。中国在R&D经费方面的投入不断增加，R&D投入占GDP的比重从2000年的0.9%，提高到2013年的2.08%。2014年R&D投入占GDP比重是2.09%，超过了英国的水平，接近法国的水平。2007年中国研发投资达到了3710.2亿元。2013年研发经费支出为11856.6亿元。2014年研发经费支出为13312亿元。这7年时间增加了3倍。2000—2012年，专利申请数和授权数年均24%和23%增长。发明专利年均增长30%。然而，中国仍然面临着以全要素生产率为代表的技术进步水平不得提升的尴尬局面（余泳泽、张先轸，2015）。根本原因在于国内缺乏富有活力，能够很好配置金融资源的金融配套体系。虽说 R&D 占 GDP 的比重在不断增加，但由于中国金融改革滞后，金融配置资源能力有限，使得企业 R&D 投入的力度相对弱小。中国规模以上企业 R&D 投入只占主营业收入的 0.71%，而主要发达国家的投入则是 2.5% ~4%。2011 年大中型企业开展研发活动者不足 30%，多数制造业处于技术跟踪和模仿阶段。中国 R&D 投入中，政府投入占有很大的比重，而美国每年的 R&D 投入基本超过中国的 1 倍左右，且大多是金融市场投入。如 2012 年，美国 R&D 投入是 4535 亿美元，相当于人民币 2.8 万亿元，是中国当年投入的 1 倍以上。究其原因，是中国金融市场发展滞后造成的，政府替代市场 R&D 投入。受到国际货币体系驱使，政府在出口导向战略驱使下，直接参与了制造业 R&D 投入活动。政府关注的是短期内提高经济增长和财政收入，又是技术创新的主体，在国内短时期内消费提升困难的情况下，只能是按照国外对制造业产品的需求进行 R&D 投入。这种 R&D 投入必然带有功利性质，是短期 R&D 行为，不可能会对制造业关键性技术进行 R&D 投入。政府的投资基本是大规模和“粗放式”生产投资，难以形成技术创新核心技术。这也形成了对制造业技术创新的抑制或替代效应。由于缺乏灵活的金融市场环境，政府主导下的 R&D 投入不仅把制造业主体边缘化，也养成了企业的惰性，助长了企业依赖政府 R&D 投入的惯性，造成了企业向政府投机取巧获得 R&D 投入的恶习。

4. 金融改革要避免经济泡沫化

由于国内金融市场单一，缺乏足够的投资工具，造成一些出口导向企业获得大量收益后，到处寻找资源型资产进行投资，导致资产型资产泡沫化。例如，中国的部分农产品、矿产品都曾是资本炒作的目标，特别是房地产更是被长期炒作，严重影响了资本向制造业技术创新 R&D 投资。在资本泡沫存在的情况下，所有的资本都不可能流向制造业的技术创新活动。美国硅谷曾有一批风险投资资金打算投入中国制造业技术创新，到中国后发现房地产赚钱更容易，于是他们便一起进入中国房地产市场。我们原以为逐渐开放金融市场会产生倒逼机制，促使制造业技术创新。但是，在资产泡沫化背景下，金融开放这样的倒逼机制一定会有大量资本被泡沫化资产所诱惑，从而失去资本带动技术创新的动力。不仅如此，泡沫化还将实体经济资金吸引过去，抑制了制造业技术创新。

金融市场不完善，造成社会平均利润失衡，从而抑制制造业技术创新。在一个相对完善的金融市场中，企业不论从事生产什么产品，都能在社会内部实现平均利润。这是马克思社会平均利润的基本观点，是维持社会再生产平衡的基本要求。金融市场不完善，会造成部分企业有可能获得超额利润，而另一部分企业不能达到平均利润。这将诱发企业“寻找非均衡市场”或者“创造出非均衡市场”。如果企业“寻找非均衡市场”，就必然造成资金的非常规流动，造成企业倾全部资本炒作某些资源型产品的局面；如果企业是在“创造出非均衡市场”，则他们可能会通过技术创新或者发明，改变原来产品性能和工艺提高市场收益，获得超额利润。由于中国的资源更多是由政府控制，因此，企业会更多从事“寻找非均衡市场”而简单获利，从而不利于企业技术创新。

金融改革要考虑中国金融周期的影响。金融周期是指世界信用与资产价格不协调造成不利于实体经济的现象。例如，金融虚拟化导致的制造业技术创新资金匮乏、通胀弱化宏观经济运行等。中国过去形成的贸易盈余没有转化为有效投资，金融市场的有效性减弱。在经济繁荣时期，全球信用扩张导致投资增加，拉动需求也增加供给，经济增长长期处于高位；到经济衰退时期，信用收缩，投资下降，经济增长处于疲软状态。这样的周期性波动造成了金融周期的核心指标，信用和实物的资本化加重。信用和实物资本化反映了总投资变动和投资者对风险的认知态度。两者相互影响具有顺周期加强的效应。信用不仅包括银行信用也包括影子银行的信用创造活动。信用和实物资产叠加会催生资产泡沫化，最终导致资产泡沫破裂产生金融危机。在金融收缩时期，实物往往被当作银行信贷抵押品，例如，土地抵押，使得实物产品价格与信用扩张纠结在一起，加强了银行的信用顺周期。美国房地产泡沫和银行按揭以及相关“次级债”形成，就是典型的金融周期效应。日本在20世纪90年代也是金融周期性导致经济长期低迷。金融周期产生机制是企业或者个人融资购买资产性财产，同时增加了资产和负债比例造成。因为，资产产生的现金流和负债还本付息所需现金不匹配，形成对冲性债务人。对冲债务人拥有资产后产生的现金可以保证还本付息，却不能及时偿还本金。这就要依靠债务延期，即借新还旧，维持债务延续。但是，借新还旧取决于市场状况，具有不确定性。目前，中国大量的影子银行已经形成了大量的对冲债务人。金融周期风险主要来自资本对冲。随着投资者风险偏好提高，整体对冲系统对利率的变化尤其敏感，稍有不慎就可能导致资产泡沫崩溃。因此，中国金融改革既要防止通胀上升，又要防止货币紧缩政策的实施，包括银行系统信用创造遇到瓶颈，放贷减少等，都可能引起金融动荡，直接影响制造业技术创新。同时，金融改革要重视货币扩张的结构性效应。中国出口企业多数是外资和本土贴牌企业，由于受政府补贴支持，还由于外汇占款所投放的货币首先流入到这些企业，会减弱技术创新成果。因为外资企业技术研发在母国，不可能将外汇占款增发的货币用于在中国技术创新。他们往往是在外汇占款增发货币之初，大量购买中国的原材料和中间品，包括低工资购买劳动力，以更低廉的价格购买机器设备继续扩大规模。因此而得利的还有房地产和各级政府融资平台。它们对刺激水泥、钢铁等低技术含量产业的大量投资，形成产品过剩，抑制了高附加值制造业的产生和发展。

5. 顺应金融演变趋势提升融资效率

金融市场改革要顺应人民币离岸金融市场发展的趋势。离岸金融市场会给中国资本账户带来一定的压力。因此，在坚持金融市场改革配合实体经济改革、坚持实体经济发展是金融改革核心的基础上，逐渐开放中国的资本账户。在开放过程中，首先要开放直接投资项目，然后开放金融证券项目；先开放长期投资项目，而后开放短期项目。不能将离岸金融市场倒逼资本项目的开放。离岸金融市场是实体经济带动下，本币国际化应用的结果。美国和日本正反两方面的经验和教训值得中国认真借鉴。日本是离岸金融市场先开放，然后倒逼资本项目开放，结果是日本金融动荡，经济萧条。而美国在 20 世纪 50 年代就开始了离岸金融市场发展，但美元早在 1945 年就基本上取代了英镑成为国际通用货币，因此，美国成为制造业强国，而日本却没有成功。

顺应金融演变趋势提升融资效率还要充分利用互联网平台，构建制造业技术创新金融产业链。在互联网的带动下，世界平台金融的创新，使形成自发式金融链条成为可能。目前正在形成的类似“比特币”的区块链技术，能够有效促进智能交易，并可用于分布式股权发布和资产转移。美联储正在关注金融机构间，基于使用通用协议和标准发送与接收支付的公共IP网络直接清算，可以降低企业融资成本。产业链金融的实施可将核心企业作为依托，对产业链的各环节，设计出个性化、标准化的金融服务产品，为产业链内不同制造业提供综合解决方案。互联网环境下的产业链金融边界，不仅可以在核心企业与上下游企业之间进行信用传递，还可以在产业链不同企业之间的进行金融资源共享。虽然互联网产业链金融的运作主体各异，各自运行的模式起点和路径也不同，但其根本是有利于不同的产业链，可以构建成为可持续的金融服务网络，让未来的金融资源互助与共享成为可能，驱使更为便捷和智能的金融服务能够嵌入到产业链与制造业技术创新中。例如，美国西雅图的波音公司可以管控每一架波音787客机生产过程，对来自意大利的阿莱尼亚公司提供的碳纤维材料机身；美国俄克拉荷马州生产的机翼前缘；中国沈阳飞机公司设计和生产的舱门和方向舵；英国罗尔斯罗伊斯提供的发动机以及日本神户研发和生产机翼主体等，都可以实现产业链内的金融监管，使400多万个零部件，能够按照统一标准，按照预定时间陆续抵达西雅图。产业链金融网络可以将40多个国家的研发和生产者构建为一个整体（韩剑，2011）。

顺应金融发展提升融资效率就是要发挥金融融资功能促进技术创新。中国是银行和资本市场共同作为制造业融资来源，为制造业提供技术创新的资本保障。从当前金融演变的趋势分析，世界金融逐渐由间接融资向直接融资转变。原来主要依靠银行信贷方式提供技术创新融资资金，逐渐转变为依靠证券市场和风投基金等方式进行技术创新融资越来越普遍。这就使得金融体系可以更好地分散风险能力为技术创新融资。利用私募基金、IPO以及风投基金等对技术创新不同阶段进行投资。这样可以促进资本市场流动，让社会资本能够找到风险和收益之间的平衡点，优化技术创新投资行为。此外，顺应金融趋势提升融资效率还要发挥金融体系对技术人才的激励作用以及企业规模化技术创新。采用股票期权等金融衍生工具，解决创新型企业核心人力资本激励的问题。利用金融市场促进企业的规模比较优势。金融市场完善可以迅速形成规模化制造业，以此增强制造业技术创新能力。

（五）提升技术创新承载产业升级能力

1. 制造业技术能力状况

技术创新要具备3个基本要素，一是企业要有期望收益，二是企业具备一定的知识，三是形成创新风险分担机制。根据三个要素判断国际经济形势，我们认为世界范围内很快出现大的技术创新还不确定。首先，美国最早发起的信息革命动力逐渐消减。2008年出现的金融危机，使美国经济进入了长周期调整过程，虽说采取“宽松货币政策”刺激，仍不可能很快见效。美国在“页岩气”开采和利用方面虽有一定的进展，但由此带动的科技革命难以形成整体工业新业态。美国信息革命并没有产生基础性的技术创新，工业将长期保持局部革新的态势。其次，国际制造业分工开始出现新一轮调整周期。由于中国劳动力成本以及环境保护的加强，一般制造业开始向东南亚国家转移，其中具有服务性质的产业链条则向中国转移。这给中国产业升级提供了很好的机会。但制造业增长速度较过去有所放缓。再次，科技革命呼之欲出，局部的高端技术已经开始扩散并广泛应用，虽说大规模科技革命还没有出现，但局部的高端技术整合利用正在成为各国经济增长动力源。最后，全球经济出现治理迹象。世界的“多极化”正在形成。世界贸易投资规则正在演变，国际货币体系正在治理过程中（徐明棋，2015）。这说明世界经济发展为中国制造业技术创新和产业升级提供了明显的机遇。

中国制造业所处位置：中国制造业在1990年以后发展迅速，根据国家统计局的数据显示，随着中国制造业生产能力的不断提升，中国已经成为世界制造大国，在22项工业大类别中占世界比重排名第一者有7项类别，还有15个大类占世界的比重排名前三。在与发展中国家的比较中，中国21个大类所占份额都是排名第一，只有一个大类排在第十一位；在制造业出口产品中，属于高技术产品的出口，已经占有40%的比重。然而，中国在制造业研发投资的比例中所占比重仍较少。目前的国际大公司R&D投入在5%左右。有些投资较高者可以达到15%。而中国的制造业大多数

R&D 投资都没有达到 5% 的平均标准，即使中国制造业 500 强企业 R&D 投入也不超过 3%。中国能够拥有自主知识产权的制造业所占比重就更低。中国的多数制造业仍以加工制造、组装为主。中国仍然是“生产车间型”的世界制造业中心（胡迟，2010）

2. 技术带动与服务促进结合承载产业升级

根据制造业产业升级演变趋势，中国虽说在技术能力方面尚有不足，但可以将制造业技术创新与服务业相互结合推动产业升级。制造业服务是后工业化时代国家实现制造业产业升级的重要途径。围绕制造业生产利用当代信息技术为制造业提供全链条服务可以衍生出一系列新的产业。事实上，中国一贯重视制造业服务的引资与发展。制造业服务领域引资从 1998 年的 1634 个，增长到 2002 年的 3418 个，4 年增长了 1 倍多，占当年外商直接投资项目数的比重迅速增大。这说明制造业转移过后，世界服务业成为对中国承接产业转移的新重点。2003 年，日本对中国进行产业转移中，第三产业呈扩大趋势，大部分都是与制造业相关的服务业，主要是以汽车配套投资的相关服务。如日本三大汽车制造商本田、丰田、尼桑分别与广州汽车集团、东风汽车制造厂合作生产后，汽车配套生产相关产品纷至沓来。这对中国制造业产业升级演变是一种向好趋势。同时，日本对中国证券投资、软件开发、信息服务、保险等行业的投资也在不断增加，2003 年就有 25 家相关企业转移到中国；还有中国台湾也不断增加对大陆高新技术市场投资；2001 年台商在电子电器产业投资，占台资对大陆投资的一半，远高于其他行业的投资。这些企业对中国投资分工布局也有变化，由单纯的生产制造，转变为采购、研发和售后服务等；产业投资方式由单一形式，向上游和中间产业链条转变，形成在中国的完整产业链条和供应链体系。

技术通过内在要素市场化带动产业升级。制造业产业结构的调整是长期过程。从“装备制造业”“轻纺制造业”和“化工制造业”三大部门生产情况看，由于它们分别属于不同的经济部类，各类产品的需求受到部门特点的限制。因此，不同部类之间的生产过程调整是缓慢的。技术创新带动产业升级途径也十分复杂。制造业产业结构是内生和外生两类要素结合形成的过程。外生要素主要是需求、收入和自然资源禀赋等基础性内容，而内生要素则是制造业知识集聚和技术创新能力。中国产业结构长期非均衡发展已经形成了部门之间要素回报率的差异，而且部门要素之间还存在较高的流动性壁垒。这些或许是产业调整成本较高的原因。因此，中国制造业产业结构升级一定要重视市场交易成本以及促进要素市场充分流动性。制造业知识和技术创新能力积累作为制造业的内生要素，不是依靠复制发达国家产业变迁能够实现。可喜的是，中国的制造业知识和技术创新能力有了一定的积累，20 世纪 80 年代，中国电子、信息和机械等制造业所占比重不断上升，一定程度上说明制造业的知识和技术创新能力提升。但中国还只是被动承接这些制造业生产，尚没有形成内生的要素禀赋能力。因为中国承接了发达国家的电子、信息和机械制造，也确实掌握了这些产品的生产工艺手段，但从知识分工视角来看，概念设计和检测等关键部分，仍掌握在发达国家手里，也就是从“0”到“1”的突破是由发达国家实现，而“1－n”的生产则是属于中国。因此，中国需要提升制造业的技术集成能力。

3. 装备制造业技术扩散承载产业升级

中国在“装备制造业”“轻纺制造业”和“化工制造业”三部类发展中，要更加重视“装备制造业”的优先发展，并加强“装备制造业”的技术扩散。“装备制造业”“轻纺制造业”和“化工制造业”之间并不是孤立的，其中存在一定的技术外溢性，甚至是各部类生产要素之间也存在一定的外溢性，特别是产业之间的知识依赖和能力互补，更成为制造业技术创新的关键。例如，发展装备制造业，不仅对本产业技术创新起到带动作用，而且对相关产业装备能力提升具有重要作用，甚至整体制造业产业都有带动能力。装备制造业位于制造业的上游，为下游制造业提供生产原料和中间产品。与“装备制造业”相关的产业就是那些技术可以共用、营销渠道和服务系统可以共享的产业，如计算机的硬件和软件、汽车与轮胎等。这些产业受“装备制造业”技术能力的影响。装备产业和相关产业相互促进，可以互相提供低价格制造业投入品，还可以利用相互之间的临近地域范围，及时传递制造业产品信息，交流技术创新知识，有利于制造业技术创新。因此，政府要主导装备产业关键技术的研发投资。事实上，发达国家在关键的装备技术研发投资中也占到总投资的1/3。由于政府所主导的研发可以促进技术发明，不一定能够及时转化为创新技术，所以，要构建装备制造业技术转化机制促进先进技术扩散。世界上不少国家有许多发明，在缺乏技术扩散机制的情况下，这些发明也是不能转化为创新技术的。因此，中国要兼顾政府主导和市场结合两方面投资技术研发。历史上技术创新较为频发的19世纪30—60年代，其最为引人注目的就是美国的“民间创新”。由于美国的技术创新来自于企业和社会，技术创新资源的搜索成本大大降低，风险分散，出现了一批技术创新成果，如灯泡、电话等。再比较“冷战时期”的美国和“苏联”两国军备技术竞赛，也可以证明政府与社会之间参与技术创新的效果。美国当时的军备技术靠市场提供，苏联靠政府投资，并将军备技术与民用技术分割开来，结果是美国催生了互联网、电脑、手机、民航、汽车等制造业产品，而苏联除了宇航、航天和军工外很少能够改变其制造业产品结构。“冷战”军备技术竞赛的结果使美国跃升为制造业强国。由此看来，制造业技术创新带动产业升级需要通过社会需求，以及需求结构的变化促进产业升级。技术创新是激发社会需求的关键因素，但技术不等于产业升级。然而，技术创新是首要的，没有技术突破就不可能诱发社会需求的改变，也就不能实现产业升级。需求结构变化是制造业技术创新和产业升级的中间变量。中国瞄准新兴市场需求是实现产业升级的重要步骤。由于新兴国家占世界GDP的比重越来越多，从1990年的39.7%到2006年的48.0%，尤其是“金砖国家”崛起，为中国制造业纳入全球生产体系提供了条件，为制造业品牌推广和产品销售提供了良好目的地。

4. 完善制度促进技术承载产业升级

过去的60年改革开放是中国融入世界制造业生产体系的重要积淀。中国通过承接国际制造业转移实施出口导向发展模式，通过加工贸易为主要形式的出口，契合了国际制造业转移。应该说，出口导向发展模式，较进口替代模式是成功的。进口替代试图通过保护国内市场和产业，优先发展重工业等措施进行赶超发达国家，很少有成功的先例（张少军、刘志彪，

2009）。中国通过出口发展模式实现了财富积累，出口额不断增加，即便是美国金融危机后，出口市场日益萎缩的情况下，出口额也仍以大比例增加。例如，2012 年的前 4 个月是中国出口数据比较差的季度。即便如此，这 4 个月的进出口总值也达到了 11671.8 亿美元，比 2011 年的同期增长了 6%；其中的进、出口值大致相当，分别为 5739.4 亿美元和 5932.4 亿美元，两者分别比 2011 年同期增长 5.1% 和 6.9%；累计出口贸易顺差较 2011 年增长 193 亿美元。2012 年中国的基点产品出口是 3467.9 亿美元，较 2011 年同期增长 8.5%，较 2011 年同期出口总体增速高出 1.6%。在基点产品中，电器及电子产品的出口量达到了 1402.9 亿美元，机械设备出口为 1150.5 亿美元。这两类产品出口分别较 2011 年同期增长 5.5% 和 11%。2012 年第一季度的劳动密集型产品出口也处于增长状态，例如，服装出口达到 399.7 亿美元，比上年同期增长 1%。纺织品出口达到 288.5 亿美元，较上年同期下降 0.3%；鞋类出口达到 124 亿美元，比上年同期增长 4.2%，机电产品进口达到 2314.4 亿美元，比上年同期下降 1.6%；汽车出口达到 39.2 万辆，比上年同期增加 26.7%（张翼，2012）。

但是，世界第三次工业革命正处在不断演变过程之中，以多维和立体的生产制造体系为特色，正在呈现出上、中、下三层发展格局演变。上层是超级技能应用中形成的柔性制造业系统；中层是人工智能、工业机器人为工具生产模式；下层是高性能运算、超级宽带和新材料的使用。这对制造业的影响非常巨大：制造业的基础技术不断成熟使成本不断降低，已经适合在制造业生产领域大规模使用，例如，处于下层的信息技术快速发展已经使信息存储、传输和处理成本呈现几何级数下降，例如，1992 年“1M”数据的平均传输成本是 222 美元，到 2010 年这一传输成本就下降到了 0.13 美元。这必然会弱化中国的要素成本优势，同时，新技术应用必然提高劳动效率。中国的劳动力比较优势明显下降。据统计分析，中国劳动生产率调整后的综合劳动成本是美国南部州的 35% 左右。2015 年中国的劳动成本是美国南部州劳动成本的 60% 左右，未来的 5 ~ 10 年，中美两国的劳动成本差距将快速缩小。第三次工业革命将提升制造环节的价值创造能力。制造环节在整个产业链条中的地位将与研发和营销同样重要。美国既可以通过尖端技术和柔性制造占领高技术制造业领地，也可用现代技术改善传统制造业。同时，第三次工业革命还可能影响到中国的分配机制，美国重振制造业可能出现制造业逆转到美国，中国居民收入减少，必将影响社会技术创新的积极性（黄群慧、贺俊，2012）。中国制造业正处于从体制效率向技术效率的转变。2000 年以来，市场竞争代替行政计划越来越明显，技术进步对增长的贡献率越来越高。制造业从产业组织和市场结构中寻求技术创新能力不断提升。产业组织和市场结构的根本问题是规模经济和有效竞争。

因此，制造业技术创新要及时合理地构建企业的规模，提高企业在市场的竞争充分性，将重大的技术创新和持续性技术创新交给国有大型企业实现，将个别的产品创新、工艺创新或者局部技术的创新等事项交给中小企业完成。在构建大中小企业的产业组织结构时，要照顾到企业既具有普遍的规模经济，又能利用市场结构支持企业技术创新。因此，要从追求经济增长，向经济“质态”转变，由过去的低成本竞争优势，转变为技术进步优势，以此实现产业结构提升。做到这些就要改变总需求，即进行投资、消费和出口三者之间的结构比例调整。同时，也对总供给进行调整，包括第一产业、第二产业和第三产业之间的演变。实现这样的转变需要完善制度规则，包括世界贸易制度、国际货币体系制度等制度的改变。制度能够促进技术创新。技术创新离不开社会制度的创新。制度是要构建一套完美的社会关系，技术是完美社会关系的衍生品。制度的创新能够产生劳动力创造性（刘伟，2013）。例如，德国在企业薪酬制度的规定就促进了企业技术创新能力提升。德国制造业根植于内部制度的完善。企业必须达到政府规定的工资条件和社会保障标准等要求，杜绝企业压低劳动力成本的事情。企业不能压低劳动力工资进行价格战，迫使企业重视制造业产品质量。德国被世界誉为提升产品质量的渐进性创新模式。2010 年，德国的制造业增加值仅次于中国、美国和日本，排在世界第四。如果按人口比较，德国制造业更是不亚于美国。德国人口相当于中国的 1/16，美国的 1/4 和日本的 2/3。按人均制造业增加值计算，德国人均制造业增加值仅次于日本，与美国相当，远超过中国的人均制造业增加值（刘伟，2011）。

5. 中小制造业技术创新带动产业升级

中国制造业是投资驱动下的规模扩展模式，主要有利于一般加工制造业发展。根据经济效率原则，由于一般制造业的初期加工和贴牌生产劳动效率相对较高，因此，中国制造业发展初期出现了制造业“增长极效应”，即制造业在东部沿海地区之间的集聚。这种“增长极”又导致不同地区间和产业间的非均衡发展。这样就造成了政府选择投资。政府突出发展初期加工制造业和贴牌生产环节。由于政府的最初目标是经济增长和增加就业，掩盖了政府选择性投资下，所产生的国有制造业和民营制造业之间的技术创新差异问题，即政府并没有在承接制造业转移初期重视制造业技术创新问题。制造业规模扩展到一定程度后，规模扩张出现了减缓，制造业结构面临调整时，政府选择性投资效应弊端开始充分显现。一般加工制造业技术创新承载产业升级能力不断弱化。

此外，政府在初期产业选择中重视重化工生产，轻视中小制造业技术创新问题。20 世纪 90 年代初期，中国重化工资产比重为 60%，2011 年的上升到 77%。中国重化工总产值从 90 年代初期的 50%，上升到 2011 年的 71%。而重化工核心产业是大量消耗能源的初加工生产。这样就固化了消耗能源类的制造业发展。为了加快重化工制造业发展，政府还进行了选择性融资，加速了重化工制造业的资本积累和深化，特别是对国有大型重化工制造业融资的支持程度，要明显高于对民营制造业的融资。这给国有大型重化工制造业带来的是资本的深化和设备的更新，却没有提升重化工制造业与其他行业的劳动效率。相反，受基础性科学研究的约束，一般重化工行业的技术拓展空间有限，固化了重化工机械设备的对外进口依赖，也加重了中国资源型产品对外输出的压力。研究表明，国有重化工制造业资本效率明显低于民营和外商投资企业，国有重化工制造业资本效率只有民营重化工资本效率的 0.4 倍以及外商投资企业的 0.6 倍。目前，制造业初级重化工正在向深加工转型，此时出现的初级重化工劳动生产率的提高是由于大量资本深化投资造成的，还不是重化工内生技术推动。如果政府投资下降，必然会造成重化工劳动生产率减速，进一步造成重化工资本效率下降，更进一步驱使大量资本进入虚拟投资，更加速了重化工制造业资本的效率下降。重化工制造业技术创新能力大幅下降造成带动产业升级动力丧失。

中国长期采取选择性产业政策，利用直接补贴、投资审批和目录指导等，干预企业、扭曲市场价格等，在开放初期起到了一定作用。但在传统产业向新业态转变中，市场具有高度不确定性，政府就很难再进行选择。政府对产业的支持就应从选择型产业政策转化为功能型产业政策，即以完善市场制度为本位，对新技术和公共基础技术进行补贴，对研发技术标准和市场培育进行协调。“十三五”期间，中国将步入工业化后期，国有企业要围绕高端与新兴制造业进行技术创新，满足国家“一带一路”战略的需要，完善中心城市服务功能相关的基础技术研发等，改变过去的重化工业规模扩张方式。政府对战略新兴制造业补贴要寻找市场和政府激励的相容点，让企业家精神在公平竞争中发挥作用，真正建立以创新产出为导向的扶持政策，加快出台创新产出考核和重复博弈机制，对具有创新外溢效应的产业链进行补贴，以取代原来的出口补贴政策。

参考文献

[1] A. Gerschenkron. Economic Backwardness in Historical Perspective [M]. Cambridge Press, 1962: 8.

[2] Adam S. Posen. Why the Euro Will Not Rival the Dollar [J]. *International Finance*, 2008, (11): 75 -100.

[3] Antras P., Caballero R. J. Trade and Capital Flows: A Financial Friction Perspective [J]. *Journal of Political Economy*, 2009, (4): 12 -58.

[4] Arthur, W. Brian. Positive Feedbacks in the Economy [J]. *McKinsey Quarterly*, 1994, (1): 81.

[5] Arthur, W. B. Competing Technologies, Increasing Returns, and Lock - in by Historical Events [J]. *Economic Journal*, 1989 (99): 16 -31.

[6] Banister J. Manufactueing earning and Compensation In China [J]. *Monthly Labor Review*, 2005 (8): 22 -49.

[7] Blyde, J. S. Trade and Technology Diffusion in Latin America [J]. *International Trade Journal*, 2004, (9): 177 -197.

[8] Branstetter, L., and K. Saggi. Intellectual Property Rights, Foreign Dircet Investment and Industrial Development [J]. *Economic Journal*, 2011, (2): 22 -31.

[9] Chang, Ha - Joon. Kicking Away the Ladder: Development Strategy in Historical Perspective [M]. Oxford University Press, 2002, 21.

[10] Chen Weiyan and Munisamy Gopinath. Foreign Direct Investment and Wages: Across - country Analysis [J]. *Trade and Economic Development*, 2003, 12 (3): 285 -309.

[11] Chu Y. The State and the Development of the Automobile Industry in South Korea and Taiwan [J]. *The Role of the State in Taiwan's Development*,

1994, (10): 125 - 169.

[12] Clark M. and Islam S. Measuring Social Welfare: Application of Social Choice Theory [J]. *Journal of Socio - Economics*, 2003, 32 (1): 1 - 15.

[13] Cohen, Benjamin J. The Future of Sterling an International Currency [M]. London, Macmillan, 1971: 7.

[14] Conyon M. , Girma S. , Thompson S and wright P. The Impact of Foreign Acquisition on Wages and Productivity in the UK [J]. *Journal of Industrial Economics*, 2009, (2): 1 - 22.

[15] David, P. A. Cli and the Economics of QWERTY [J]. *American Economic Review*, 1985, (75): 32 - 37

[16] David E. Spiro. The Hand of American Hegemony: Petrodollar Recycling and International Marktes [M]. Cornell University Press, 1999: 80 - 102

[17] David M. Andrews. Monetary Power and Monetary Statecraft [M]. New York: Cornell University Press, 2006: 8.

[18] Diallo, Barrou. Historical Perspectives on IP Protection for Software in Selected Countries world - Wide [J]. *World Patent Information*, 2003, (2): 19 - 25.

[19] Driffield N. The Impact on Domestic Productivity of Inward Investment in the UK [J]. *The Manchester School*, 2001, 69 (1): 103 - 119.

[20] Engerman, Stanley and Kenneth Sokoloff. History Lessons: Institutions, Factors Endowments, and Paths of Development in the New World [J]. *Journal of Economic Perspectives*, 2002, 14 (3): 217 - 232.

[21] Erturk K A. Over capacity and the East Asian crisis [J]. *Journal of Post Keynesian Economics*, 2001, (4): 253 - 275.

[22] Haddad M. and Harrison A. Are There Positive Spillovers from Foreign Direct Investment? Evidence from Panel Date for Morocco [J]. *Journal of Developing Economics*, 1994, 42: 1 - 74.

[23] Harold James. International Monetary Cooperation since Bretton Woods [M]. New York: Oxford University Press, 1996: 3.

[24] Helen Mckeon et al. Multinational Companies as a Source of Entrepreneurial Learning [J]. *Education & Training*, 2004, 46 (8-9): 433-443.

[25] Hsieh, Chang-Tai, and Peter J. Klenow. Misallocation and Manufacturing TFP in China and India [J]. *Quarterly Journal of Economics*, 2009, 23 (12): 1403-1448.

[26] Jacob A. Frenkel and Morris Goldstein. The international Role of the Deutsche Mark, in the Deutsche Bundesbank, ed, Fifty years of the Deutsche Mark Centrak Bank and the Currency in Germany Since [M]. Oxford: Oxford University Press, 1999: 685.

[27] Jaffe, A. B. The Importance of Spillovers in the Policy Mission of the Advanced Technology Program [J]. *Journal of Technology Transfer*, 1998, 23 (2): 11-19.

[28] Karl Menger. On the Origin of Money [J]. *The Economic Journal*, 1892, (2): 255.

[29] Keller, W. Knowledge Spillovers at the World's Technology Frontier [R]. CEPR Working Paper, 2001, (8): 34-56.

[30] Linder S. An Essay on Trade and Transformation [M]. Almqvist and Wiksell. Stockholm press, 1961.

[31] Loren, Johannes Van Biesebroeck, and Yifan Zhang. Reative Accounting or Creative Destruction? Firm-Level Productivity Growth in Chinese Manufacturing [R]. NBER Working Paper, 2009, (15): 152.

[32] Mansfield E. The Speed and Cost of Industrial Innovation in Japan and the United States: External vs. Internal Technology [J]. *Management Science*, 1988, 34 (10): 1157-1168.

[33] Marc Labonte. Is the U. S. Current Account Deficit Sustainable? [R]. Congressional Research Service (CRS) Report for Congress, 2010, (4): 19-31.

[34] Miracle: A Perspective of Interlinked Relational Contract [J]. *Journal of Chinese Political Science* (*Springer*), 2008, 13 (3): 269-285.

[35] Peneder M. Structural change and aggregate growth [R]. WIFO

Working Paper, 2002, (2): 23.

[36] Prakash Kannan. On the Welfare Benefits of an International Currency [R]. IMF Working Paper, 2007, (3): 49.

[37] Robert Gilpin. The Challenge of Global Capitalism: The World Economy in 21st Century [M]. Princeton: Princeton University Press, 2002: 120.

[38] Romer, P. M. Increasing Returns and Long - run Growth [J]. *Journal of Political Economy*, 1986, (9): 1002 - 1037.

[39] Schott P. The Relative Sophistication of Chiness Exports [J]. *Economic Policy*, 2007, (2): 53.

[40] Shyam Upadhyaya and Shohreh Mirzaei Yeganeh. Competitive Industrial Performance Report 2014, Research, Statistics and Industrial Policy Branch [R]. Working Paper, 2014, (2): 12.

[41] Simon Kuznets. Economic Growth of Nations [M]. Harvard University Press, 1971: 39 - 40.

[42] UN. Report of the Commission of Experts of the President of the United Nations General Assembly on Reform of the International Monetary and Financial System [R]. Working Paper, 2009, (9): 21.

[43] Velde D. W. and Morrissey. Foreign Direct Investment, Skills and Wage Inequality in East Asia [R]. Nottingham: University of Nottingham, 2002.

[44] Young, Allyn. Increasing Return and Economic Progress [J]. *Economic Journal*, 1928, (38): 527 - 542

[45] 陶然. 中国劳动力市场：绩效及其挑战 [J]. 世界经济文汇，2004 (1): 4 - 32.

[46] [美] 赫德森著，嵇飞等译. 金融帝国——美国金融霸权的来源和基础 [M]. 北京：北京大学出版社，2014: 351 - 358.

[47] [法] 米歇尔·阿格利埃塔著，赵超摘译. 阿格利埃塔论美元，人民币与国际货币体系 [J]. 国外理论动态，2011 (11): 36 - 42.

[48] [美] 罗伯特·斯基德尔斯基，维杰·乔希著，温爱莲译. 凯恩斯、全球失衡与当今国际货币体系改革 [J]. 国外理论动态，2011 (2): 41 - 45.

［49］［英］凯恩斯，何瑞英译．货币论（上卷）［M］．北京：商务印书馆，1986：80.

［50］卜伟．战略产业外资控制对自主创新的影响［N］．光明日报，2011－6－11.

［51］曹东勃，秦茗．金融创新与技术创新的耦合［J］．财经科学，2009（1）：8－12.

［52］曾国平，王燕飞．中国金融发展与产业结构变迁［J］．财贸经济，2007（8）：12－19.

［53］曾贤刚．环境规制、外商直接投资与“污染避难所”假说［J］．经济理论与经济管理，2010（4）：21.

［54］柴野．从“中国制造”到“中国智造”［N］．光明日报，2012－14－28.

［55］陈爱贞，刘志彪，吴福象．下游动态技术引进对装备制造业升级的市场约束［J］．管理世界，2008（2）：72－81.

［56］陈彪如．国际金融概论［M］．上海：华东师范大学出版社，1988：16.

［57］陈建奇．重估人民币汇率升值对中国经济的影响［J］．世界经济研究，2011（12）：32－39.

［58］陈劲松，王握文，曾广福．“创新发动机”跻身世界一流［N］．光明日报，2015－11－21.

［59］陈明森，陈爱贞，赵福战．国际产业转移对我国产业波及传导效应研究［J］．经济管理，2011（6）：29－35.

［60］陈勇兵，李燕，周世民．中国企业出口持续时间机器决定因素［J］．经济研究，2012（7）：48－60.

［61］成思危，刘骏民．国际货币体系的演变逻辑［N］．光明日报，2015－8－12（015）.

［62］邓鑫，吴鹰．经济崛起时期中国与日本对美国宏观经济的影响［J］．新华文摘，2015（1）：54－59.

［63］丁志杰．人民币国际化引领对外开放新格局［N］．光明日报，2015－10－14.

[64] 范方志，张立军．中国地区金融结构转变与产业结构升级研究［J］．金融研究，2003（11）：36－48.

[65] 冯梅．全球产业转移与提升我国产业结构水平［J］．管理世界，2009（5）：172－173.

[66] 干春晖，郑若谷，余典范．中国产业结构变迁对经济增长和波动的影响［J］．经济研究，2011（5）：4－16.

[67] 高帆．什么粘住了中国企业自主创新能力提升的翅膀［J］．当代经济科学，2008（3）：1－10.

[68] 高煜，曹大勇．第三次工业革命与中国制造业升级［N］．光明日报，2012－12－14.

[69] 龚刚，高坚，李炳念．储备型汇率制度：发行非国际货币的发展中国家之选择［J］．经济研究，2012（9）：4－8.

[70] 郭春野，庄子银．知识产权保护与“南方”国家的自主创新激励［J］．经济研究，2012（9）：32－36.

[71] 郭丽君．创新点亮中国梦［N］．光明日报，2013－1－1.

[72] 郭树清．不改善金融结构中国经济将没有出路［J］．国际经济评论，2012（4）：9－15.

[73] 韩剑．人民币国际化的潜力及障碍［J］．中国经济问题，2011（6）：57－64.

[74] 韩晶，梁将．国际制造业转移与中国制造业的发展［J］．社会科学辑刊，2005，156（1）：78－82.

[75] 韩显阳．人民币国际化有望加速［N］．光明日报，2015－5－6.

[76] 何国华，邓增洪．美元本位对中国金融稳定的影响［N］．光明日报，2013－6－21.

[77] 何平，钟红．人民币国际化的经济发展效应及其存在的问题［J］．国际经济评论，2015，（5）：90－103.

[78] 洪银兴．科技创新与创新型经济［J］．新华文摘，2011（22）：45－50.

[79] 胡迟．论“后金融危机时代”我国制造业的转型升级之路经济研究参考［J］．2010，2337（65）：3－10.

[80] 胡红梅. 国际产业转移与我国产业结构优化 [J]. 探索, 2006 (1): 77 - 80.

[81] 黄群慧, 贺俊. “第三次工业革命”: 科学认识与战略思考 [N]. 光明日报, 2012 - 12 - 14.

[82] 吉迪恩·拉赫曼. 美国梦魇 [N]. 金融时报, 2015 - 3 - 17.

[83] 姜波克. 国际金融学 [M]. 北京: 高等教育出版社, 2001.

[84] 金碚. 全球竞争新格局与中国产业发展趋势 [J]. 中国工业经济, 2012 (5): 12 - 21.

[85] 金振娅, 袁于飞. 让中国制造业不再“大而不强” [N]. 光明日报, 2015 - 4 - 26.

[86] 赖俊平, 张涛, 罗长远. 动态干中学、产业升级与产业结构演进——韩国经验及对中国的启示 [J]. 产业经济研究, 2011 (3): 1 - 9.

[87] 李翀. 论英镑、美元和日元国际化对人民币国际化的启示 [J]. 贵州财经学院学报, 2013 (1): 9 - 11.

[88] 李稻葵. 世界经济下一轮危机在哪里 [J]. 国际经济评论, 2011 (6): 7 - 11.

[89] 李刚, 廖建辉, 向奕霓. 中国产业升级的方向与路径 [J]. 中国工业经济, 2011 (10): 16 - 25.

[90] 李后强, 陈杰. 创新动力来自利益调整 [N]. 光明日报, 2016 - 10 - 30 日 (006).

[91] 李金华. 具备独领风骚的制造能力 [N]. 光明日报, 2015 - 4 - 22 (015).

[92] 李晓. 美国霸权的文明起源、结构变化与世界格局 [J]. 国际经济评论, 2013 (3): 150.

[93] 李扬. 汇率制度改革必须高度关注货币错配风险 [J]. 财经理论与实践, 2005 (4): 32 - 43.

[94] 李毅中. 中国竞争能力实现 [EB/OL]. 和讯网消息, 2013 - 01 - 19.

[95] 栗志刚, 刘彤. 中美人民币汇率争论的政治学分析 [J]. 中国社会科学院研究生院学报, 2007 (5): 32 - 43.

［96］林毅夫. 全球金融经济危机的原因与教训［J］. 新华文摘，2012（12）：48－50.

［97］刘贵鹏，韩先锋，宋文飞. 基于价值链视角的中国工业行业研发创新双环境效率研究［J］. 科学学与科学技术管理，2012，33（6）：42－50.

［98］刘康，曾繁华. 企业技术创新与产业技术链整合［J］. 科技进步与对策，2011（6）：60－63.

［99］刘梅生. 开放条件下金融支持产业结构升级的机制分析［J］. 贵州大学学报（社会科学版），2009（2）：26－29.

［100］刘伟. 发展方式转变需要依靠制度创新［J］. 经济研究，2013（2）：8－10.

［101］刘伟. 如何在微观上构造“转方式”的动力［J］. 新华文摘，2011（17）：53－54

［102］刘友金，胡黎明. 产品内分工、价值链重组与产业转移——兼论产业转移过程中的大国战略［J］. 中国软科学，2011（3）：149－159.

［103］刘志彪. 全球化背景下中国制造业升级的路径与品牌战略［J］. 财经问题研究，2005（5）：26－31.

［104］刘志彪. 中国贸易量增长与本土产业的升级——基于全球价值链的治理视角［J］. 学术研究，2007（2）：80－86.

［105］卢峰. 中国国际收支双顺差现象研究：对中国外汇储备突破万亿美元的理论思考［J］. 世界经济，2006（11）：3－9.

［106］卢锋，陈建奇，杨业伟. 减速与调整：全球宏观经济形势研判［J］. 国际经济评论，2012（6）：20－28.

［107］卢锋. 中国国际收支双顺差现象研究［J］. 世界经济，2006，（11）：3－10.

［108］卢现祥. 创新组织：是自上而下还是自下而上［N］. 光明日报 2015－4－8.

［109］路风，余永定. “双顺差”、能力缺口与自主创新［J］. 中国社会科学，2012（6）：20－26.

［110］罗德明，李晔，史晋川. 要素市场扭曲、资源错配与生产率

［J］．经济研究，2012（3）：4－15.

［111］马丹，陈志昂．全球经济失衡与美元的国际地位［J］．数量经济技术经济研究，2010（1）：21－27.

［112］孟祺，王斐波．汇率与中美贸易不平衡关系的研究——基于垂直专业化的视角［J］．国际贸易问题，2009（11）：97－101.

［113］潘文卿，李子奈，刘强．中国产业间的技术溢出效应：基于35个工业部门的经验研究［J］．经济研究，2011（7）：18－24.

［114］曲哲涵，吴秋余．人民币让心里有底［N］．光明日报，2015－11－16.

［115］石奇．基于要素供给条件变化的产业发展成本研究［J］．中国工业经济，2010（8）：140－149.

［116］史占中．大国复兴与崛起：从“中国制造”到“中国智造”［N］．文汇报，2013－01－15.

［117］舒辉，卫春丽．基于自主创新与技术标准融合的管理体制构建［J］．珞珈管理评论，2013，12（1）：64－72.

［118］斯蒂芬·罗奇．中国不同于世界的十大理由［N］．参考消息，2011－06－02.

［119］宋斌．中国专利申请总量位居世界第一［N］．光明日报，2012－12－23.

［120］宋泓．中国成为世界制造业中心的条件研究［J］．管理世界，2005（12）：85－93.

［121］宋宪萍．后危机时代欠发达国家技术进步的实现途径［J］．当代经济研究，2010（10）：15－20.

［122］孙车，高彦彦．经济结构调整与人民币升值困境的出路［J］．世界经济研究，2011（5）：3－9.

［123］汤姆·奥尔利克．世界必须为人民币崛起做准备［N］．参考消息，2011－06－03.

［124］唐翔．人民币低估之谜：一个投入产出分析［J］．经济研究，2012（10）：108－111.

［125］汪立．产业转移技术溢出效应影响因素——基于DEMATEL方

法的研究［J］. 经济研究导刊，2013（9）：207－210.

［126］王立军，张伯伟，朱春礼. 产业特征、宏观调控与技术创新策略选择［J］. 世界经济研究，2011（3）：3－8..

［127］王永钦，李明. 理解中国的经济奇迹：互联合约的视角［J］. 管理世界，2008（10）：21－28.

［128］王展祥，王秋石，李国民. 发达国家去工业化与再工业化问题探析［J］. 现代经济探讨，2010（10）：38－41.

［129］魏杰. 转变经济增长方式是全面且深入的改革［J］. 新华文摘，2011（23）：44－48.

［130］巫强，刘志彪. 进口国质量管制条件下的出口国企业创新与产业升级［J］. 管理世界，2007（2）：53－61.

［131］吴敬琏. 中国增长模式选择［M］. 上海：上海远东出版社，2008：131.

［132］吴树青等. 政治经济学［M］. 第二版，北京：高等教育出版社，2002：122－127.

［133］西蒙·德尼尔. 美国汽车制造商争夺印度市场［N］. 华盛顿邮报，2012－03－19.

［134］西蒙·库茨涅茨，常勋等，译. 各国的经济增长［M］. 北京：商务印书馆，2005：408－409.

［135］夏斌，陈道富. "十二五"时期中国的金融改革与发展［J］. 新华文摘，2011（11）：51－53.

［136］谢鸿光. 中国经济正向内生自主增长转变——《2011 年统计公报》解读［N］. 人民日报，2012－2－23.

［137］徐光辉. 从"价值创造"开始：论中国经济战略转型［J］. 管理世界，2011（11）：11－21.

［138］徐光辉. 从"价值创造"开始：论中国经济战略转型［J］. 新华文摘，2012（10）：28－32.

［139］徐建炜，姚洋. 国际分工新形态，金融市场发展与金融失衡［J］. 世界经济，2010（4）：12－17.

［140］徐康宁，郑义. 国际生产链的解构及其对中国的影响［J］. 国

际经济评论，2011（4）：124－134

［141］徐明棋．国际金融体系改革：新问题与新的突破口［J］．世界经济研究，2011（11）：33－39

［142］徐明棋．国际视野下的中国经济新常态［N］．光明日报，2015－06－18.

［143］徐奇渊，李婧．国际分工体系视角的货币国际化：美元和日元的典型事实［J］．世界经济，2008（2）：10－17.

［144］严兵．外商在华直接投资的溢出效应［M］．北京：中国商务出版社，2006：4.

［145］杨克磊．技术经济学［M］．上海：复旦大学出版社，2010：322－333.

［146］杨汝岱．中国工业制成品出口增长的影响因素研究［J］．世界经济，2008（8）：21－29.

［147］杨珍增，陆建明．金融发展、国际分工与全球失衡［J］．世界经济研究，2011（3）：21－27.

［148］姚大庆．货币的国际可交易性与国际货币体系改革［J］．世界经济研究，2011（7）：23－28.

［149］姚余栋，谢怀筑．全球流动性将进入缓慢萎缩和结构性错配的长周期［N］．上海证券报，2016－08－12.

［150］殷剑峰．人民币国际化，“贸易结算＋离岸市场”，还是“资本输出＋跨国企业”？——以日元国际化教训为例［J］．国际经济评论，2011，（4）：53－68.

［151］殷剑峰．日元国际化模式的教训及启示［N］．光明日报，2012－04－11.

［152］于立新，杨婧．人民币汇率与资源性产品价格市场化改革的协调［J］．国际贸易，2006（8）：54－57.

［153］于立新．人民币汇率与资源性产品价格市场化改革的协调［J］．国际贸易，2006（8）：54－58.

［154］余芳东．对中国经济质量的几点认识［J］．经济要参，2011（1）：3－9.

[155] 余明桂，回雅莆，潘红波. 政治关系、寻租与地方政府财政补贴有效性 [J]. 经济研究，2010 (3)：32-36.

[156] 余永定. 世界经济大环境和中国经济结构调整 [J]. 国际经济评论，2011 (6)：12-15.

[157] 余泳泽，张先轸. 要素禀赋、适宜性创新模式选择与全要素生产率提升 [J]. 管理世界，2015 (9)：13-29.

[158] 袁富华，张平，陆明涛. 经济演化低效率原因探析 [J]. 新华文摘，2015 (19)：49-51.

[159] 袁富华. 中国经济"结构双重性"问题分析 [J]. 经济与管理评论，2014 (3)：9-17.

[160] 张杰，周晓艳，李勇. 要素市场扭曲抑制了中国企业 R&D? [J]. 经济研究，2011 (8)：78-87.

[161] 张杰，郑文平，翟福昕. 中国出口产品质量得到提升了么? [J]. 经济研究，2014 (10)：46-55.

[162] 张杰，周晓艳，李勇. 要素市场扭曲抑制了中国企业 R&D? [J]. 经济研究，2011 (8)：78-91.

[163] 张军生. 中国制造业国际竞争研究 [M]. 北京：人民日报出版社，2013：12 页.

[164] 张蕾. 让企业成为创新的主体最重要 [N]. 光明日报，2012-03-08.

[165] 张明志，李敏. 国际垂直专业化分工下的中国制造业产业升级及实证分析 [J]. 国际贸易问题，2011 (1)：118-127.

[166] 张培刚，张建华，罗勇. 新型工业化道路的工业结构优化升级研究 [J]. 华中科技大学学报（社会科学版），2007 (2)：82-88.

[167] 张少军，刘志彪. 全球价值链模式的产业转移 [J]. 中国工业经济，2009 (11)：5-10.

[168] 张小蒂，王永齐. 企业家显现与产业集聚：金融市场的联结效应 [J]. 中国工业经济，2010 (5)：59-67.

[169] 张翼. 前 4 个月外贸进出口同比增长 6% [N]. 光明日报，2012-05-10.

[170] 张翼. 中国经济：势仍向好转型加速 [N]. 光明日报，2015－09－14.

[171] 张翼. 中国是世界经济增长的动力源之一 [N]. 光明日报，2015－09－16.

[172] 张镇江. 从英镑到美元：国际经济霸权的转移 [M]. 北京：人民出版社，2006：29.

[173] 赵春明，解亮品. 以产业升级为导向的我国对外直接投资产业选择策略分析 [J]. 新华文摘，2015（9）：56－67.

[174] 赵柯. 货币的政治逻辑与国际货币体系的演变 [J]. 欧洲研究，2011（4）：50－68

[175] 赵柯. 货币国际化的政治逻辑——美元危机与德国马克的崛起 [J]. 世界经济与政治，2012（2）：120－160.

[176] 赵柯. 中欧金融合作：动因、路径与前景——从贸易伙伴迈向全球合伙人 [J]. 欧洲研究，2016（1）：77－90.

[177] 赵文军，于津平. 贸易开放、FDI 与中国工业经济增长方式 [J]. 经济研究，2012（8）：18－23.

[178] 钟华. 创意经济——一个新的经济时代 [N]. 光明日报，2013－01－12.

[179] 周其仁. 中国做对了什么？ [M]. 北京：北京大学出版社，2010：12.

[180] 周维富，张骋. 从产业国际分工地位看我国产能过剩问题 [J]. 经济纵横，2015（11）：71－77.

[181] 朱纯福. 主权货币国际化内在矛盾及其策略选择 [J]. 世界经济研究，2011（3）：28－33.

[182] 朱卫平，陈林. 产业升级的内涵与模式研究 [J]. 经济学家，2011（2）：60－66

[183] 竺彩华，胡再勇. 在华 FDI 就业效应实证研究 [J]. 国际经济合作，2007（6）：49－53.

[184] 李政，杨思莹，何彬. FDI 抑制还是提升了中国区域创新效率？[J]. 经济管理，2017，556（4）：6－17.

[185] 白重恩. 中国经济可能会落入新二元陷阱 [EB/OL]. JingJixue_Yuanli, 2017-04-25.

[186] 张维迎. 创新需要什么样的金融体制? [N]. 经济观察报, 2017-01-09.

[187] 张述存. "一带一路"战略下优化中国对外直接投资布局的思路与对策 [J]. 管理世界, 2017 (4): 1-9.

[188] 荣朝和. 信息化背景下的匹配研究 [N]. 光明日报, 2017-04-11.